어느 50대 퇴직자의
60일간의 기록

# 내 마음
## 어디에
## 둘까요

글 안광현
그림 정선주

대기업 임원에서
하루아침에 실직자가 되고
다시 마음을 추스려 재취업을
도전하기까지 60일간의
희망의 기록들……

도서출판 신원

# CONTENTS

**프롤로그**　　8

**Part.1**

1일 급성 스트레스 증후군　　16

2일 난 실업자다　　21

3일 동병상련, 편들어 주는 사람　　25

4일 아침 풍경, 부탁은 기도이다.　　31

5일 새로운 시도! 요리와 마라톤　　40

6일 부탁하며 도움을 기다린다는 것은　　46

7일 눈물의 소주 한 잔　　53

8일 요리사가 되어볼까?　　56

9일 연말 회한(悔恨) 힐링 등반　　62

10일 문학 소년? 마라토너의 꿈　　67

11일 선배와의 만남　　73

12일 바쁜 월요일 만들기 프로젝트　　81

13일 접속 불가, 회사 앱과의 단절　　87

14일 말이 씨가 된다. 긍정과 희망을 말을 하자　　92

15일 구내염의 추억　　101

16일 고통 가운데 나온 아리아처럼    108

17일 보낼 곳 없는 이력서 만들기    113

18일 여호와 이레    119

19일 바쁨으로 배를 채우던 직장생활    123

20일 평정심 찾기    127

21일 작은 여유에 행복 찾기    131

22일 동료들이 보고 싶다    136

23일 나는 지금 기도한다.    140

24일 조급한 아침, 불안한 오후    147

25일 요리의 유익    151

26일 일단 멈춤, 스쿼트와 단백질    159

27일 러닝 그리고 이력서    163

28일 너 자신을 알라    171

29일 하직 인사, 그리고 답신    176

30일 다시 30일을 더 써보자    181

Part.2

31일 기대　　　184

32일 다시 이력서를 쓴다　　　190

33일 자기연민 탈출하기　　　195

34일 다르다는 것　　　200

35일 모든 일이 주어진 것이었음을　　　203

36일 몽상과 일상　　　211

37일 컴퓨터 게임 입문　　　217

38일 취업 상념, 성형외과 방문　　　223

39일 잡념 줄이기 - 햇살, 약속, 주식　　　229

40일 지방 제거 수술　　　234

41일 여유 있게 잘 논다는 것　　　239

42일 버스 예찬　　　243

43일 입사 통보　　　247

44일 쉰다는 것이 뭘까　　　251

45일 그러면 어떻게 살 것인가　　　255

46일 딸의 결혼식 단상　　　261

47일 제주 부부 여행 계획　　　265

48일 선행학습　　　271

49일 예쁜 내 아내　　　275

50일 기업에는 이미 다음 세대가 왔다　　　281

51일 강아지 한 마리 키워 볼까? 꿈은 자유다.　　　289

52일 구내염과 패셔니스타　　　295

53일 아직도 생각이 많다.　　　301

54일 봄 향기에 담은 이야기들　　　304

55일 나를 세워주는 것　　　313

56일 둘만의 첫 여행　　　316

57일 여행은 말똥을 밟아도 행복하다　　　321

58일 추억의 앨범　　　324

59일 고마운 마음이 들어야 행복이 온다　　　325

60일 참 고맙다.　　　329

**에필로그**　　　330

## 프롤로그

52세가 되던 겨울날 회사 임원이 되었다.
55세가 되던 어느 겨울날 회사에서 면직을 당하였다.

어제까지 회의에 눈코 뜰 새 없이 하루 일과를 보내고, 오늘도 그 연장선에서 한숨도 돌리지 못하고 오후 늦은 시간까지 보내고 있다. 그리고 부사장으로 부터 전화가 왔다.
"안 상무! 회사에서 당신 나가라고 한다!"
이 말 한마디로 나는 4년의 임원 생활을 포함하여 30년의 직장생활에 마침표를 찍었다.

이렇게 갑자기 찾아오는 실직의 순간을 어떻게 인내하며 살아왔나요? 50대 중반의 젊은 나이에 갑자기 닥쳐온 실직의 순간을 어떻게 받아들이고 있나요?

갑자기 예상치 못한 펀치가 내 얼굴을 치고 훅 지나갔다. 예상했다면 피할 수도 있는데 난데없이 뒤돌아 들어오는 펀치가 정확하게 얼굴을 때렸다. 녹다운!! 더 이상 링에 서 있을 수 없을 정도의 만신창이가 되어 링 밖으로 흐물흐물 나와버렸다.

임원! 그렇게도 하고 싶었던 임원의 타이틀을 맞이한 순간, 그때는 지금 이런 상황이 오리라고는 상상도 못했다. 직장인의 꽃이라고 하는 임원이 되어 좋아하던 그날을 추억한다. 명함이 새로 나오고, 가지게 된 혜택을 하나하나 맛보는, 꿀보다 더 단 그날을 말이다. 주변에 모든 가족과 지인들에게 큰소리로 자랑하고 그 자부심에 늘 당당했던 모습들. 그런데 그것이 오늘 나에게 갑자기 찾아온 실직의 단초가 되었음을 그때는 미처 몰랐다.

우리나라는 대기업 종사자가 매우 많다. 서로가 입사하고 싶어하고 고속성장시대에 많은 젊은 인재들을 채용하기를 수십 년 지속해 왔기에 채용관련 모든 지표에 상위에 랭크 되어 있다. 그래서 채용인원의 숫자와 인기도가 식지 않고 계속 유지되고 있는 것이다. 88올림픽이 끝나고 한국경제는 눈부시게 성장한다. 그 중심에 대기업이 있었다. 아마도 그때가 세계화의 눈이 뜨인 시점이 아닐까? 국내시장에만 집중하던 대기업들이 세계시장에 본격적으로 진출하기 시작하면서 첫 번째로 나타난 효과가 인력채용이었다. 모든 대기업에서는 수천 명씩 대졸 신입사원을 뽑기 시작했고 기하급수적으로 직장인 수가 많아진 것이다. 나도 그때!, 딱! 그때! 대학을 졸업하고 대기업에 취직을 하게 되었다. 그로부터 단계를 거쳐 승진을 해 왔지만 그 최종목표는 임원이 되는 것이었다. 내 자리가 아닐 수도 있겠다고 생각하기도 수십 번 했었지만 꿈틀거리는 성공과 명예의 갈망은 한 번도 사라진 적이 없었다. 입사한 지 25년만에 드디어 임원이 되었다. 애벌레가 누에고치 속에서 자라기를 25년 하더니, 드디어 밖으로 나와 나비가 되었다. 하늘 높은 줄 모르고 저 높이 저 높이 날아오른다. 그러다가 깨닫는다. 누에 밖의 삶은 1/4밖에 안 되는 매우 짧은 시간이라는 것을…. 그렇게 나는 30년 되던 해 회사에서 나오게 되었다. 그렇게도 원하고 원했던 임원의 자리를 그리 오래 가지지 못한 채 말이다.

 내가 이 글을 쓴 목적은 세상 어느 구석에 나와 같은 상황에 있는 사람들이 있겠다 싶어서 나의 이야기를 통해 알리고 그들의 안타까운 실직의 그늘에서 어떻게 버텨오고 있는지 글로 남기고 싶어서이다. 대부분의 대기업 임원들은 정년을 채우지 못하고 거리로 나오게 된다. 흔히들 대기업은 정년을 보장한다고 하지만 일반적으로 대기업 임원들은 임원이 되면 1년 단위로 근로계약을 갱신하는 구조이다. 그러니까 그때부터는 정년이란 말도 적용이 안 되고 정규직이란 말도 남의 이야기이다. 그런데도 직장인들은 그렇게도 임원이 되기를 소망한다. 그리고 얼마 못 가서 일생을 바쳤던 그 회사에서 나오게 된다. 소위 '젊은 나이'에 실직하게 되는 수순을 밟게 된다. 그런데, 최근 불어오는 사회변혁의 소용돌이는 그것을 훨씬 더 앞당기게 하였고 여기저기서 수없이 쏟아지는 실직의 아우성을 듣게 만들었다.

바로 70년대생의 약진!

이제는 기회마저도 사라져버린 60년대생의 임원 바라기는 마치 꿈을 앗아간 듯 그들의 인생을 무기력하게 만들어버렸다. 어렵게 어렵게 임원이 된 60년대생 들은 하루아침에 퇴직의 고배를 마시게 되는데 짧게는 1년이 채 안되서 실직을 해야만 하는 이런 현상을 외면할 수 없어서 이 글을 남기게 되었다. 이렇듯 사회에서 우수한 사람들이 모여 있는 대기업에서 리더의 역할을 하던 임원들이 추풍낙엽처럼 밀려나고 있다. 세대의 논리가 작용하는 어처구니없는 현상이 아닐 수 없다.

또 하나의 목적은 나의 생생한 퇴직 후 일기를 통해 밀려난 그들을 위로하고자 함이다. 하루에도 몇 번씩 아파하고 아파하는 실직의 소용돌이 속에서 미움과 증오의 외마디 절규가 귀에 절절히 들리는 듯하다. 실직의 아픔을 어떻게 다루고 견디어 왔을까?
갑자기 많아진 시간을 어떻게 보내야 할지 모르겠다.
재취업을 해야 하는데 생각처럼 몸과 마음이 따라주지 않는 건,
미움의 터널에서 벗어나는 방법은?
경제적인 문제 앞에 직면하기.
나의 사회적 지위가 가족들에게 미치는 영향?
이제는 어떻게 살 것인가?

 이런 질문들 속에서 60일간 하루하루 곱씹으며 지내왔던 나의 일기를 공개한다. 충분히 아 파했을 당신에게 같이 힘이 되어줄 그런 글이 되었으면 한다. 소외된 새로운 부류에 대한 인식과 사회의 책임을 기대한다.

Part.1

## 1일 급성 스트레스 증후군

 길게 심호흡을 한번 내뱉는다. 그래도 부족하여 한 번 더 내뱉어본다. 손가락이 마우스를 향하고 이메일 '발송' 버튼 위에 커서를 가져다 놓는다.

 그렇게도 긴 시간 한곳에서 매일 매일 반복해서 하던 일이었는데 이것을 정리하는 순간은 너무도 짧았다. 그리고 나는 자리에 앉아서 이메일을 쓰고 있다. 사무실 내 자리 주변에 있는 같이 일한 그 사람들에게 쓰는 이메일이다. 문장 대부분은 감사했느니, 아쉬웠느니, 애정하며 회사가 잘되기를 빌겠다느니 하는 헛소리들을 늘어놓았지만, 가끔은 울컥하는 마음에 진정성 있는 문장까지 섞어가며 겨우겨우 완성해 나간다.
 그리고 관계했던 동료들을 수신처로 잡아넣는다. 300명…, 수신인은 어림잡아 그렇게 되는 것 같다. 이제는 발송 버튼을 누르기만 하면 된다. 그런데 그게 좀처럼 쉽게 되지를 않는다. 이메일을 발송하고 나면 이젠 완전히 끝이라는 생각이 복받쳐 올라서일까? 이 이메일 계정으로 메일을 발송하는 것도 이게 마지막이라는 생각에 조금은 더 붙잡고 있으려는 말초신경의 자연스러운 반응일까? 이렇게 시간은 흘러가고 점심시간이 다 되서 기나긴 이메일과의 사투는 마무리가 되었다. '발송' 그만 누르고 말았다. 너무 짧았다. 30년이 3초에 마무리되었다.

복받쳐 오르는 눈물은 예비로 가져다 놓은 갈색 구두 한 켤레를 책상 밑에서 꺼내려고 손을 뻗는 순간 왈칵 쏟아진 것이다. 그대로 책상 아래 쭈그리고 앉아 있었다.

책상 너머로 몰려든 몇몇 직원들과 눈을 마주치지 못하고 울먹이는 목소리로 말하기도 어려워 시선을 옆으로 돌린 채 마무리를 한다. 그리고 아무 말 없이 그 긴 사무실 통로를 지나 복도 엘리베이터를 향해 나간다.


점심에 광화문에서 친구 범진이와 먹기로 하여 그리로 가려는 길, 회사 지하 주차장에서 내 차를 빼려는데 또 왈칵 눈물이 쏟아진다. 이젠 주체하지 못할 정도로 거칠 것 없이 흐르는 눈물을 손바닥으로 밀어내고, 밀어내고… 그렇게 한참을 들썩이다가 차를 움직인다. 밖으로 향했다.

두통, 머리가 쪼그라드는 듯한 아픔이 찾아왔다. 가끔 난데없이 오던 두통과 차원이 다른 몽롱한 아픔인데 이것은 마치 눈속 눈물 저편에 있다가 지금과 같이 뜨거운 눈물이 주체할 수 없을 만치 나올 때에야 살며시 그 얼굴을 드러내는듯하다. 아픔은 밖으로는 눈물되어 흐르고, 안으로는 뇌로 향하여 가공할만한 두통으로 나타났다. 이것만이 아니었다. 온몸에 안절부절 못하는 비정상적인 기운이 감도는가 싶더니 이내 오한이 온다. 춥지도 않은 겨울날이었건만 차안에 있는 온갖 히터란 히터는 다 틀어 놓는다. '엉따'와 '손따'에 히터를 5단에 틀어도 가시지 않았다. 오한은 두통이란 놈과 내 몸을 온통 휘감고 있었다. 구토가 올라온다. 억지로 참는다. 신호가 떨어졌기 때문이다. 교통량이 많은 교차로에서 큰 차 작은 차가 뒤엉킨다. 좌회전 차선의 차들과 우회전하여 직진하려는 차와 마치 지금 내 몸처럼 전쟁터를 방불할 정도로 쪼임과 풀림이 순식간에 벌어지고 있었다.

겨우겨우 본 차선에 자리 잡고 가려는 찰나, 인식하지 못했던 오한과 어지러움, 구토증세가 스멀스멀 올라와 내 몸을 휘돌아 치고 있다. 그런데 더 힘든 건 따로 있었다. 온몸에 힘이 없어진 것이다. 핸들을 돌릴 힘도 엑셀을 밟을 힘도 없어진 것을 깨닫게 되면서 덜컥 무서움이 훅 밀려들어 왔다. '어떡하지? 왜 이렇지? 안 되는데?' 반복적으로 이런 말을 중얼거리며 느린 속도로 가다 서다를 반복하면서 겨우 한남대교를 넘어간다.

광화문 '교보' 앞에서 친구를 픽업해서 삼청동 만두집에 앉앉다. 여전히 몸은 오한과 어지러움이 계속되고 있고, '왜 이러지? 왜 이러지?'를 반복하면서 만둣국물만 한두 수저 뜨고 그만 자리에서 일어났다. 친구의 말 한마디가 그 다음에 내가 어디를 가야 하는지 깨닫게 해주었다.
"안 되겠다, 병원으로 바로 가자."
그러니까 나는 친구의 그 한마디가 있기 전까지도 병원에 가야 한다는 생각을 전혀 하지 못하고 있었다. 이 와중에도 '밥 먹었으니 커피를 마시자.'며, 근처 커피숍을 찾고 있는 게 아닌가! 그냥 커피 말고 병원을 가자고 재촉하는 친구의 말이 마치 저 멀리에서 들리는 듯하다. 몸이 아프면 병원을 가야 하는데 당초에 계획된 것을 하려는 습성, 그리고 거기에 정신 팔려있는 모습…. 현실을 제대로 못 보고 계획된 과업에만 열심이었던 그런 현상…. 30년 회사에서 내가 그랬듯이 말이다. 당황스럽게도 말이다. 이 마당에!

시청에서 친구를 내려주고 나는 곧바로 병원으로 향했다.
"급성 스트레스 증후군입니다."
"혈압이 평소에도 이렇게 높았습니까?"
"맥박도 평소에 이렇게 빨리 뛰었습니까?"
혈압과 맥박이 비정상적인 상태가 갑자기 외부 충격으로

부터 와서 신체적으로 부조화가 온 상태. 그것이 바로 '급성 스트레스 증후군'인 것이다. 처방된 약과 수액을 맞으며 병원에서 상태를 보고 가는 게 좋겠다는 의사 처방에 따라 수액을 맞으면서 누워있자니 또다시 하염없이 눈물이 쏟아지고 있었다. 닦을 새도 없이 한참을 그렇게 눈물을 흘리더니 눈이 스르르 약간은 선잠인 듯한 잠 속에 빠져들었다.

평생에 겪어보지 못한 경험, 무엇인지 모르게 곪았던 한이 터져 나오는 듯한 그런 아픔이 내 속에 꽉꽉 차 있었던 것이다. 그 아픔을 내 힘으로 누르고 있다가 마지막 날 책상 밑에 들어가 그렇게 앉아 있다가 밖으로 눈물이 되어 튕겨 나오기 시작한 것이다. 참으로 미련하게 해로움을 몸속에 누르고 있었던 것이다. 이런 상태에서 '권고사직'을 받게 되고 뒤이어 앞으로의 막막함이란 큰 걱정거리가 세게 들어오니 내 몸이 감당할 수 없었던 것이다. 그냥 막고 있었다면 머리에 핏줄이 터질 수 있었다는 말에 나는 지금까지의 삶에 경험해 보지 못한 그 진지한 물음에 답을 해야 했다.

'살·아·야·겠·다.'

## 2일 난 실업자다

아침 일찍 5시 30분 침대에 앉아서 유튜브로 '새벽기도회'에 참석해본다. 어느 친구의 말처럼 퇴직을 하면 아내와 같이 새벽기도를 갈 수 있음을 기대한다고 했던 말에 피식 웃음이 나온다. 순진해서 좋은 그 친구의 모습이 갑자기 떠오른다. 그 말이 귀에 꽂혔는지 나도 오늘부터 그렇게 하게 되었다. 이미 눈은 두어 시간 전에 떠져 있었고 밀려오는 억울함과 서운함에 더 이상 잠을 잘 수가 없었다. 조금만 머리를 잘 써서 현명하게 대처했으면 내가 이런 지경에 놓이지 않았을 텐데, 단 며칠이라도 일찍 내가 퇴직 후보라는 사실을 알았다면 어떻게든 수를 써서 살아날 궁리를 하였을 텐데, 수십 년간 온 마음과 열정을 다해 대처했던 어려운 과업들, 보란 듯 성과를 내고 주변에 자랑삼아 얘기했을 정도로 열심히 일했던 지난날들, 주변사람들 보다 내가 더 회사 일을 잘한다고 여겨왔다. 나보다 훨씬 못하다고 여겼던 친구들은 지금 이 순간에도 보란 듯이 자리에 여전히 앉아있고, 내가 하던 일, 내 자리, 내 팀을 그들이 차지할 것이고, 그 윗자리로 올라갈 것이고…. 누워서 이런 생각으로 화가 머리끝까지 치밀어 올라 얼굴이 붉으락 푸그락 할 때쯤 아내가 나를 깨운다. 5시 30분이다.

동일한 시간인데 이렇게 다른 의미가 있다니 놀랍기만 하다. 매일 5시 30분은 일어나서 출근 준비를 하던 바로 그 시각이다. 하루도 빠짐없이 그렇게 시작해서인지 5시 30분이 빠르다고 느껴보질 못했다. 오늘 나는 또 다른 5시 30분을 경험한다. 늘 그랬듯이 아내는 오늘도 그 시간에 깨어있었고 남편 출근을 준비해주는 것이 아닌 유튜브를 클릭해준다. 매일 생방송으로 새벽기도회가 그 시간에 직방이 된다. 얼마나 다행인지 모를 일이다. 침대에 누워 화가 머리끝까지 치밀고 핏줄을 터뜨릴 그 찰나에 나는 일어나 아내와 고요한 묵상의 시간을 갖는다. 그렇게 새벽 시간을 보내고 아내에게 "산책을 하자."고 했다가 거절을 당하고 다시 누웠다.

 지금은 내가 위로가 필요한 상황이어서 무엇이든 요구하면 다 들어줄 거라 생각했는데, 아니었다. 아내는 자신의 본연의 그 거친 모습을 여전히 가지고 있었으며, 나는 그런 현실을 직시해야만 했다. 그냥 침대에 다시 누워본다. 오지 않는 잠과 억지로 싸우다가 어렴풋이 잠이 들었나 보다.
아침 먹자는 말에 귀와 눈이 떠지고 침대에서 내려와 식탁에 앉아본다.
"아침 메뉴는 어제 먹던 미역국이야, 데워서 그냥 먹자." 아내가 말한다.

"오징어 먹물 빵 샌드위치와 커피 먹고 싶은데…." 내가 말한다.
수년간에 걸쳐 채 6시가 되기 전에 회사 로비라운지에서 나는 누런 종이 포장지에 돌돌 말려있는 오징어 먹물 빵 샌드위치와 커피를 산다. 매일 나는 로비라운지를 향했고 익숙하게 그 빵을 고르고 커피를 담아 들고 사무실로 올라간다. 다시 현실로 돌아오게 하는 아내의 외마디,
"그냥 먹어!"
아침에 미역국과 김장김치 한 조각이 그동안 그렇게 먹어댔던 오징어 먹물 빵 샌드위치보다 백배는 맛있었다. 이런 맛있는 아침을 알지 못했다니 헛웃음이 나온다.

아침마다 회사 라운지에서 커피와 빵을 살 때 일이다. 그 아침 똑같은 시간에 한결같이 그 빵과 커피를 사가는 한사람이 있었으니 파는 사람도 모를 리 없었는가 보다. 언제부터인가 눈웃음과 인사말 한마디가 덧붙여지고 내 쪽에서도 아침 일찍 고생한다느니, 오늘 너무 춥다느니, 틀어놓은 음악이 좋다느니 하는 곁가지 말들이 오고 가는 경우가 자주 있었다.
어느 날 그날도 여느 때와 다름없이 로비 라운지로 향하고 그 빵과 커피를 주문하고 카드를 내미는 순간,

"오늘은 제가 사 드릴게요." 하면서 자주 인사를 나누었던 어린 종업원이 자기 카드로 긁는 게 아닌가!
"아니에요! 아니에요! 여기 있어요."
나는 손사래를 치면서 내 카드를 쑥 내밀었지만 이미 계산은 끝나고 그 어린 종업원의 미소만 남아있었다.
"아니 왜?" 내가 물었다.
"그냥 제가 사드리고 싶었어요!"
거기에 오래 머물 수 없는 바쁜 아침 시간이라 그 정도까지만 하고 감사하다는 뒷말을 남기고 사무실로 올라왔다. 그날따라 빵과 커피는 더욱 맛있었고 그 직원의 호의도 그렇지만 공짜라서 그러했을 것이리라. 그리고 며칠 뒤 그날 아침에 그 직원은 학업을 계속하기 위해 일을 그만두게 되었다는 말과 함께 다시는 볼 수 없게 되었지만, 그날의 그 상황은 두고두고 나에게 조금은 특별하게 남아있고, 마음 깊이 그 직원의 학업과 앞날에 대해 축복하고 잘되기를 기원하는 마음이 아직도 가득하다.


실업자라는 신분이 마음속을 에인다.
　다양한 언어들이 뉴스나 신문에서 나오고 있는데 그중에 빈도수 상위에 랭크 되는 말이 '실업자'이다. 이 말이 왜 많이 언급되었는지 그전엔 정말이지 까마득하게 몰랐다.

이제 이틀밖에 지나지 않았건만 내 마음이 이렇게 에이고 추운 걸 보면 그 단어는 명사가 아니라 동사이며 일상용어가 아닌 감성 용어로 우리네 삶과 아주 가깝게 있었다는 사실이다. 사실이 내 속에서 실증이 되는 그 순간을 살아가고 있다.

### 3일  동병상련, 편들어 주는 사람

아직도 약을 먹어야 평정심을 유지할 수 있는듯하다. 3일 치 약을 처방받았는데 내일이면 약이 없어질 테고 무기력함과 가늠 수 없을 것 같은 심신의 상태가 정상적으로 돌아올 수 있을지 모를 일이다. 이길 힘을 가질 수 있게 될까?

아내와 오전 산책을 하다가 동네 병원에 잠깐 들렀다. 혈압을 재보기 위해서다. 160가까이 갔던 혈압이 과연 어느 정도로 나아지고 있을지 긴장하는 마음으로 조여지고 있는 팔뚝이 아프다는 느낌을 느끼면서 숫자판을 뚫어져라 바라보고 있다. 어느 선에서 숫자가 머물지 140, 130, 120, 이렇게 떨어지나 싶더니 쒸이~ 하면서 조였던 팔뚝이 풀리면서 결과가 나왔다. 124, 76, 맥박수 94, 정상이다. 휴~ 내 평생 혈압 때문에 이렇게 긴장하고 결과를 보게 된 거는 오늘이 처음인가 보다. 이렇게 기분 좋게 산책을 마치고 집으로 향한다. 기·분·이·좋·아·졌·다.

머리가 탁하다는 느낌이 있다. 그래서인지 조금은 멍한 상태에서 책을 본다. 글이 눈에 들어오는지 마는지 그저 한 장 한 장 넘기고 있는데 전화벨이 울린다.
"여보세요?"
나와 거의 동년배로서 지금은 퇴사했지만, 현직에 있을 때 많이 친하게 지냈던 전직 B임원 이었다.
"아니 이런 일이 있다니 말이 안 되잖아요"
"누구에요? 누가 짜른 거에요?"
"아주 나쁜 놈이구만~."
한참을 지금 상실에 있는 내 마음을 공감하며 한바탕 걸쭉한 욕지거리가 쏟아졌다. 그도 나와 마찬가지로 1년 전에 회사를 나오게 되었으니 그 말에 아직도 그때 감정이 살아있는듯하여 이렇게 리얼하게 말을 하고 있겠다 싶다.
한창 프로젝트를 주관하면서 이제 겨우 성과가 나올 찰나였는데, 그 사이를 못 버티고 나가게 된 그는, 그 이후 내가 회사 근처로 불러 서너 번 식사를 대접하는 것으로 위로를 하곤 했었다. 만날 때마다 아직 현역으로 회사에 있는 나를 매우 자랑스럽게 생각해 주었고, 무슨 일이 있어도 끝까지 버티고 회사에 붙어있으라고 신신당부를 하였는데, 나는 그런 이야기를 들을 때마다 이렇게 대답하였다.
"그래야지요, 몇 년은 더 버틸 수 있지 않겠어요?"
딱 1년, 나는 그보다 딱 1년을 더하고 회사를 나오게 되었다.

그는 통화를 마무리하면서 저녁을 먹자고 한다. 지금 컨디션이 좋지 않아 어떻게 거절해야 할까 생각하고 있었지만, 사실은 사람 만나는 게 신나지 않고 만나서 얘기 나눌 게 뻔한 주제이기에 내심 회피하려는 마음이 더 있었다. 선뜻 대답을 못하고 이리저리 빙글빙글 돌려서 얘기하기를 반복하다가 어제 있었던 몸의 이상증세와 병원에 갔었다는 말까지 하게 되었다. 좀 더 강한 핑곗거리로 마무리하고 거절하려고 했던 것이다. 그런데, 그런데 말이다. 그 순간 참으로 기가 막힌 이야기가 수화기에서 들려온다.
"저도 그랬어요."
그는 회사를 떠나는 날 자동차를 몰고 강남 한복판을 지나는 중에 숨을 쉴 수 없는 고통을 느끼고 길가에 겨우겨우 세우고 주변 세차장 아저씨들에게 119 구급대를 불러달라고 해서 응급실에 간 일을 자세히 설명했다.
'이거 뭐지? 이렇게 데자뷰가 일어난 거야?'

내가 이런 생각에 할 말을 잃고 있을 때 그가 냅다 던지는 한마디,
"조금은 힘들겠지만 좋은 음식 먹고 기운 차립시다! 나와요, 지금!"

 전철을 타고 B를 만나러 가는 길, 주변엔 변한 게 하나도 없는데 나만 변한 느낌이 지금 이 전철 안에서 다시 벌어지고 있다. 달리는 전철 창문에 비치는 초라한 내 모습이 휙휙 지나가고 있다. 지난주의 나는 대기업의 임원으로 업무도 잘하고 유머 감각도 있고 무엇보다 패션과 스타일이 남다르게 세련되었고 얼굴은 누구에게나 호감을 줄 수 있는 그런 사람이었다. 적어도 나는 그렇게 여기며 살아왔다.
그런데 오늘은 그렇지 못하다. 얼굴도 못생겨졌고 눈빛도 풀이 죽어있다. 입고 나온 옷은 또 뭔가 부족함이 보이는 듯하다. 가만 보니 남방셔츠 위에 겨울 니트를 걸쳤는데 목 주변에 불쑥 튀어나온 실밥이 보인다. 원래 계속 입고 출근하던 옷이라 예전에도 그랬을 텐데 그때는 그것을 보았어도 스타일로 여길 법하였으나 오늘은 왜 이렇게 보기 싫은지, 마치 지금 나의 하찮은 모습을 표현하는 것으로 여겨지니 말이다. 이제는 온몸 구석구석 스캔하기 시작한다. 머리 스타일이 눈에 띈다. 헤어는 항상 나만의 자존심이었고 매

일매일 가위로 앞머리를 가지런히 자르고 에센스와 왁스로 멋지게 스타일을 만들던 며칠 전과는 아주 다른 모습을 하고 있다. 가르마도 촌스러워 보이고 왜 이렇게 흰머리도 많아 보이는지. 메마른 웃음이 지하철 창에 그려진다.
"자! 한잔 받아요!"
불판엔 빨간 소고기가 구워지고 있고 나는 B와 소주잔을 기울이고 있다.

 돌아오는 전철 안.
바지 주머니에 무언가 바스락 잡히는 것이 있어 꺼내 보니 약봉지였다. 저녁을 먹고 복용하기 위해 한 봉지 가져 나왔는데 약 먹는 것도 까마득하게 잊어버리고 그와의 대화에 몰입하고 있었나 보다. 그가 경험했던 그 날의 일들은 나의 그것과 다름이 없었고 그 이야기를 듣는 내내 나에게 얼마나 공감과 위로가 되는지 알 수 없었다. '나만이 이렇게 아파하고 힘든 것은 아니구나!' 하면서 말이다. 내심 스스로 초라하게 여겼던 것으로부터 해방되는 느낌이랄까? 무엇보다 신기한 건 약을 먹지 않아도 전철을 탈 수 있었고 내려서 한참을 걸어가야 할 집까지도 쉽게 갈 수 있을 것 같다. 약은 먹는 게 아니라 듣는 거고 떠드는 거고 욕하는 거고 다시 현실을 직시하고 새로움을 맞이하는 것인가 보다.

'낼부턴 약 안 먹을래!!'

 멀잖은 곳에 딸이 살고 있다. 생각만 나면 카톡을 보내서 "보러 갈게." "밥 먹으러 와라." 이렇게 실없이 얘기를 자주 건넨다. 아내는 싫어하는 눈치이지만 오늘도 어김없이 딸에게 카톡을 보냈다. "12시에 운동하러 가려고 준비하는 중이야" 하는 딸의 말에
"아빠도 가면 안 될까?"
"와도 되지! 당연히! 주소 찍어줄 테니, 바로 와."
몸을 움직이는 게 불편한 구석도 있고, 왠지 모를 자격지심에 그렇게 좋아하던 골프도 낯설게 느껴지던 며칠이었다. 방 한구석에서 슬퍼하며 이를 갈고 있었던 며칠이었는데, 이를 벗어나 야외로 향한다. 시원한 바깥 공기를 마시니 가슴이 탁 터지는 느낌이고 좋았다.
뭔가에 몰두하고 있으니 힘든 마음을 잠시나마 잊을 수 있어 좋았다. 재밌게 야외에서 운동을 마치고 주변 맛집에서 청국장으로 점심을 맛있게 먹고 커피도 사 들고 추운 겨울 산책도 하면서 시간을 보냈다. 어느새 딸이 커서 내 친구가 되어주고 나의 든든한 버팀목이 되었다. 보통 부모들이 아이들 보면서 걱정해주고 도와주고 이러는 게 일반적일 텐데, 오늘은 반대다. 힘들어할 아빠를 생각하는 게 기

특하고 이전엔 생각지 못했던 어른스러움마저 느껴진다.

### 4일 아침 풍경, 부탁은 기도이다.

 오늘은 약 없이 보내려고 약봉지를 구석에 던져 버리면서 아침을 시작한다. 약 없이 보내는 첫날, 정상적이지 않다. 괜히 불안해하고, 머리는 어지러워서 행동뿐만 아니라 생각하는 것도 지치고 불편하다. 분명히 어제 잠들 때는 좋았는데 하룻밤 사이에 이렇게 되었다. '대화'라는 약이, '공감'이라는 약의 효력이 이렇게나 빨리 사라진 것이다. 던져버린 약을 다시 찾아 먹으며, 어떻게 이 상황을 버티고 나가야 하나 고민에 빠지게 된다. 매 순간을 혼자가 아닌 다른 사람들과 얽히고설키고 살아가야 하는 것인가!
아닌 게 아니라 매 순간순간을 사람들과 부딪치며 살아온 직장에서의 30년 세월이다. 아침 일찍부터 저녁 늦게까지 일 분 일 초도 허투루 보낼 수 없을 정도로 몰입하며 해왔던 회사생활이었다. 회사에 있는 동안에는 단 한 순간도 혼자이지 않았었다. 거칠게 싸우다가도 하하 웃고, 아주 정제된 언어로 프레젠테이션을 했나 싶은데 어떤 때는 감정이 격해져서 의도치 않은 언어폭력을 하기도 했다. 그 모든 장면 장면에는 사람들이 함께 있었는데 그들은 소위 '동료'로 불리는 그런 사람들 말이다. 결코 친구가 되어 지지 않는 회사의 동료들. 친구보다, 가족보다 훨씬 더 많은 시간을 같이 하면서도 그들은 친구처럼 될 수 없었고 가족처럼 될 수 없었다. 그럼에도 오늘 나에게 '그 동료들이 약이었구나!'하는 생각이 든다. 그들이 사라지고 없는 이 순간에 나는 같이 할 어떤 대상을 곁에 두지 못하고 혼자서 이렇게 아파하고 있다. 어느새 나는 혼자서는 아파하는 것조차도 할 수 없는 그런 사람으로 길들여졌고, 그것이 가장 바람직한 모습일 것이라는 착각 속에서 더욱더 그런 패턴을 반복해 왔을지도 모를 일이다. 지금 이렇게 아픈 걸 보면 말이다.
따스한 햇살을 맞으면서 베란다 창가에 앉아있다. 살포시 내려앉는 햇살이 마치 내 정령이라도 되는 듯이 그들과 무언(無言)의 대화를 나누고 있다.

나는 주말 아침이면 어김없이 일어나자마자 집주변 빵집에 빵을 사러 간다. 얼마나 자주 왔으면 빵집사장과 매니저는 나를 알아보고 가끔가다 농담도 해주는 사이가 되었다. 오늘도 주말이어서, 아니! 주말이 아니고 회사를 가지 않아서 자연스럽게 빵집에 가서 늘 먹던 쫄깃한 식빵 하나를 사 들고 온다. 아내는 빵과 같이 먹을 토마토, 사과, 고구마 아보카도를 각기 제 모양대로 손질하여 큰 그릇에 넣고 이리저리 섞는다. 각각의 재료들은 낯선 듯 아닌 듯 고유의 색깔과 특성을 지닌 채 서로 얼키설키 버무려지고 있다. 마지막으로 발사믹 식초와 올리브유를 듬뿍 뿌리고 나면 자작자작 액체도 생기는 게 아주 먹음직한 샐러드가 탄생한다. 나는 바로 커피 원두를 기계에 넣고 드르륵드르륵 갈아 커피를 내린다.

오늘은 브라질 커피를 갈아 마신다. 내가 브라질 커피와 인연을 맺은 것은 미국에서 근무할 때였다. 회사 일로 브라질에 갈 때가 많았는데 처음 출장간날 마셨던 브라질 커피가 내 '인생커피'가 되어버렸다. 아침 아주 이른 시간에 상파울루공항에 도착했는데 픽업 나오기로 했던 대리점 사람이 교통 혼잡으로 늦는 바람에 기다릴 겸해서 공항 라운지에 올라가 커피를 주문하고 마셨던 그 커피! 그 순간 그동안 먹어왔던 커피와는 개념이 다른 그 오묘한 맛에 반해버렸다. 아프리카 커피와 달리 신맛이 없으면서도 텁텁함이 살아있어 혹시 걸쭉해서 그런가 살펴보니 여느 커피와 다를 바 없는 농도였다. 혀에서는 텁텁함이 감지되고 목에서는 부드럽게 넘어가는 이런 커피가 아주 생경하기도 하면서 이국적 향취와 함께 내 속을 감동 시켜 버렸다.

그 이후 10년이 지난 지금까지 우리 집에서 먹는 커피는 브라질 커피이다. 출장 다닐 때는 복귀하면서 늘 한두 봉지 사 와서 먹고, 한국에 돌아와서는 인터넷으로 쉽게 구입할 수 있어 그렇게 먹고 있다. 홀 빈 상태로 사서 주말 아침이면 조금씩 꺼내어 그라인더로 갈아 내려 먹는 커피의 맛은 질림이 없이 훌륭하다. 커피 맛도 맛이지만 아침마다 물 끓이고, 커피 갈고, 여과지를 깔때기에 올려놓고 물을 부어내리는 그 과정 과정이 즐겁다. 때론 본질보다 주변의 하찮은 것이 훨씬 더 깊은 행복감을 주기도 한다. 커피 맛보다 그것을 준비하는 과정이 더 그렇듯이 말이다.

 아침 풍경 이야기를 좀 더 하고 싶다.
커피와 빵 그리고 각종 신선 식품을 들고 아내와 향하는 곳은 베란다이다. 거기에 긴 나무 벤치를 가져다 놓았고, 남향인 베란다에는 오전 시간이면 따듯한 햇살이 가득하다. 한겨울의 찬바람이 창틈 사이로 들어와 거실 문을 열고 들어갈라치면 썰렁함에 추위가 훅 들어오는데, 일단 참고 벤치에 앉아있노라면 어느새 추운 기운이 사라진다. 바깥 몸은 햇살에 녹고, 안쪽 몸은 뜨거운 커피에 녹고…
우리가 아침을 베란다에서 먹는 또 다른 이유가 있는데 그것은 베란다로 보이는 바깥 풍경이다. 하늘과 나무와 그

속의 새들, 그리고 지나다니는 사람들을 구경도 하는 것이 너무 재미있어서이다. 오늘도 그렇게 이것저것 준비해서 베란다에 나르고 그동안 해오던 대로 그렇게 앉아있었다. 오늘은 주말이 아니다. 한 모금 마셔본 커피는 여느 때와 달리 목 넘김이 어려웠고 빵은 한 조각 입에 물고는 더 이상 손이 가지 않았다. 억지로 샐러드에 손이 갔으나 좀처럼 두 번째 손은 가지지 않았다.

아내가 옆에서 포크로 찍어서 밀어 넣는 토마토 한두 조각을 씹으면서 멍하니 밖을 쳐다본다. 불안함이 밀려온다. 앉아있으나 서 있는 듯하다. 어지러움이 시작되려는지 시그널이 오고 있고, 한두 모금밖에 먹지 않은 커피가 속에서 느글거렸다. 약 없이 보내는 첫날, 정상적이지 않았다. 머리가 회사를 향한다. 멍청하게도 말이다.

어제 만난 옛 동료는 퇴사이후 1년간 어려운 시간들의 연속이었다고 한다. 아무런 준비 없이 면직을 당한 것에 회사에 너무 화가 났다고 한다. 나도 그랬으니 그 심정 십분 공감이 되었다. 그로부터 지속적으로 순간순간 화가 치밀어 오르고, 화가 화를 또 불러 잠시도 열 받지 않은 때가 없었다고 한다. 재취업을 하려고 무던히도 애쓰던 차에 새로운 직장을 찾을 수 있었는데, 현직으로 있을 때 담당하던 산하 협력업체중의 한곳으로 그 회사의 내용을 잘 알고 있고, 게다가 사장하고도 친분이 있어 고위임원으로 채용이 되었다. 처음에는 잘 알고 있는 곳이어서 일하고 적응하는 문제는 어렵지 않을 것이라고 만만하게 생각하고 출근을 했다고 한다. 그런데 그게 큰 오산인 것을 그때는 미처 몰랐다. 예전 회사에서 갑으로서 일을 하던 때와 지금은 아주 판이한 상황인 것을 그곳에서 일한 지 얼마 되지 않아서 바로 깨닫게 되었다고 했다. 그 사장이 그를 갑으로 대하던 때와 지금의 그와는 적어도 그에게 있어서는 전혀 다른 사람이었던 것이었다. 뿐만 아니라 근무조건도 달라졌다.

그는 서울이 집인 터라 주로 서울사무소에서 근무하고 일이 있을 때만 공장이 있는 지방에 가기로 하였는데, 문제는 공장에 한 번 일이 터지면 해결하기 위해 내려가야 했고 이런 일이 자주 발생하게 되어 처음엔 하루 이틀 머무르면 되던 것이 일주일 내내 있어야 했고 심지어는 주말도 대기해야 했다. 이렇게 힘든 과정에서도 그는 '이것은 현실이다. 어떻게 새로 구한 직장인데 여기서 무너지면 안 되지.' 하면서 스스로를 채찍질했다고 한다.

결국은 근무지를 아예 지방으로 변경하는 것도 마다하지 않고 사명감 있게 열심히 일하였고 나름대로 사장이나 주변 직원들이 인정해 주는 분위기였다. 그런데 문제는 그렇게 믿고 있었던 사장과의 관계로부터 생겨나기 시작했다. 나름대로 친분이 두터웠던 사장과의 크고 작은 의견충돌이 발생 되면서 점점 하는 일이 어렵고 불편하게 다가오는 것이었다. 애초에 이곳에 취업을 결정한 가장 큰 이유가 이곳 사장과 같이 일을 한다면 힘들어도 헤쳐 나갈 수 있을 것이라는 확신이 있었기 때문인데, 그 지점에서 균열이 생겨나기 시작하면서 일은 일대로 힘들어지고 관계는 관계대로 불편해지고 있었다. 퇴사의 아픔을 또다시 한다는 것은 용납할 수 없기에 참고 참으며 열심히 일에 몰두하고 있었다. 그러다 보니 일은 점점 많아져 주말은 진즉에 유명무실해졌고, 이제는 밤낮없이 해결해야 할 문제들이 쏟아져 들어오는데 감당할 수 없을 정도였다.

어려운 일은 한꺼번에 닥친다고 하였는가? 서울 집에 가 본 지 한 달이 넘어가고 있던 어느 날, 아내로부터 전화가 왔다. 아내가 암에 걸렸다고 한다. 하늘이 무너지는 순간 '나는 아내가 암 선고받기까지 무얼 하고 있었는가? 이렇게 살아도 되나?' 하는 질문이 던져졌고 그날 밤 아내의 상황을 설명하고 서울로 올라온 일, 오자마자 수술 날짜를 잡은 일, 수술을 마치고 회복실에서 마주한 아내의 모습, 그리고 지금의 내 모습. 아내 곁에 있어야겠다는 결심을 하고 사장에게 전화를 걸었다. 그리고 그는 두 번째 회사를 그만두게 되었다. 불과 얼마 전까지만 해도 어엿한 대기업 임원으로 남부럽지 않게 보내고 있었는데 퇴사로부터 1년도 안 되서 엄청난 시련들이 한꺼번에 닥쳐오는 경험들. 그는 어떤 다른 누구의 도움을 받을 수 없었고 오로지 자기 혼자 힘들게 버티고 왔던 시간이었다고 한다. 그 힘든 시간을 오로지 혼자 힘으로 헤쳐 나가려고 했으니 얼마나 아팠을까? 얘기를 듣는 내내 안쓰러움에 눈물이 날 지경이었다.

나는 종교가 있다. 얼마나 다행인가? 사실 그도 종교가 있었다면 훨씬 더 잘 극복할 수 있었겠노라고 얘기하더라. 책을 읽고 있다. 〈고통에 대하여〉. 수개월 전 교보문고에서 샀던 책이었는데, 너무 두껍고 표지 색도 검은색이라 읽지는 않고 책꽂이에 모셔놓았던 그 책. 그것이 내게 왔다. 술술 읽혀지기를 벌써 며칠이 되었다.

책 얘기를 한 김에 읽고 있는 책들을 열거해 본다. C.S 루이스의 책을 통해 기도가 무엇인지 그리고 어떻게 해야 하는지에 대해서 보고 있고, 〈나의 끝 예수의 시작〉이라는 책을 통해서는 나의 자신만만함이 바닥을 칠 때, 바로 지금처럼 바닥을 칠 때, 비로소 예수께서 도움을 주기 시작한다

고 한다. 왜 이런 책들이 지금 나에게 와 있는 걸까? 완전
하게는 아니지만, 나는 나의 끝 근처에 와 있는 느낌이다.

  부탁은 기도이다.
요즘은 주변의 사람들에게 취업을 부탁해야겠다는 생각이
하루에도 열두 번씩은 든다. 그러나 막상 전화 한 통도 못
하고 있다. 막 전화하려고 전화를 들면 오히려 드는 생각
이 '다 때가 되면 알아서 잘 될 것이고 주변 사람들을 통해
서 도움을 받을 수 있으리라'는 것이다. 내 사정 모두가 다
알고 있으니 괜히 설레발 떨지 말고 조용히 기다리라는 내
면의 목소리 같은 것 말이다.
'내가 부탁하면 될 일도 안 되는 것 아닌가? 그러니까 좀
더 의연하고 진중하게 시간을 가지고 접근하는 게 좋아.'
글쎄다. 그게 맞는지 모르겠지만 오늘 내가 읽은 책에 의
하면 '기도는 부탁이다.'라는 것이다. 입을 열어, 전화를
걸어 부탁하는 것은 마치 신에게 기도하는 것과 같다는 것
이다. 생각을 돌려먹기를 몇 차례 고민하다가 조금씩 서서
히 주변 사람들에게 도움을 청하기로 마음 먹어본다. 책을
읽는다는 것은 새로운 길로 안내하는 방법이 아닌가 싶다.
내 생각으로는 잘 하지 못하던 그것을 책을 통해 다시 생
각을 고쳐먹고 행동할 수 있게 하는 힘. 용기를 얻어 한사

람에게 핸드폰 문자로 내 상황을 설명했다. 내심으로는 위로의 답장과 재취업의 도움을 기대하며 말이다. 내일은 또 누구누구에게 부탁할 것인지 명단을 만들어 본다. 그리고 간절하게 그 사람들의 마음을 움직여 달라고 기도한다.
"하나님 나에게 좀 더 안정적이고 좋은 회사에 연결될 수 있도록 주선해 주십시오. 나를 위해 없던 자리라도 만들어 주십시오. 지금 이렇게는 안되겠습니다. 정말로 안 될 것 같습니다."

## 5일  새로운 시도! 요리와 마라톤

다행인지 요즘 5시면 눈이 팍! 떠진다. 그냥 떠지는 게 아니라 팍! 팍! 떠진다. 나는 눈이 작다. 작아도 엄청 작다. 눈 큰 사람들은 모르겠지만 우리 눈이 작은 사람들은 윗 눈꺼풀을 손가락으로 살짝만 올리면 더 훤하게 잘 보인다. 새벽 다섯 시면 눈이 팍! 떠진다. 손가락으로 추켜올리지 않아도 자동으로 그렇게 되니 훤하게 다 잘 보인다.
이 한겨울의 새벽이 훤하디 훤하다. 뭐하지? 뭐할까? 세수할까? 밥 먹을까? 옷 입을까? 운동할까? 그래! 운동하자. 잠자리를 박차고 나온다. 깜깜한 겨울 새벽의 풍경은 산책길에 켜있는 가로등 불빛을 받아 더욱 싸늘하고 날카

롭게 다가온다. 앗쌀하게 추운 아침공기를 마셔본다. 콧속에 얼음덩어리가 꽉 차게 들어가는 듯하다. 걷다가 또 쓰러질까 무섭다는 나의 말에 억지로 따라 나온 아내와 함께 탄천 변을 걷는다. 그날의 기분에 따라 남쪽으로 내려가든지 아니면 북쪽을 향해 올라가든지 하는데 오늘은 북쪽인 정자 쪽으로 걷는다.
구청을 지나 중앙공원까지 한 바퀴를 돌고 다시 집으로 향한다. 그때쯤이면 한겨울임에도 등에는 약간의 땀이 나는 듯하고 다리는 조금 뻐근해지려는 정도로 기분이 상쾌하고 좋다. 운동을 하려는 의도보다는 내가 어찌 될까 봐 따라 나온 아내. 그와 이런 얘기 저런 얘기 두런두런 할 수 있어서 더욱 좋다. 이 시간이면 차를 몰고 회사로 향했을 시간인데 나는 지금 찬 겨울 천변에 서서 그러지 못하는 것에 아쉬움과 분노가 치민다. 누구에게는 이런 아침을 맞이하는 것이 오히려 감사와 행복일 텐데 오늘 나에게는 분노임이 분명하다.

 돌아오는 길에 내가 돌연 오늘 점심은 내가 만들겠다고 말을 건네고야 말았다. 전혀 생각지 못한 이 발언이 어떤 작용으로 어느 뇌를 거쳐서 올라오는지 몰라도 너무도 자연스럽고 지극히 잘할 수 있다는 확신과 함께 던져진다.

자장면! 차가운 새벽공기를 마시며 그것도 분노와 함께 그 차디찬 공기를 크게 심호흡하던 나에게 갑자기 요리하겠다는 생각도 당치않은 일인데 입 밖으로 툭 튀어나온 메뉴가 자장면이라니! 라면도 아니고 된장찌개도 아닌 자장면이 생각나다니 말이다. 그것이 갑자기 먹고싶어서 그런 것도 아니었고, 요리를 하고 싶어서도 아닌 어딘가에 정신을 쏟고 싶었던 마음의 언어가 자장면으로 툭 튀어나온 것이리라.

콩나물밥! 아내가 자장면 말고 콩나물밥을 하자고 한다. 자장면도 웃긴 데 콩나물밥은 더 웃기다. 한참을 배를 잡고 웃었다. 콩나물밥은 일단 발음이 웃기다. 콩나물은 우리가 자주 먹는 반찬이지만 여기에 '밥'자를 붙이면 어감이 굉장히 웃기다. 오늘 알았다. 게다가 새벽공기를 맞으며 코는 빨개지고 입은 약간 얼어붙은 상태에서 나온 '콩나물밥'은 말해 무엇하랴. 오늘 나는 콩나물밥을 한다. '으·라·차·차·차!'

나름 분주했던 오전 앞부분의 시간을 보내고 나서 고대하던 점심 준비에 돌입한다. 슈퍼에서 콩나물과 두부를 사서 양손 가득히 들고 집으로 돌아가는 길. 이 재료들을 어떻게 손질하고 어떤 순서로 요리할 것인 지 구상해본다.

'밥을 먼저 해야 하나?'

'그래야지~' 그리고,

'두부는 어떻게 데쳐야 하는 거지?'

이런 생각들이 꼬리에 꼬리를 물고 머릿속을 한바탕 휘몰아친다. 일단 분위기가 매우 중요하다. 오늘의 주인공 콩나물은 내 오른손에 들려있다. 주방의 모든 기자재들은 가지런하게 놓여있어야 했고, 음식 재료들은 부피가 큰 것으로부터 작은 것 순으로 한쪽에 일렬로 세워둔다. 그리고 갑자기 생각난 것인데 바로 음악! 가장 중요한 게 아닐 수가 없다. 꼴값일 수도 있지만, 요리는 마치 '오케스트라 같다.'고 생각한다. 물 떨어지는 소리, 도마 소리, 압력밥솥 김빠지는 소리, 이 모든 것이 음악이 아니겠는가! 거기에 멜로디가 있는 음악을 덧입히면 준비되는 음식 맛이 배가 될 것이다.

블루투스 스피커를 주방에 걸어놓고 약간은 리듬이 있는 '삼바'를 틀어놓는다. 이제 모든 게 준비 되었다. 자, 그럼 전투 시작! 메뉴는 콩나물밥과 두부김치다. 먼저 쌀 세 컵을 계량하여 깨끗이 씻고 압력밥솥에 물과 함께 넣고 불려주기 위해 옆에 따로 두고, 콩나물을 봉지에서 꺼내 차근차근 씻어 작은 소쿠리에 담아 밥솥 옆에 놓아둔다.

그리고 두부김치.

김치와 돼지고기의 양은 아내가 내어준 대로 하고, 적당한 크기로 썰어 내고 기름에 후끈 달아오른 프라이팬에 투하한다. 신기한 것은, 내가 칼질을 정말 잘 한다는 것이다. 오호! 재능발견! 결혼 후 30년 가까이 전혀 요리를 하지 않았던 손 치고는 매우 전문적이고 리드미컬하게 칼을 다루고 있는 내가 신기할 정도였다.

돼지고기를 썰 때는 그새 익숙해져서 다음에 할 게 무엇인지 생각할 정도로 대단한 수준까지 도달하고 있었다. 다시 얘기하지만 정말로 신기한 일이 아닐 수 없다. 매사에 감사할 수밖에 없다. 이런 놀라운 재능을 주신 것에 말이다. 김치와 돼지고기를 볶는 일은 칼질보다 몇 수 아래로 쉬운 것이다. 프라이팬의 재료들은 나의 현란한 손목 스냅에 완전히 섞여서 춤을 추다가 이내 녹다운이 되어버렸다. 덜커덩덜커덩 웍질은 계속되었고 보다 못한 아내가 "적당히 좀 하셔."라고 외친다.

두 가지 신선야채 재료를 프라이팬에 더 담고 약간의 물을 더해서 자작자작한 상태에서 졸이듯 그냥 두면 된다. 혹시나 해서 한두 번 나무 스틱으로 저어주기만 하면 되지만 저어준다고 맛이 더 있거나 한 건 아닌듯하다. 그냥 하는 거지. 두부를 중탕에 찜 삼발이를 놓고 찌는 일.
압력밥솥에 물을 맞추고 콩나물을 넣고 가스레인지를 켜

고 기다리는 사이에 콩나물밥에 넣어서 비벼 먹을 달래 양념장을 만든다. 모든 것이 일사불란하게 이루어지고 한 치의 머뭇거림도 없이 착착 순서에 맞게 준비를 한다.

드디어 밥과 메인요리 두부김치가 식탁에 차려진다. 보암직하고 먹음직한 음식의 향연이 식탁으로부터 흐드러지게 올라와 내 오감을 자극한다. 음식의 평가는 중상 이상의 퀄리티를 보여주었다. 그런데 요리라는 게 실제 요리하는 자체는 아무것도 아니라는 생각이 든다. 요리의 전 과정, 그러니까 메뉴를 정하고, 양을 맞추고, 적당한 시간을 조절하고, 전체 요리의 순서를 정하는 것, 이런 것들이 요리의 전부인 듯하다. 레시피는 요리책에 있는 것으로만 알고 있던 나에게 오늘 메뉴의 그 모든 레시피는 이제 내 속에 들어와서 내 것이 되었고, 언제 다시 그 요리를 한다 해도 메뉴를 정하는 것부터, 요리를 하는 것까지 어려움 없이 할 수 있다는 자신감이 생겼다. 자주 해야겠다. 콩나물밥. 내일도 콩나물밥, 모레도 콩나물밥, 글피는 콩나물국, 그글피는 콩자반.

아침마다 그렇게 걷다가 보니 운동량이나 강도를 좀 더 올려보고자 하는 맘이 생긴다. 갑자기 '마라톤을 도전해 볼까?'라는 생각이 떠오른다. 자장면 생각났듯이 불현듯 마라톤이 떠오른 것이다. 러닝화를 사고 유튜브를 보면서 마라톤의 기초상식을 배워본다. 할 수 있을 것 같다. 하지만 뛰는 것은 요리하는 것보다 더 오랫동안 하지 않았던 것인데 지금 내 몸 상태로 할 수 있을지 더 생각해보기로 했다. 평소에 산에 가자면 늘 싫다고 하던 대학생 막내 아들 녀석에게 마라톤 같이하자는 말을 툭 던졌는데 신기하게도 즉각 하자고 대답하는 게 아닌가! 나는 갑자기 겁이 나서,
"아빠는 일단 할 수 있는 조깅부터 시작해서 조금씩 늘려가는 방법으로 할 거야. 아빠가 좀 늦거나 처져도 같이 해줄 수 있지?"
"그럼 그럴 수 있지."
아들의 답에 가슴이 뿌듯해지고 뭔지 모를 벅차오르는 희열을 느낀다.
'마라톤 할 수 있을까?'
'그래 해보자!!'

### 6일  부탁하며 도움을 기다린다는 것은

요셉의 이야기로 시작하고자 한다. 성경의 인물인 그는 야곱의 11번째 아들이다.

그의 인생 중반부에 억울한 옥살이를 하던 중(적어도 나는 지금 이 정도는 아니라는 위안을 해본다) 요셉은 당시의 정치범이라 할 수 있는 정부 요직에 있던 두 사람을 감옥에서 만나게 되고, 이들이 다시 정부 요직으로 복권되어 출소하는 날, 요셉은 그중의 한 명에게 이렇게 부탁한다.
"나도 옥에서 풀려날 수 있도록 도와주시오, 나를 기억해 주시오."

절체절명의 상태에서 누명으로 옥살이를 하던 한 죄수의 남루한 요청에 그 정부 요직의 사람들은 지나가는 말로 들었을 것이 분명하다. 그들이 나가고 2년이 지나도록 요셉은 그 어두침침한 감옥에서 계속 있어야 했다. 그렇게 2년을 넘기던 어느 날, 그 관료 중 한 명이 어떤 상황에서 요셉을 기억하게 되었고, 그로 인해 요셉이 사면되었으며, 뿐만 아니라 요셉은 왕의 신임을 얻게 되어 그 나라의 총리까지 오르는 드라마와 같은 이야기가 성경에 기록되어 있다.

우리가 결과를 알고 이 대목을 보고 있으니 '해피엔딩'이라고 여기고, "그래 아름다운 이야기야, 요셉의 출세 스토리야." 이렇게 반응을 할 수 있겠으나, 나는 두 마디에 꽂혀서 아직도 거기에서 헤어 나오지 못하고 있다. 그것은 '나를 기억해 주오.'와, '2년이라는 시간'이다.

이름을 기억해 준다는 것은 그 어떤 것보다 감사한 일임에 틀림이 없다.

"혹시나 회사적으로 도움을 줄 기회가 있다면 안 상무님을 제일 처음으로 기억하겠습니다."

회사의 인사를 담당하는 임원과 통화 중에 이 말을 들었고, 나는 "내가 정말로 바라는 게 그것입니다. 꼭 기억해 주십시오."라고 답을 하며 전화를 끊었다.

그 이후 요셉의 스토리를 설교를 통해 듣게 되었고, 이렇게 위로를 받는다는 게 얼마나 감사한지 눈물이 앞을 가렸다. 반면에 '나도 2년간 기다려야 하나?'라는 생각까지 하면서 말이다. 요셉의 스토리는 해피엔딩이라는 섭리가 적용 되었다. 원하는 바를 요청하였고 그 요청에 받아들여지게 된 것이다. 나도 원하는 바가 있다. 재취업을 하는 것이다. 나름대로 마음을 추스를 수 있을 것이고 넉넉한 마음으로 돕고 도우며 살아갈 수 있도록 말이다.

친한 동료에게서 전화가 왔다. 성탄절이 막 지나간 주일 오후였다.

내가 힘들 때나 그가 어려움이 있을 때나 언제나 편하게 전화해서 "얘기나 하자."하면 항상 "O.K."인 동료이다. 30년 직장생활에서 남아있는 정말로 몇 안 되는 내 재산이다. "늦은 오후 탄천이나 걷자."라는 제안에 단단히 차려입고 장소로 걸어 나갔다. 그 친구는 서쪽에서 걸어오고, 나는 동쪽에서 걸어가면 이매교 아래서 합수가 되는 곳이 있는데 보기로 했다. 아무리 친했던 친구 동료라 하더라도 주말에 만나기는 쉽지 않다. 골프를 같이 가는 것을 제외하고는 이런 일요일 저녁나절에 만나서 걷는 것까지는 쉽지 않은 터였는데 하나도 거침이 없이 그렇게 순식간에 약속이 되고 해진 저녁나절 겨울 천변을 둘이서 속보로 걷는다.

일요일 저녁때면, 아니 오후에 접어들 때면 마음이 나도 모르게 긴장이 되었다. 가만히 TV를 보거나, 책을 읽거나, 하는 정적인 활동을 할 수 없을 정도였는데 바로 다음날인 월요일 출근해야한다는 스트레스 때문이었다. 30년 동안 나도 모르게 그렇게 직장생활을 하고 있었는지 모르겠다.

나는 일요일 오후면 매주 자전거를 타고 좀 멀리 라이딩을 하거나 등산을 한다. 집에서 잠실 나루까지 약 15km 정도 되는 거리를 오후 4시쯤에 나가면 열심히 페달을 밟아야지 해가 지기 전에 집으로 돌아올 수 있다. 할 수 있는 한 최대 속도를 내서 달린다. 숨소리가 거칠어지고 다리가 딴딴해지고 자전거는 점점 무거워질 정도로 몸을 혹사시키면 자연스럽게 회사 생각이 사라지고 오로지 운동에 집중하게 된다. 비가 오거나 눈이 오는 날이면 등산을 한다. 그것도 4시경에 출발을 하면 해 질 녘, 깜깜한 등산로를 헤쳐 하산하게 된다. 발을 헛디디면 넘어지고 다칠까 봐서 조심조심 바짝 신경 쓰면서 말이다. 자전거와 마찬가지로 이런 상황이 되면 내 머리는 하얗게 되고 그 어떤 다른 생각을 할 수가 없다. 이렇게라도 몸을 가혹하게 굴리지 않는다면 월요일 출근 스트레스에 눌려 아무 것도 못하고 있었을 것이다. 과연 운동이 되었을까? 아니면 노동이었을까? 몸은 노동이 되고 머리는 운동이 되었나 보다.

그런데 오늘은 여느 때와 다른 일요일 저녁이 되었다. 당연한 거지만 내일 출근해야 한다는 스트레스가 하나도 없다. 대신 다른 무게감이 내 머리와 어깨를 짓누른다. 이게 훨씬 크고 무겁고 겁난다.

속보로 걷다 보니 등에 약간 땀이 차기 시작한다. 동료의 말이 크리스마스 연휴를 보내고 내일 출근하려는데 도저히 가만히 집에 있을 수 없어 그냥 '툭~' 같이 걷자고 던졌다고 한다. '그래 나도 그랬고 너도 그렇지 다를 게 없지.'
그의 마음이 내 속에 그대로 전해 왔다.
"난 그냥 네가 걷자고 해서 나왔을 뿐이야, 내일 출근 안

해도 되니…."

 우리는 동시에 허탈한 웃음을 하늘로 날렸다. 그 친구는 조금 더 딱한 나의 처지를 이러 저러한 이야기로 위로했다. 서로를 위로했다.

추신) 한마디 더 하자면 어제 밤에 또 다른 전 동료에게서 전화가 왔다. 술 한 잔 걸쳤는지 이미 혀가 꼬부라지고 있었다. 뭐가 잘 못 되었다느니, "안 상무가 얼마나 잘하는데."라는 말과 함께, "아저씨 오른쪽이요, 예, 예." 이런 얘기가 들려온다. 모르긴 몰라도 어디서 술 한 잔 거나하게 먹고 대리운전을 이용해 집에 가는 길에 내가 갑자기 생각난 모양이다.
나도 술 먹고 대리운전을 이용하다 보면 저렇게 전화를 많이 했었는데, 이 친구도 딱 그런 케이스인 것 같다. 받는 사람은 약간은 진정성에서 떨어진다는 것을 오늘 내가 그 처지에 놓이면서 알게 되었다. 깨닫는 게 많아진다. 그래서 그것도 감·사·하·다.

## 7일 눈물의 소주 한 잔

오늘은 오랜만에 너무 취해서 집으로 돌아왔다. 마지막 인사를 하겠다고 잠깐 들른 회사에는 지난 수개월 동안 중국에 장기출장을 보낸 나의 심복(?)들이 코로나로 인한 격리 기간 14일을 마치고 처음 출근해 있었다.
올해 초에 코로나가 닥쳐왔고 도무지 어떻게 사업을 만들어야 할지 모르는 상황에서 나는 장기출장이라는 카드를 제시했고, 중국과 한국에서 격리를 해야 하는 상황임에도 무릅쓰고 현지에서 뭔가 사업을 일으킬 수 있도록 목표를 주고 8개월 출장을 보냈던 그들이 드디어 격리를 끝내고 오늘에서야 첫 출근을 하게 된 것이다.

그동안 매일매일 영상회의다, 보고다, 하면서 고생시킨 것도 보람도 없이 내가 사무실에서 따뜻하게 맞아주지도 못하고 그들만 덩그러니 두고 뒷걸음치듯이 회사를 나오게 된 것이다. 사무실에서 다시 재회하는 순간 이제는 제어할 수 있겠다던 감정의 소용돌이가 다시 올라와 내 눈물샘을 자극하고 이내 주르륵 눈물이 흐르기 시작했다. 이것이 30년 마지막 회사에서의 내 모습이었다. 그리고 그들과 소주를 마신다.

참 아이러니하게도 그 식당 옆방에는 이번에 나를 밀어내고(?) 임원이 된 자가 몇몇 친분이 있는 고위층과 함께 축하 자리하고 있었다. 하필이면 같은 식당이람? 불쾌감이 속으로부터 울컥 올라온다. 평소 같으면 그쪽 테이블로 가서 소주 한잔 주고받으며 축하의 말이라도 던질 텐데, 오늘은 그렇게 할 수가 없다.

옆방에 있는 사람들은 학연으로 뭉쳐서 서로서로 밀어주고 끌어주는 사이다. 나도 최선을 다해 그들과 관계를 잘 맺으려고 노력했으며, 그 결실도 좋아서 인간적인 친분이 형성되었다고 생각하고 있었다. 그러나 누구 한 명을 밀어내지 않으면 자기에게 그 잔이 돌아올 것을 아는 상황에서 그들의 행동과 대처는 결코 '친하게 지낸 사이'의 행동은 아니었다.

모든 손가락은 나에게 향했고 결과도 그렇게 되어 오늘 이런 슬픔과 분노를 곱씹게 된 것이다. 나약한 인간의 본모습을 보게 된다. 자신의 안위를 위해 적극적으로 방어하는, 그것이 남에게 피해를 준다 해도 그렇게 할 수밖에 없는 그 나약함, 백번 그들을 이해하려고 하다가도 옆방에서 들려오는 저들의 웃음소리에 속이 뒤틀리고 아픈 것은 어찌할 수 없다. '얼마나 잘 되나 보자.'고 생각했다. 그들의 오만과 안하무인 해악이 그대로 자신들에게 돌아간다는 것을 알게 것이라고 스스로 주문을 외워본다.

나랑 지금 같이 소주를 먹고 있는 이들의 마음에서 약간의 정이 있음을 느끼게 되는 것에 마음이 조금 누그러진다. 덩치 큰 후배 녀석은 작은 상품권을 하나 내 손에 쥐어주는 데, 그 손이 너무 귀엽고 사랑스러워서 얼마나 감동이었는지 모른다. 나중에 열어보니 거기에 손 편지까지 써서 보냈으니 말이다. 한 젊은 친구는 이번에 승진까지 했는데도 웃음기가 없이 나를 그윽이 바라보고 있다가. 술 먹고 바라보고 있다가 술 먹기를 반복하면서 한마디도 못하고 그냥 거기 앉아있다. 그런데도, 위안이 되는데 한편으론 이게 정말로 아쉬움에서 이 자리에 온 걸까 아니면 관례적으로 마지못해 여기서 술을 먹고 있는 것인지 잘 모르겠다. 내 마음이 공허한가 보다. 앞으로는 회사 앞에서 약속은 가급적 안 하는 게 좋겠다는 생각이 든다.

이력서를 한 줄 썼다. 더 쓸 수가 없어서 닫았다.

정말로 오랜만에 온 식구가 한국에 모여 있다. 얼마나 위로가 되는지 모르겠다. 큰딸이 코로나로 미국을 탈출하여 한국에서 재택근무를 하고 있고, 둘째 아들은 원래 계속

나와 같이 살고 있었고, 미국에서 대학을 다니고 있는 막내도 큰애와 마찬가지로 코로나로 이번 학기는 한국에서 온라인 수업을 하기로 한 것이다.

적어도 내년 8월까지는 이렇게 가까이 같이 있게 되어 마음이 넉넉해진다. 만약에 이런 막막한 상황에서 아이들마저 옆에 없었다면 극복하는 과정이 너무 힘들고 외로웠을 것이다. 뭐 특별히 위로하거나 나를 위해 이벤트를 하지 않아도 가족은 그냥 있기만 해도 좋은 것이다. 이런 위기 상황에서는 그 힘이 더욱 그러하다. 내일은 아이들을 모두 불러 개성만두를 사다가 연말 기분을 내면서 만두전골 해 먹어야겠다. 김이 모락모락, 이야기꽃이 모락모락, 그 아이들의 창대한 미래와 꿈 이야기가 모락모락….

내일은 이력서 두줄째 시도해야겠다. 힘들어도 써야겠다.

### 8일  요리사가 되어볼까?

그대여 아무 걱정 하지 말아요 / 우리 함께 노래합시다 / 그대 아픈 기억들 모두 그대여 / 그대 가슴에 깊이 묻어버리고 / 지나간 것은 지나간 대로 / 그런 의미가 있죠 /

떠난 이에게 노래하세요 / 후회 없이 사랑했노라 말해요 / 그대는 너무 힘든 일이 많았죠 / 새로움을 잃어 버렸죠 / 그대 슬픈 얘기들 모두 그대여 / 그대 탓으로 훌훌 털어 버리고 / 지나간 것은 지나간 대로 / 그런 의미가 있죠 / 우리 다 함께 노래합시다 / 후회 없이 꿈을 꾸었다 말해요 / 지나간 것은 지나간 대로 / 그런 의미가 있죠 / 우리 다 함께 노래합시다 / 후회없이 꿈을 꾸었다 말해요 / 새로운 꿈을 꾸겠다 말해요

저녁 메인요리로 두부조림을 만들면서 켜놓은 라디오에서 익숙한 노래가 흘러나온다. 이전에는 '이 노래를 어떻게 하면 잘 부를까? 기타반주를 어떻게 하면 좋을까?'를 생각하면서 들었었는데, 오늘은 왜 이렇게 내 마음을 위로하는지 모르겠다. 도마 위에 양파 써는 소리와 노랫소리가 어울려 내 머리를 '쿵~'치고 흐른다. 양파에서 나오는 물질이 내 눈물샘을 자극하여 눈물을 흘리게 만든다. 양파를 썰면서 그렇게 눈물이 범벅되고, 노래 들으며 내 마음 또한 눈물범벅이 되고…. 가스레인지 위 프라이팬은 달달 달궈지고 있는데 말이다.

주말이면 기타를 들고 내 애창곡을 한참을 그렇게 노래

하곤 했었다. 옛날, 날아 다녔던 노래 솜씨는 어디론가 사라져버렸지만, '그땐 그랬지.'하며 그 기분으로 노래를 부르고 있노라면 마음이 풍성해졌다.

중학교 때 엄마에게 떼를 써서 최고의 고가선물을 받은 것이 기타이다. 충주의 아카데미극장 앞에 성음사에 엄마랑 가서 나에게 맞는 기타 하나를 추천받고 엄마는 아무 말 없이 돈을 지불 해 주셨다.

'고등학교 입학선물이다, 학교 가서 열심히 공부하고~'

엄마의 눈빛에서 읽을 수 있었던 말이었는데 엄마는 밖으로 소리 내어 나에게 주문하지 않았고, 어린 나는 그런 엄마의 마음을 고스란히 이해하고 있었다. 나는 어릴 때부터 소심해서 빗나가는 행동을 싫어했고, 못된 친구들하고 어울리거나 싸우는 것도 하지 않던 그런 소년이었다. 그런 나에게 기타가 손에 들어온 것은 가히 기적과도 같은 일이었다. 운동화나 옷 같은 것도 엄마가 시장가서 사 오시면 사오는 대로 좋아라 하면서 입고 다녔었다. 그런데 내가 뭔가 가지고 싶어서 엄마에게 말을 하고, 엄마가 잠시도 머뭇거림 없이 나를 앞장세우고 악기점으로 향한 것은 거의 처음이었다. 내 보물 1호 기타는 그렇게 나에게 와서 지금까지 그것을 손에서 놓지 않고 있다.

그러나 지금은 기타를 잡고 싶은 그런 마음이 썩 없다. 여느 때 12월의 겨울밤 같으면 벌써 몇몇 캐롤과 포크송 그리고 요즘 핫한 트롯트 몇 곡을 멋들어지게 불렀을 텐데 말이다.

나는 스스로 나를 슬픈 상태로, 위로가 필요한 사람으로 여기고 있는 것 같다. 그래서 더욱더 슬퍼져서 기타를 치거나 TV를 보거나 하는 일이 하나도 반갑지 않은 그런 상태에 있다. 'TV 봐도 되는데, 노래해도 되는데, 나는 뭐가 이렇게 슬픈 거지?'
마지못해 하는 것처럼 노랫소리가 나지막하게 흘러나온다. '그대여 아무 걱정하지 말아요' 언제일지는 모르겠지만 내가 기타를 다시 잡는다면 그것은 바로 이 노래 때문일 것 같다.
"두부조림 85점!!"
오늘 저녁 메뉴에 대한 아내의 평가다. 점수를 아주 잘 쳐주었다고 말하면서 나름 격려랍시고 말한다.
"내가 하면 90점인데, 처음 해보는 두부조림을 85점짜리로 만들어 버렸네~~ 놀랠 노자야."
회사 근처 청계산 곤드레밥 집에 직원들하고 가면 늘 사이드메뉴로 시켜먹는것이 두부조림이다. 신 부장, 안 과장, 최 과장, 그리고 나 이렇게 네 명이서 먹던 그 광경이 생생하게 기억난다. 이제는 같이 가려 해도 할 수 없는 일이 되어버렸다. 이럴 줄 알았으면 좀 더 많은 사람들과 더 자주 갈 걸 그랬다는 생각이 스친다. 음식은 추억이다. 그래서 나는 여럿이 같이 옹기종기 모여 밥숟가락 집어 들고 먹는 것을 좋아한다. 음식 앞에서 어린애가 되어버린다. 아래 직원들조차도 윗사람이 아닌 그저 친구가 되어 낄낄거리며 먹는다. 그래서 나는 음식이 좋다. 아니 음식 먹는 게 좋다.

내가 먹어본 그 맛을 찾아 나의 모든 감각을 곤두세워서 어떤 양념이 사용되었을지 유추해 본다. 현실에 없는 그 집 두부조림을 머리에 떠올린다. 그리고 젓가락으로 한 조각 들어서 입으로 가져간다. 입안을 이리저리 굴려보면서 어떤 양념이 들어있는지 재료들을 생각해 낸다. 상상 속에서 말이다. 마늘, 설탕, 물엿, 고추장, 고춧가루, 매실액, 후추 온전히 집중해서 모든 양념을 생각해 내고 그대로 재료들을 준비하고 양념장을 만들고 맛보고 하기를 반복하면서 세세한 부분까지 최대한 맞춘다.

큰 냄비에 두부와 양념을 넣고, 불 조절도 하면서 드디어 만든 나의 첫 번째 요리 '두부조림', 완성된 찬란한 자태와 완벽한 양념의 조화를 맛보면서 나는 생각한다. '나는 요리 천재인가 봐.' 하더니 난데없이 '요리사가 되어볼까?' 하는 것이 아닌가! "허허허" 기도 안 차서 그런지 헛웃음이 나오고 옆에서 아내는 "왜 그렇게 실없이 웃어?" 한다. 도리도리 머리를 흔들어 제자리로 가져다 놓는다.

　요즘 우연히 어떤 일이 생기고 그것이 생각한 것보다 잘 진행될 때면 마치 앞으로 내가 할 분야인 것처럼 착각하며, 의미를 두려고 하는 버릇이 생겼다. 갑자기 멈춰버린 일상이 나를 초조하게 만들고 '무엇이든 해야 한다'는 강박에 사로잡히게 된다. 그래서 오늘같이 요리가 잘되면 '그 길이 나의 새로운 길인가?' 하게 되고 다른 일에서도 마찬가지로 그렇다.

아직 정리가 안 되서 그런지 내가 이런 상황에서 무엇을 해야 한다는 강박을 갖는 것이 정상인 건지, 아니면 그냥 가만히 있는 것이 정상인 건지 헷갈린다. 판단이 안 된다. 도무지 알 수 없는 혼돈의 상태이다. 그래도 다행인 것은 늘 그런 생각에 끝에서 '그대여 아무 걱정하지 말아요♬ 그대여 아무 걱정하지 말아요♬ 그대여 아무 걱정하지 말아요♬' 노랫가락이 나오는 것이다.

### 9일 연말 회한(悔恨) 힐링 등반

한해가 마무리되는 12월 31일이다.
급하게 왔다가 너무도 느리게 빠져나간다는 느낌이다. 1월을 돌이켜보면 12월이 돼서 내가 지금의 이런 상황이 될 거라고 생각이나 했을까? 지금 생각해도 몸서리치듯 바쁘게 지내왔을 그때, 일분일초를 쪼개며 무엇인가 이루려고 집중에 집중을 거듭하고, 하나라도 소홀함 없이 몰입하여 임해왔다.

있는 힘을 다해 달려가도 불가능에 가까웠던 일들, 그래도 희망을 얘기하자고 스스로 다짐하면서 직원들을 독려하며 꾸역꾸역 끌고 왔던 순간들, 글로벌을 상대로 비즈니스를 하기 위해 수 없는 날들을 해외에서 보냈던 것, 이런 힘듦의 연속에서 달려왔건만 그 결과는 해고였다.

1년이 이제 3주 정도 남았을 12월의 어느 날, 나는 해고 통보를 받았다. 치가 떨리는 순간이었다. 거친 숨을 쉬며 달려왔던 지난 1년이 물거품이 되는 순간이었다. 그럴 수 있을 거라고 한치도 생각지 못하던 일이라 충격과 억울함은 이루 말할 수 없을 정도였다.

눈물이 앞을 가리고 창피함과 분통함에 고개를 들지 못했다. 정말 세상에 30년을 회사에 온몸을 바쳐 왔는데, 그리고 지금 그런 과정의 최대치를 끌어올려 달려가고 있었는데 해고통보는 나를 한없이 무너뜨렸다.
 2020년의 마지막 3주는 너무도 느리게 빠져나가고 있었다. 마치 북서풍을 온몸으로 받으며 걸어가듯 말이다. 오늘, 모든 일을 뒤로하고 씁쓸함의 술잔을 채운다.

 부하직원들을 달달 볶았다. 무에서 유를 만들어가는 일이었기에 그러지 않으면 안 되는 상황이었다. 불가능에 가까운 사안을 밤새워 고민하고 고민하다가 방법을 찾아낸다. 그리고 그 방법에 대한 논리를 정리하고 꼬리에 꼬리를 무는 근거자료까지 만들어 내려면 한 달이 무색하게 획 지나가 버리기 일쑤이다.
그리고 이게 정말 맞는 것일까 하는 회의적인 생각이 들 때쯤, 정리가 된다. 소위 '사업계획서'가 만들어지는 것이다. 그렇게 준비된 자료들을 상사에게 보고하고, 최종 결정권자에게 재가 받는 일까지 마무리하려면 몇 달이 걸린다. 이런 일들은 사람을 지치게 만든다. 직원들에게는 인색한 상사가 되고, 그 압박은 한계치가 넘어 목까지 차오르게 된다.
그렇게 어려운 계획과 투자승인의 과정이 끝나면 이제 실행에 옮겨야 한다. 계획대로 이루어지게 하는 것인데 이게 또 정말 힘든 일이다. 사업이라는 것이 우리만 열심히 움직인다고 되는 것이 아니다. 우리는 최선을 다할 뿐 결과는 모두 다 다른 사람의 손에서나, 외부 환경에 의해 결정나기 때문이다. 좋은 결과를 가져오기까지 얼마나 마음조이며 하루하루를 보내왔는가!
"원래 되는 일이 아니었는데 무리하게 하더니 실현 가능성이 없는 것 아닌가!"
"지금이라도 포기하고 그만하지?"
주변에서는 반대하는 목소리 높이고, 나는 "가능성이 있다."며 지켜봐달라고 설득하기를 끊임없이 반복한다. 준비단계부터 반대하던 목소리는 이제 사생결단하듯 부정적인 말들을 쏟아낸다. 고개만 돌려도 나를 끌어내리려는 사람들이 득실하였고, 이것이 나를 해고까지 몰고 갈 줄은 꿈에도 몰랐다.

수레에는 두 개의 바퀴가 있는데 그 두 개가 크기도 같고 모양도 둥그렇게 같아야지만 가고자 하는 방향으로 무거운 짐을 실어 나를 수 있다. 나는 한쪽 바퀴는 가능성을 향해 달려가고자 하는 것이었건만, 다른 한쪽 바퀴는 될 수 없다고 끌어 내리려는 부정적인 바퀴여서 앞으로 가더라도 질질 끌려갈 수밖에 없었던 것이었다. 이렇게 나는 미친 듯이 달려가고 있었다.

게임에 열중하던 아들에게 등산을 제안하고 숨죽여 반응을 살펴본다. 가잔다. 그것도 단번에 대답이 그렇게 돌아왔다. 정자동 근처에 있는 작은 산은 나에게 수년간 쉼과 힐링을 선사한 고마운 곳이다. 낮아도 오르막이 적당하게 있는 등산로여서 내려오면 다리가 좀 뻐근하지만 상쾌함이 더 많다. 저쪽 태재고개 쪽에서도 오르는 코스가 있는데 그곳은 긴 능선을 거쳐서 정상에 오르기 때문에 2~3시간 걸리지만, 오르막 구간이 별로 없이 거의 평지 수준에 약간의 경사지를 가지고 있는 곳이다.

  올해의 마지막 날, 약간의 눈발이 날리는 산을 아들과 같이 오른다. 뒷짐을 지고 천천히 올라가면 숨이 가슴 정도까지는 올라오지만, 목까지는 차오르지 않는다. 등산은 좋다. 등산은 예수님이다. 그 선한 능력이 산에 있는 것 같다. 찬찬히 오르자면 생각이 없어지고 흩날리는 눈발과 바람의 어우러짐이 오히려 상쾌해진다.

  산은 늘 여기에 그런 잔잔한 감동을 품고 있었다. 내가 지치고 힘들 때는 이곳에 와서 새 힘을 얻는다. 하나님의 품에 내 생각을 던져 낸다.

'이런 일이 왜 나한테 왔습니까? 어떤 놈이 나를 이런 상황으로 욱여 넣었습니까? 도대체 이해도 안 되고, 상식적이지도 않고, 용납도 안 되며, 아무리 생각해도 기가 막힐

노릇입니다.'

산은 나에게 힐링으로 대답해 줄 것임을 알기에 오르는 내내 그런 생각을 마음에 품고 산이 떠나가라 외치며 올라간다.

'왜 한방에 이렇게 쪼그라지게 만드셨습니까? 저 아시잖아요? 가오가 얼마나 저한테 중요한데요? 대단한 것도 아니고 그냥 열심히 했으니 그 보상만 받겠다는 것까지는 바라지도 않았어요. 그냥 그 자리에 있게 두셔도 되었잖아요! 이게 뭔가요? 큰딸 결혼도 시키고 장애가 있는 둘째 녀석도 평생을 케어해야하고, 이제 대학 1년 마친 막내는 또 어떡합니까? 대학공부에다가 그 이후에 자립할 때까지 어떻게 뭐 가지고 후원해야 합니까? 제 가오는 이미 망가질 때로 망가져서 오히려 이것에 탐닉하려고 할 정도로 바닥에 깔아뭉개져 있습니다! 하나님, 저를 도대체 어떻게 하시려고 이런 상황을 허용하셨습니까? 나를 이렇게 만든 사람들은 저렇게 웃으면서 그 자리 지키고 있는 꼴을 볼 수가 없습니다. 제가 저들을 어떻게 할 수 없으니, 제 원통함을 꼭 풀어주십시오.'

내가 이렇게 외치는 것은 힐링이 필요해서다. 내 마음의 상처가 치유되길 바라는 마음에서다. 나는 얼마나 자주 이 산에 올라야 할지 모르겠다. 내 마음이 치유되고, 불평이 사그라지는 날, 나는 그런 날이 반드시 온다고 믿기 때문에 아마도 등산은 계속되지 않을까 싶다. 2020년을 이렇게 떠나보낸다.

### 10일  문학 소년? 마라토너의 꿈

연일 겨울 한파가 휘몰아치고 있다. 밖에 나가는 게 싫을 정도로 춥다. 다음 주까지는 그렇게 춥다고 한다. 우리 집 건너방은 베란다를 확장해선지 들어가면 한기가 가득하다. 둘째 녀석이 큰방을 차지하고 있는데 자기만의 루틴이 있는 행동을 한다. 아내와 나는 그 녀석의 생산적이지 않은 루틴을 고치게 하려고 아무리 노력을 해도 애만 쓰다가 이내 포기하기를 수년간 내내 반복되고 있다.

첫 번째 루틴은 옷소매를 걷어 올리는 것이다. 그것도 팔꿈치까지 올려버리는데 아무리 추운 겨울이라 하더라도 밖에 나올 때는 항상 그렇게 하고 나타난다. 아내는 그것을 볼 때마다 춥다고 내리라고 해도 절대로 내리지 않는 그만의 루틴. 옆에서 보기만 해도 양손의 반 이상은 맨살로 드러나 있는 게 얼마나 추울지 상상이 간다.

두 번째 루틴은 방안에 커다란 창이 있는데 이중창문 중에 앞쪽 창을 항상 열어놓은 것이다. 낮이나 밤이나 방에 있는 동안에는 항상 창문을 열어젖히고 있다. 그래서 보일러를 올려도 그 방은 한기가 떠나가지 않는다. 잠이 들면 몰래 들어가 살짝 닫고 나오기를 골백번 하였는데 아침에 가보면 여지없이 그 큰 창문이 다 열려 있다. 아마도 내가 닫고 돌아서 나가자마자 바로 일어나 다시 열어 놓는 듯하다. 이런 루틴이 그에게는 평안인가 보다. 도저히 이해할 수 없는 그만의 세상이 이런 형태로 표현되고 우리는 또 그렇게 이해하며 하루하루 그 일을 반복하며 그의 세상과 싸우고 있다.

방을 재배치해야겠다는 생각이 이제야 들었다. 나도 무엇에든 집중해야 하고 몸이라도 움직여야 조금이라도 생각을 접어둘 수 있을 것 같아 가구와 옷가지부터 정리하기 시작했다.
우선 나만의 공간을 만들기로 했다. 어차피 당분간은 집에 오랜 시간 머물게 될 텐데 나만의 공간이 있으면 오다가다 부딪히는 횟수도 줄어들 것이고 무엇보다 나 혼자 있어도 방해받지 않고 집중할 수도 있겠다 싶다.
번뜩이는 아이디어가 머리를 스치고 지나간다. 지금 둘째가 쓰고 있는 방을 내가 쓰고, 둘째는 건너편 작은 방으로 옮기는 것이다. 그곳은 작은 베란다가 있어서 방에 있는 창문을 열어놓고 있어도 베란다 창문만 닫아 놓으면 추위에 큰 문제는 없을 것이기 때문이다.

문제는 둘째가 그곳으로 갈 것인가이다. 워낙에 고집이 세서 죽어도 방을 옮기지 않으려고 할 것이 문제이다. 아내는 애당초 불가능하다고 다른 방법을 찾으라고 조언을 한다. 그래도 벌써 며칠째 틈만 나면 둘째 중민이를 설득하고 있다. 아니 설득이 아니라 이해시키려고 같은 말을 하루에도 여러 번 설명하고 있다.

"텔레비전도 작은방으로 옮겨주고, 침대도 너에게 딱 맞는 것으로 준비해주고, 방도 예쁘게 꾸며줄 테니까 저 방으로 이사 가는 거다?"

같은 말을 스무 번도 더 했다. 눈을 마주 보면서 행동도 크게 하고 큰소리로 설명을 해준다. 처음에는 싫다는 반응으로 내 말이 끝나자마자 고개를 가로로 흔들면서 싫어라 하더니만 오늘은 그냥 듣고 있다. 내가 한마디 더 붙여서 그런가 보다.

"저 방에 가면 따듯하고 중민이가 창문을 열어도 그 밖에 베란다가 있고 여기보다 따뜻하니까 저쪽으로 가자?"

이 말에 수긍하는 건지는 모르겠지만, 오늘부터는 싫다는 행동을 하지 않는 것을 보면 방 재배치 프로젝트가 성공할 것같다.

나는 방을 옮기면 글쓰기를 해보려고 한다. 어릴 적부터 워낙에 좋아하던 글쓰기를 이제는 몇 시간 또는, 종일이라도 붙어 앉아 집중하여 쓰고 싶다는 생각이 들었다.
지금도 생생한 내 첫 번째 자발적인 글쓰기는 초등학교 6학년 때이다. 학교 숙제로 들국화를 꺾어서 가져오라는 선생님 말씀에 집 근처에 있는 큰 강가로 달려갔다. 왜 내가 그 강가에 혼자 저녁나절까지 머물러 있었는지는 모를 일이다. 한참을 국화를 찾다가 몇 송이 꺾고 그 강둑 너머로 지는 해를 바라보는 순간 내 속에 뭉클했던 문학 소년의 감성이 불쑥 올라왔다. 나는 그것을 바라보며 즉석에서 시를 지었다. 지금은 그 시가 기억나지 않지만 "~네, ~네."라는 제법 운율과 감성이 녹여 들어간 시였음을 기억한다. 시간이 많이 지난 지금까지도 그때의 느낌이 남아있다.
그 이후 나는 한 번도 펜과 공책을 손에서 뗀 적이 없었다. 어떤 형태의 글이든 거의 매일매일 흔적을 남기고 어떤 때는 학교 잡지나 교회 주보에 기고하기도 했다. 이런 글쓰기는 나의 오래된 습관이면서, 더불어 가장 평온하고 즐거운 시간이었다.
글쓰기를 이제 마음껏 해보려고 한다. 스스로 잘한다고 여길 때 무엇 하나라도 만들어 놔야겠다는 작은 목표를 세우게 되었고 만만치 않은 글쓰기 장도에 들어가 보려고 한다.

 월요일에는 반듯이 방 재배치 작전을 성공하고 싶다. 나는 표면적으로는 둘째를 위해 재배치하자고 했지만, 나의 글쓰기를 위해서가 훨씬 더 크다. 공간을 만들고 거기서 만들어내는 6학년 때의 감성을 글로 써 표현하고자 한다.

 막내 녀석과 함께 마라톤을 하기로 했다. 그놈 생각이 바뀌기 전에 얼른 묶어 놓기 위해 바로 러닝화를 주문해 주었었다. 막내의 바로 그 러닝화가 오늘 배달이 되었는데 신어 보더니, 그의 입에 함박웃음이 피었다. 당장에 뛰러 가자고 할 모양새다.
"잠깐 뛰어보니 너무 좋아."
녀석은 어떻게 러닝을 할지 자기가 다 계획을 짜겠다고 한다. 오랫동안 뛴 적이 없는 나로서는 여간 걱정이 되는 게 아니다. 젤 먼저 관절이 버텨 줄까 걱정이다. 제안은 내가 했지만 스스로 걱정이 앞선다.
5킬로미터 조깅으로부터 시작하여 점점 그 거리를 늘려서 막내가 방학이 끝나 학교로 돌아가기 전인 8월까지 하프 마라톤 완주하는 것을 목표로 삼았다. 일주일에 두 번 또는 세 번 달리는 계획도 함께 세웠다. 나는 특히 관절에 무리가 가지 않도록 아들 녀석보다 두 배나 비싼 러닝화를 주문하였고, 지금 배달이 될 때만 기다리고 있다.

마 · 라 · 톤,

한 번 정도는 도전해 봄직한 꿈이 아닌가! 지금 이 나이에 뛴다는 게 여러 가지 무리가 있을 수 있지만, 지금까지 내 인생도 도전과 응전의 연속이듯 할 수 있다는 자신감을 스스로 불어넣어 본다.

돌아보면, 30년 직장생활에서 내가 할 수 있는 게 아무것도 없었는데 매일매일 출근하며 일과 싸워가며 돌파를 하다 보니 장구한 시간을 보낼 수 있었고, 게다가 보람과 성공의 열매까지 있었다.

나는 생각한다. '마라톤도 천천히 매일매일 조금씩 하다 보면 안 되는 게 없을 것이다.'

퇴사 이후, 내가 회사생활에 대해 이런 긍정적인 생각을 가지게 된 것이 오늘이 처음인 것 같다. 마라톤에 대한 도전이 긍정의 힘을 가져다준 것이다. 그럼에도 속으로는 '내 신발은 좀 더 늦게 배달되었으면 좋겠다.'는 생각이 드는 것은 어쩔 수 없다.

이번 주와 다음 주는 한파에 강추위가 기승을 부린다고 하는데, 이때는 피하는 게 좋겠건만 호시탐탐 아빠와 달리기를 나가려고 준비하고 있는 막내 녀석의 이글이글 타는 눈동자를 보면 겁이 덜컥 난다. 일단 배달 완료와 달리기 시작은 거의 동시에 이루어 질 것 같다. 다만 하루라도 늦게 운동화가 배달되기를 바랄 뿐이다.

### 11일  선배와의 만남

지금은 은퇴하셨지만 내가 가장 존경하고 좋아하기도 한 분이 점심을 같이하자고 하신다. 현역으로 왕성하게 일을 해오고 있었는데 이번에 나와 같이 회사를 나오게 된 선배이시다. 오랜만에 강남에 가는가 보다. 누구와의 약속이 이처럼 소중하고 즐거운 일인지 예전에는 미처 몰랐을 것이다. 이제는 자연스럽게 승용차보다는 전철이나 버스를 이용하게 된다. 어떻게 가는지를 앱을 통해 살펴보니 전철로 가면 갈아타지도 않고 금방 갈 수 있다는 것을 알게 되었다. 새삼 이런 것도 기쁨으로 다가오니 웃겨도 한참 웃기다는 생각을 하면서 전철역으로 향한다.

추운 기운이 콧속으로 '훅~'하고 들어온다. "아 추워!" 이 말이 저절로 입에서 나온다. 그래도 '약속'이라는 신선함에 참을 만하다는 생각을 해 본다. 그냥 산책하러 나왔을 때

와 사뭇 다른 이 분위기는 뭐람? 약속은 얼어붙은 땅도 녹게 하는 훈훈함이다

　전철을 탔다. 전철에 같이 타고 있는 주변 사람들과 같은 공간에서 숨을 쉬고, 안내방송 스피커에서 들려오는 소리를 같이 듣고, 머리 숙이고 핸드폰 보는 것까지 그들과 하나도 다름없는 모습으로 달려가고 있다.
사회의 일원으로 움직이는 것 같아 기분이 좋다. 마치 어린아이가 된 듯 한 감정의 반응이 우습기도 하고 어쩌면 당연한 과정 같기도 하다는 생각을 하다 보니 어느덧 선릉역에 도착한다는 안내방송이 귀와 머리를 깨운다. 스르르 전철은 도착하고 환승역이라서 수많은 발소리와 움직임으로 이리저리 밀리고 밀면서 제 갈 길을 빠르게도 움직인다.
눈이 휘둥그레지면서 어디로 나가야 할지 두리번거리다가 밀려오는 사람들에 휩싸여 공중에 들려서 움직이는 것같이 출구로 걸어간다.
"아니 이 시간에 이렇게 많은 이들이 바쁘게 움직이고 있다니!"
"다들 뭐 하는 사람들이야?"
나지막하게 자문자답을 한다.

전 직장 내 사무실 15층에서 창밖을 내다보노라면, 한창 일하고 있을 시간에, 그러니까 10시 반 즈음에도 엄청난 차들이 가다 서기를 반복하면서 어디론가 움직이고 있다. 그럴 때마다 드는 생각이 있었다.
'저 사람들은 일 안하고 어디로들 그렇게 가고 있을까? 지금 한창 일해야 하는 시간인데 참 시간도 많은 사람들이네, 부럽다, 부러워.' 이렇게 혼잣말을 자주 하곤 했다.
 그때 내 일상은 아침 출근부터 시작하여 저녁 늦게야 마무리가 되고, 그런 과정을 꽤나 오랫동안 보내온 터라, 세상의 모든 사람이 나와 처지가 같은 '직장인'이라는 기준으로 바라보게 되어서일 테다.
그러다가 문득 깨달음이 온다. 세상에는 더 많은 사람이 개인사업을 하고 있고, 더 많은 사람이 공부를 하고 있고, 더 많은 사람이 백수이며, 더 많은 사람이 시간과 돈을 쓰면서 즐기는 사람들이다. 내가 속해있는 내 회사, 그리고 그 속에서 일하는 나는 무리의 크기로 보면 한참을 뒤에 위치할 것이다. 그런데도 나는 창밖을 바라보며 '저 사람들은 일 안하고 어디로들 그렇게 가고 있는 거야!' 속삭이고 있다. 오늘 나는 선릉역에서 또 그 소리를 하고 말았다. 이젠 내가 '그들'인데 말이다.

밖을 나오니 더 춥다. 춥기로는 탄천 다리를 걸을 때보다 춥겠냐고 생각했던 게 큰 오산이었다. 사방에 즐비한 큰 건물들 사이로 용트림하듯 휘몰아치는 바람의 춤사위에 으스스 한바탕 몸을 떤다. 할 수 있는 한 최대한 여미고 움츠리고 동동걸음으로 선배님이 있는 사무실로 향한다.

햇살이 방안으로 환하게 들어오고 제법 큼직한 책상과 책꽂이가 있고 고급스러운 소파가 간결하게 배치된 아늑한 공간이다. 반갑게 인사하고 서로가 서로에게 눈인사도 정감있게 나누고 소파에 앉아 따듯한 커피를 비서로부터 받아 마신다.

은퇴 이후 며칠간의 일상을 말씀하시는데 나와는 달리 넉넉함과 후련함이 묻어나는 표정이다. 나는 이렇게 아프고 분하고 힘든데 말이다.

'이렇게 나와 다르구나.' 속으로 생각하고 있는 차에 그 생각을 들킨 듯한 질문이 들어온다.

"안 상무는 힘들지? 나한테 다 얘기해, 들어 줄게. 그런 거 마음에 쌓아 놓지 말고 얘기해야 해."

눈물이 핑 돈다. 어찌 내 마음까지 살필 여유가 있으실까 하면서 그 여유가 나를 향해 있다는 게 어찌나 고마운지 모를 일이다.

세상은 이렇게도 살만한 구석이 어려운 가운데 늘 있는 것 같다. 내 능력으로 할 수 없는 그것을 다른 사람으로부터 힘을 얻을 수 있으니 말이다. 이렇게 넉넉한 마음을 가진 사람과 소통을 하며 상처를 치유하는 것은 그 일이 있고 나서 처음이지 싶다.

한바탕 누구누구를 욕하고 불편한 감정과 미래에 대한 염려를 말하고 나니 속이 후련하다. 그런데 마음 저편으로부터 죄송하다는 생각이 드는 것은 왜일까? 그냥 그런 생각이 잠시 들었으나 애써 무시하고 얼굴을 붉히면서까지 남을 욕하고 있는 내가 새삼 놀라웠다. 이렇게 얘기하면서 내 마음속에 힘듦이 조금은 정리되는 느낌이 든다. 막상 터놓고 얘기할 수 있는 사람이 많지 않았기에 여태껏 정말로 한 사람에게도 아픈 마음을 적나라하게 얘기해보지 못하고 혼자서 끙끙 앓고 있었는데 지금에서야 밖으로 소리 내어 이야기하고 있다. '그래, 이것이야!' 오늘 이렇게 맨정신에 선배 앞에서 모든 분통함을 다 쏟아낸 것이 나에게는 힐링이 되었다.

점심을 먹고 커피 한잔씩 더 마시면서 선배가 말했다. 대구사투리가 구수하다.
"내도 같이 힘써 볼게, 안 상무 어디든 다시 일할 수 있는 곳을 찾을 수 있도록 말이야."

이 말을 듣는데 마음이 콩콩 띈다. 그동안 내가 정말 듣고 싶었던 그 말을 지금 듣고 있다. 그렇게 마음이 한결 좋아진 상태로 다시 전철을 타고 집으로 돌아온다. 참 기분이 좋다. 오랜만에 웃음이 배시시 든다.


## 파마하는 날

 미장원에 갔다. "파마하려고요" 전혀 거리낌이나 주저함 없이 이 말을 던진다. 미장원 의자에 앉아 한없이 맑고 투명한 거울을 바라본다. 잘·생·겼·다.
두 시간가량 이것저것 하더니 파마머리가 완성되었다. 머리를 감고 약간의 손질을 해주더니 헤어디자이너와 샵 매니저가 누가 먼저랄 것 없이 탄성 소릴 낸다.
"정말로 멋지십니다. 볼륨감을 주시니 얼굴도 작아 보이고. 매니저님, 세련돼 보이지 않아요?"
"정말 세련돼 보이십니다. 훨씬 좋으십니다."
그분들의 주고받은 대화를 들으며, 나는 환하게 웃고 있었다. 오늘은 오전과 오후에 웃을 일이 많아서 좋은 날이다. 그런데 사실 안경을 쓰지 않으면 헤어스타일이 어떤지 파마가 잘되었는지 분간이 안 되는데, 하여간 기분이 업 되어,

"여기 회원가입 하겠습니다. 10만 원 적립해 주세요!"
20% D/C 해준다는 소리에 조금도 망설임 없이 계좌이체를 해주고 실없는 농담 몇 마디 던지고는 까르르 웃는 두 사람을 뒤로하고 의기양양하게 집으로 향했다.

화장실에 들어가서 안경 쓴 눈으로 제대로 머리를 살펴본다. 샵에서는 안경을 쓰지 않은 채로, "아~ 예예, 좋습니다"라고 했지만 지금 거울에 서 있는 나는 어떻게 말해야 할지 모르겠다. "그냥, 망했다!" 해병대같이 해놓은 것이다. 옆머리를 너무 짧게 해놓고 윗머리는 꼬불꼬불 방방 떠 있다. 차마 눈 뜨고 볼 수 없었다. 거기에 얼굴색은 왜 이렇게 시커먼 거야? 군대나 다시 갈까?

파마는 내가 정말로 하고 싶은 것이었다. 언젠가는 파마도 빠글빠글하고 멋 내기 염색까지 완전 탈바꿈을 하고 회사에 출근하겠다고 여러 번 결심을 한 터였으나, 결국은 자유인이 되어서야 맘 편히 해본 것이다. 맘에 들지 않는 파마지만 어떻든 하고 싶었던 일이긴 하다.

나는 지금 그냥 하고 싶었던 소소한 것들을 하려고 한다. 요리는 이미 시작했고, 글쓰기 준비를 하고 있고, 마라톤도 생각하고 있고, 오늘은 파마도 하였다. 나를 위해 내가 행복해하는 그 무엇인가를 하고 싶다. 그동안 지친 심신을 작은 행복들로 치유하고 싶다. 내가 청춘과 중년의 시간을 다 바쳐 일했던 그 시간도 소중하지만 지금 나에게 주어진 여유로움과 작은 행복의 소재들에 파묻혀 당분간 그렇게 지내고 싶다. 그래서 파마는 나에게 해병대라도 너무 행복하게 다가왔다.

핸드폰에 현대차 관련 기사가 헤드라인으로 한 줄 올라오면 나는 얼른 아래로 내려버린다. 보기가 싫다. 왜 보기가 싫은지 정확히 글로 담을 수 없지만 싫다. 어떤 사람이 주책없이 현대차 주간 신문 기사 링크를 한 보따리 카톡으로 보내왔다. 하나만 나와도 그렇게 싫은데 이번엔 한 보따리가 왔다. 토할 뻔했다. 그 사람의 카톡은 차단시켜 버렸다. 내일 다시 복귀시켜야지. 언제까지 이렇게 웃길지 나도 궁금하다.

## 12일  바쁜 월요일 만들기 프로젝트

오늘은 집 밖을 한 번도 나가지 않은 날로 기억될 것 같다.
"아프냐고?"
"아니요."
"귀찮아서?"
"아니요."
"회사 짤린 거 땜에?"
"아니요."
"졸려서?"
"아니요."
"요리하느라고?" "아니요."
"바빠서?"
"네!"

오늘은 하루 종일 분주했다. 왜냐하면, 월요일이기 때문이다. 회사를 다닐 때나 지금이나 월요일이 바쁜 건 몸에 밴 습관처럼 되어버렸다. 회사에서의 월요일은 항상 바쁜 날로 기억된다. 잔뜩 긴장하고 출근하면 여지없이 날아오는 수많은 고민거리와 일들. 그래서 그런지 월요일은 주변에 다른 부서와 협의가 필요한 일에 내가 먼저 짜증을 내서 일을 그르치는 경우가 다반사이고, 주변에 동료들과도 무리한 업무지시로 인상을 쓰게 하는 일이 자주 벌어지곤 했다.
상사라고 예외는 아니었다. 내가 정성껏 준비한 보고서를 기각했을 때, 얼굴이 울그락 붉으락 감정조절이 안 되는 경우도 종종 있어서 중요한 보고임에도 그르치는 경우가 있었다. 돌이켜보면 월요일 내내 내 말투는 매우 직설적이고 경직된 음성으로 사람들을 대했던 것 같다.
'어디 하나 걸려 봐라. 가만히 두지 않겠어! 잘근잘근 씹어서 반성하도록 만들어 버릴 거야!'
이러다 보면 어느새 퇴근 시간은 다 되었고 자리에서 일어나 고개를 들어보면 직원들은 한두 사람만 남아있고 모두가 슬그머니 사라진 뒤가 된다. 이렇게 월요일을 마감하는 게 좋다. 이런 날, 월요일에 누구라도 늦게까지 자리를 지키다가 나와 눈이라도 마주치면 끈질긴 업무의 끈을 놓지 않고 퇴근이 늦어지기 일쑤가 되니 말이다. 이것은 둘 다에게 치명적이지 않겠는가! 오늘은 그런 월요일이다.

바쁜 월요일 만들기 프로젝트1 : 집안 대 청소

일단 기증할 물건들을 골라낸다. 책, 옷, 장식용품 같은 것들 말이다. 처음에는 책 10권, 옷 10벌, 장식품 3개를 아까워하는 마음을 가지면서 어렵게 골라 밖으로 내놓았다. 이것들이 먼저 정리가 되어야 책장이며 옷장이며 큰 물건들이 하나둘씩 재배치되거나 버릴 수 있기 때문이다. 어느 구석에 있었는지 모를 15년 전 명함, 행사 때 찍은 단체 사진 같은 회사생활의 흔적들이 엄청 나왔다. 버릴 수가 없었다. 모든 것에 추억이 있고 삶이 있고 연결되는 사람들이 있고 참 많은 이야기가 담겨 있기에 그 시간들을 추억하며 옅은 미소를 지어본다.

책 100권, 옷 30벌, 지구본 같은 장식품 20점이 기증용으로 모아졌다. 사서 읽지 않은 책들은 아깝기도 하고 꼭 읽어야지 하는 생각으로 밖으로 던져놓지 못하였는데 점심을 먹고 나서는 '똑같은 책인데 이 책을 왜 샀지?' 하는 생각이 들면서 몽땅 밖으로 내놓는다.

오전부터 정리하던 책들은 오후가 넘어서 저녁에 이르기까지 정리를 다 하지 못하였는데, 이쯤 되면 책이 책으로 보이지 않고 그냥 종이로 여겨지게 된다. '이 책은 꼭 가지고 있어야 돼!' 하던 것들이 저녁을 먹고 나서는 기증용으로 과감히 옮겨진다. 버려지는 책을 결정하는 데는 밥만 먹으면 생각이 달라져 살았던 책이 순식간에 죽는다. 보관해두자고 했던 책들, 안 읽었는데 언젠간 보겠지 하던 책들, 감동 받았던 책이지만 읽은 지 오래되어 표지가 낡아

있던 책들이 하나둘 버려진다. 정말로 소장하고 싶은 책은 정작 얼마 남지 않았다. 이렇게 선택받은 책은 내방 책장에 빛을 내며 자리하고 있고 나머지 책들은 베란다에 수북이 쌓여있다.

 내가 회사에서 해임을 당할 때도 인사부서에서는 이런 책 고르기와 같은 방식으로 살릴 자와 정리대상자를 정했을 것이다. 인사부서에서 예년과 비슷한 수준으로 정리할 인원을 경영층에 보고하고, 이 선에서 마무리하려고 했을 것이다. 그러나 대부분 경영층은 목표치를 높일 것을 주문하게 되고 여기에 몇 명을 더 채워 다시 보고하게 된다. 아직도 만족스럽지 못한 수준이다. 그러면 다음은 막무가내이다. 무조건 정리할 인원을 할당하고 강한 압박으로 한두 명씩 더 채워나간다. 그동안 반드시 잔류해야 할 인원들이 정리 대상에 포함되기 시작한다. 거기서 한 걸음 더 나아가면, "어느 학교 나왔어? 어디 출신이야? 경력입사야? 나이가 어때?"의 기준이 반영되고 여기까지 가고 나면 대체로 완료가 된다.

그 명단에 오른 사람들, 그들은 버려지는 것이다. 아니 기증되는 것이다. 그중에 몇몇은 좋은 집에 팔려가서 찬란하게 빛나는 책장 한가운데 자리할 것이고, 그러지 못한 사람들은 여전히 기증창고에서 먼지만 쌓여가는 책들도 썩어갈 것이다. 나도 기증되었다. 그리고 어디로 팔려갈지 알 수가 없다. 그것은 가져가는 사람의 몫이니까.

어김없이 새벽 5시에 눈이 떠지고 정신이 말똥말똥하다. 일어나 앉아서 유튜브로 새벽 기도에 참여한다. 새벽기도회는 오스왈드 챔버스의 〈주님은 나의 최고봉〉이라는 책으로 하고 있는데, 왜 이렇게 구구절절 나를 위로하는 내용인지 모르겠다.
도저히 슬퍼할 수 없고 아파할 수 없고 힘들어할 수 없을 정도의 위로와 감사가 들어온다. 실상 나는 이런 질문을 한다.
'내가 정말 이렇게 아무렇지도 않아도 되는 건가?'
기증된 책처럼 누군가의 선택을 받기 위해, '무엇을 해야 하나, 어떻게 해야 하나, 이렇게 하면 되나, 빨리 되어야 하는데.'라는 생각이 옅어지고 있다는 것이다. 얼마 전까지는 그런 생각이 100이었으면 지금은 80 정도 된다고 생각한다. 엄밀히 말하면 평균 80이다.
새벽기도 후에는 그런 염려가 0으로 떨어지더니, 점심때쯤에는 걱정이 스멀스멀 올라오고, 저녁과 밤이 되면 걱정의 온도계가 100까지 올라간다.

나에게 새벽은 화이자 백신인가 보다. 그것도 두 번 이상 맞아야 코로나 면역이 생긴다고 하니 말이다. 그래서 염려에 대해 면역이 생기기 위해서, 버림을 당하지 않고 살아남은 보석과 같은 책들을 한 권씩 꺼내서 읽기 시작했다. 효과가 좋다. 막 30 이하로 떨어진다. 조만간에 평균 염려 시간이 50 이하로 내려갈 것 같다. 너무 빠른데~, 좀 더 염려해야 되는 거 아닌가?


### 13일 접속 불가, 회사 앱과의 단절

핸드폰을 만지작거리다가 회사 직원들만 연결할 수 있는 사내 관리앱을 툭 쳐본다. 항상 아이디와 비밀번호를 넣게 되어있어 아무런 주저함 없이 뚜두둑 써 내려간다. "일치하지 않는 아이디와 비밀번호입니다." 혹시나 해서 다시 한 번 쳐넣어 봐도 결과는 여전히 접속 불가이다. 마음 한 쪽에서 '쿵!' 하고 내려앉는다.
'이 곳에 로그인을 할 수 없게 되었구나!'
모든 업무 메일은 이 앱을 통해 수발신이 되고, 업무일정과 사내 관련 부서와의 공문서 수발신도 확인할 수가 있다. 업무 관련 게시판이 있어 인사발령을 확인하는 곳이기도 하다. 근태를 입력하거나 학자금이나 의료비 같은 비용을 신청하거나 각종 사내복지 관련 업무도 여기 안에서 이루어진다. 그뿐인가, 외국에 출장을 가서도 항상 열어보고 확인하기를 반복하던 직원용 홈페이지이다. 그곳이 사라져 버렸다.

하루 내내 가장 많이 나와 동행하던 나만의 공간, 오늘 나는 '쿵!' 하는 소리와 함께 그 공간이 사라졌음을 깨닫게 되었다. 이루 헤아릴 수 없이 많은 이야기와 고민과 웃음과 울음이 가득했던 그곳, 나는 오늘 또 다른 나를 보내야만 했다. 그곳에 저장되어있던 나의 소중한 흔적도 함께 사라져 버렸다. 허탈함과 헛헛함이 물밀듯 밀려온다. 당연한 것이련만, 그렇지만 이 서러운 마음은 어찌할 것인가! 하나둘 사라지는 회사의 흔적과 하나둘씩 늘어나야 할 새로운 공간이 치환되는 순간이다. 지금 내가 더 마음을 쏟아야 할 것이 무엇일지 아직은 잡히지 않지만 바쁨은 넉넉함으로 바뀌었고, 이 몸서리치는 슬픔과 분노는 점점 잠재워야 하겠고 다시 어떤 것으로의 치환을 경험해야 하리라. 그 치환은 한 몸뚱이 안에서 일어나기에 그 합의 크기는 동일하다. 다만 그 동일한 크기의 그릇에 무엇을 채우는가에 대한 물음과 실천이 변화무쌍한 인생의 과정이 아닐까 생각해 본다. 분노의 그릇에 아량을 채워가고, 슬픔의 그

롯에 즐거움과 넉넉함을 채워가고, '회사앱'을 대신하여 쇼핑몰 앱을 채워본다. 급기야 지름신이 왔다. 엄청 사버렸다. 좋다!

한파가 다시 몰려온다고 한다. 오랜만에 충주호반에 살고 있는 형 집에 가서 며칠을 보낼 요량이었다. 추위가 혹시 방해가 되지 않을까 하는 생각이 잠시 들었지만, 강행하기로 결심을 하고 가서 하고 싶은 목록을 작성해 본다. 일단 형과 고기를 구우며 저녁을 먹고, 이래저래 살면서 지친 얘기들 나누면서 밤을 보내겠지.

친가 쪽으로는 형이 내 위로는 유일한 사람이다. 어머니와 아버지 돌아가시고 지금까지 20년 정도를 그렇게 살아왔다. 그렇다고 내가 형을 어른처럼 여기며 대해온 것은 아니다. 형도 늘 그렇게 친절하게 나를 대해주고 나를 항상 자랑스러워했던 것 같다. 대기업 임원으로 동생이 있다는 게 자랑거리였던 것 같다. 나도 형을 대할 때 어렵거나 조언을 구하는 상대라기보다는 순간순간 직장생활 가운데 어렵고 힘들 때만 불쑥 전화해서 하소연하고 격려하는 말을 듣고 끊는 그 정도의 위치에서 생각하고 여겨왔던 느낌이다.
그런 형에게 그날, 내가 퇴임 통보를 받은 날, 답답한 마음에 바람 쐬러 나간 그 날, 저녁 늦게 탄천 변을 걷다가 참을 수 없는 분통함에 형에게 전화를 걸고 말았다. 눈물이 왈칵 쏟아지려는데 억지로 참았다.
"나 직장생활 여기까지라고 통보받았어."
"아이고…, 후…."
전화기 너머로 들려오는 고통에 동참하는 외마디와 침묵 속에서 묵직한 형제애를 느낀다. 아마도 나만큼 아니, 나보다도 더 아파했을 수도 있다. 아버지 어머니 몫까지 다 해서 말이다.
"내려와서 푹 쉬다가 가."

 나는 촌놈이었다. 중학교 1학년 때 서울 구경을 간다고 아버지가 온가족을 이끌고 기차를 타고 서울에 와본 게 나의 첫 서울 구경이었다. 그 이후 대학교 입학 전까지는 다시 서울에 와 보지 못했던 그런 촌에서 자랐다.
그리 똑똑하지도 않았고, 겁이 많고 대범하지 못했던 소심한 아이였다. 돌이켜보면 회사라고 하는 큰 울타리가 나를 촌티에서 벗어나게 해주었지 싶다. 그 촌놈이 입사하게 되고, 서울의 한 중앙에 자리하고 있는 건물에서 나의 사회생활이 시작되었다. 모든 것이 신기하고 설레고 기쁘고 자랑스럽고 그 어떤 형용사로도 말할 수 없는 그런 기쁨으로 시작되었던 나의 직장생활. 분명 시작은 그렇게 나의 새로운 활기찬 출발이 되었다. 그로부터 직장은 나를 새롭게 새롭게 만들어가고 있었다. 문득 회사가 고맙고 감사하다는 생각이 든다.

내가 원래 마케팅을 잘할 수 있었던 사람이었던가? 내가 말을 잘해서 다수의 영업사원에게 우리 제품을 기가 막히게 잘 설명할 수 있는 그런 능력이 있었던 사람인가? 내 생에 어떤 커다란 행운이 다가와서 온 가족이 미국에 가서 수년간 살다가 올 수 있는 기회를 가질 수 있었을 것인가! 정말로 좋은 분을 만나서 임원이 되는 행운과 나와는 전혀 상관이 없을 법한 중국 업무를 할 수 있으리라 누가 상상이나 했을까? 돌이켜보면 직장생활 중 내가 맡았던 많은 일들은 촌놈의 머리로는 도저히 생각할 수 없던 대단한 일을 하고 있었던 것이다. 그리고 그 과정 과정에서도 여전히 촌놈의 한계를 느꼈을 텐데 좋게 봐주는 주변의 덕에 어깨를 쫙 펴고 직장생활을 할 수 있었다.

새로운 관점에서 지금 자연인의 신분을 바라보기 시작했다. 지금까지가 최선이었다. 여기까지도 수많은 도움으로 촌놈이 그 모습을 뒤로 하고 달려올 수 있었다. 이제껏 살아오는 과정에서 어떤 커다란 힘이 작용한 느낌이 있지 않은가? 어떻게 모든 사람이 나를 지지하고 도움을 줄 수 있었을까? 그것도 30년이라는 긴 세월에 걸쳐서 말이다.

그들의 품격이 그러하다고까지는 얘기할 수 없다손 치더라도 그러면 무엇이, 어떤 힘이 나를 이렇게 우뚝 서게 만들었을까? 나는 그 작용의 한가운데서 운영되어 졌고, 지금도 그 길 안에서 살아가고 싶다. 지금까지 이끌어온 힘이라면 백 번이고 천 번이고 믿을 만하다. 그래서 앞으로도 그 힘이 여전히 나를 끌고 갈 것을 허용할 것이다. 쳐져 있는 나를 믿을 수 없기에 말이다.

### 14일 말이 씨가 된다. 긍정과 희망을 말을 하자

지금으로부터 불과 한 달 전이었을까? 현직에 있을 때 바쁜 일을 마무리하고 직원 한두 명과 로비라운지에 음료수를 먹으며 내가 농담반 진담반으로 옆에 있는 김차장에게 이런 말을 던졌다. "김 차장은 수시로 내 자리로 와서 내 책상 꽉 잡고 있어 책상빼지 못하게 하하하!" 말이 씨가 된 느낌이다.

그 즈음 나는 왠지 가슴이 먹먹하고 심장 쪽에 불규칙한 바운스가 있어서 혹시 큰병이 아닌가 하는 걱정과 함께 이럴 때 이번 연말에 회사에서 나가야 하는 문제가 생기면 큰일이겠다 하는 생각에서 불쑥 튀어나온 말이 있는데 "내 자리에서 한동안 아무 소리가 없으면 와서 확인해 주고, 만약에 내가 쓰러져 있으면 김차장은 바로 저 끝에 비치되어있는 제세동기를 가져다가 작동을 시켜주고, 이 부장은 119에 전화 좀 해주고…." 이 말도 이렇게 말이 씨가 되었다.

그로부터 며칠 후 회사로부터 죽음을 선고받고 나와야만 했으니 말이다. 몸이 먼저 반응을 한 것이다. 살면서 이런 소스라치게 놀랄 일들이 한 두 번 정도는 있겠지만 이번처럼 강하게 경험한 적은 없었던 것 같다. 농담으로 여겼을 그런 말들이 실제가 되고 내가 스스로 그 일을 만들고 있었나 싶다. 많은 일들이 생각한 바대로 되어 가고 그 생각한 바를 말로 표현하고 있다면 더더욱 그렇게 될 가능성이 높다는 얘기가 있듯이 말이다.

이에 대하여 한국 교계의 원로 김형태 박사의 기고문을 빌리자면 아래와 같다.

*성경에 "너희가 나에게 무엇을 원하는지 내가 다 들었다. 내가 살아있는 한 반드시 그대로 이루어 주겠다 (민 14:28)"고 했다.*
*우리 말에도 '말이 씨가 된다'는 속담이 있다. '된다 된다 하면, 반드시 된다'는 것이다. 사람이 말을 하고 말이 사람*

을 만든다. 말을 할 때 제일 먼저 그 말을 듣는 사람은 바로 발언자 자신이다. 이제 말과 사람 사이의 상관관계를 예시해 보자.

슬픈 노래를 부른 가수들은 대부분 일찍 타계했다. 가수의 운명과 노래 가사와는 상당한 상관관계가 있다고 한다.

신나고 즐거운 노래를 부르는 가수들은 장수하고, 고통, 이별, 슬픔, 죽음과 한탄의 노래를 부른 가수들은 단명할 가능성이 높다는 것이다.

① 우리나라 최초의 가수 윤심덕은 '사(死)의 찬미'를 불렀다가 그만 자살로 생을 마감했다. ② 1960년대 말 '산장의 여인'을 부른 가수 권혜경은 가사처럼 자궁과 위장이 암에 걸렸고, 요양을 하며 재생의 길을 걷게 되었다. 그녀는 산장에 집을 짓고 수도사처럼 쓸쓸히 살아갔다.

③ '수덕사의 여승'을 부른 가수 송춘희는 결혼도 하지 않은 채 불교 포교사로 지냈다. ④ 이난영은 '목포의 눈물'을 부르고 슬픈 인생을 살다가 가슴앓이 병으로 49세에 세상을 떠났다.

⑤ 가수 양미란은 '흑점'이란 노래를 남기고 골수암으로 숨졌다. ⑥ 가수 박경애는 '향연', '곡예사의 첫사랑'의 가사에 죽음을 암시하는 내용이 들어있다. '울어봐도 소용없고, 후회해도 소용없다'가 그것이다. 50세에 폐암으로 세

상을 떠났다.

⑦ '머무는 곳 그 어딜지 몰라도'를 부른 박경희도 그 노래처럼 53세에 패혈증과 신장질환으로 별세했다. ⑧ 천재 작곡가라고 알려진 장덕은 '예정된 시간을 위하여'를 부르고 요절했다. ⑨ 남인수는 '눈감아 드리리'를 마지막으로 부르고 세상을 떠났다. 그는 41세의 한창 나이에 노래말 가사처럼 일찍 눈을 감고 말았다.

⑩ '0시의 이별'을 부른 가수 배호는 0시에 세상을 떠났다. '돌아가는 삼각지'를 부른 그는 젊은 나이에 영영 돌아오지 못할 길로 돌아갔다. 그는 '마지막 잎새'를 부르면서 그 자신이 마지막 잎새가 되었다.

⑪ '간다 간다 나는 간다. 너를 두고 나는 간다'고 '이름 모를 소녀'를 열창하던 선망의 가수 김정호는 20대 중반에 암으로 요절해 노랫말 가사처럼 정말로 가고 말았다. ⑫ '우울한 편지'를 부른 가수 유재하는 교통사고로 우울하게 사망했다.

⑬ 하수영은 '아내에게 바치는 노래'를 부르고 세상을 떠났다. ⑭ 가수 김광석은 '서른 즈음에'를 부르고 나서 바로 그 나이 즈음에 세상을 떠났다.

⑮ '이별'을 불렀던 대형가수 패티킴은 작곡가 길옥윤과 이별했으며 ⑯ 고려대 법대 출신 가수 김상희는 '멀리 있어

도'를 부르면서 남편이 미국으로 유학을 가게 되어 떨어져 살았다.

⑰ 가수 조미미는 35세까지 미혼이었는데, '바다가 육지라면'을 히트시키면서 재일교포가 바다를 건너와 결혼하게 되었다. ⑱ 오랫동안 노처녀로 지내다 '만남'을 부른 후 노사연은 이무송을 만나 결혼하게 됐다.

⑲ '세상은 요지경'을 불렀던 신신애는 사기를 당해 모든 것을 잃었다. 노랫말 그대로 '여기도 짜가(가짜), 저기도 짜가, 짜가(가짜)가 판을 친다'를 겪은 것이다. ⑳ '쨍하고 해 뜰 날 돌아온단다'를 불렀던 송대관은 한동안 이런저런 시련을 겪다가 노랫말대로 쨍하고 해 뜨는 날을 맞았다. 그의 첫 히트곡대로 세월이 약이 된 것이다.

가수가 노래 한 곡을 세상에 내놓기 위해서는 같은 노래를 보통 수백, 수천 번을 부른다고 하는데, 이렇게 몰입해 반복하다 보면 부지중에 그 가사들이 내면화 또는 동화되면서 그의 생각도 생활도 운명도 영향을 받게 될 것 같다. 노래를 부르다 보면 자기 자신이 노랫말의 주인공이 된 듯하고 그것이 잠재의식이 되면서 그 노랫말에 적응하게 될 수 있다.

러닝화가 아직도 배달되지 않았다. 한편으론 다행이다

싶은데 이것도 말이 씨가 된 건지 감감무소식이다. 내일은 오겠지 하며 벌써 마음은 마라톤을 하는 생각에 가득차 있다. 건강하게 오래오래 일하면서 가족들과 행복한 시간을 갖는다는 것은 모든 사람이 추구하는 일일 게다. 내가 마라톤을 하고자 하는 딱 한 가지 이유는 여기에 있다. 목표를 향해 가는 것도 아니고 신발을 사고 싶어서 그러는 것은 더더구나 아니고 오로지 건강을 위해서이다. 탄탄한 심장과 다리를 갖고 싶은 마음 바로 그것이다.

마라톤이 얼마나 건강에 좋은지 최근에 그런 기사가 눈에 들어와서 소개한다.

*"평생 이렇게 함께 달릴 겁니다."*

*신축년 소띠 해 첫날인 1일 서울 도림천 일대에서 열린 공원사랑마라톤에 양만석-김정자 씨 부부가 등장했다. 양 씨는 호적엔 1938년 생으로 돼 있지만 실제론 1937년 생으로 올해 만 84세가 된다. 김 씨는 1942년 생으로 79세다. 두 부부는 2000년대 초반부터 함께 마라톤을 하며 건강하게 부부의 정을 쌓고 있다.*

*두 부부는 2020년 한해 10km만 77회를 달렸다. 코로*

나19가 퍼지던 2월부터 5월까지 잠시 쉬었지만 매주 2회 공원사랑마라톤을 함께 달렸다. 평생 함께 출전한 마라톤 횟수가 500회 정도 된다. 양 씨는 2002년 11월부터 마라톤을 시작해 풀코스 6회, 하프코스 103회, 10km 396회, 10km이하 17회 등 523회를 달렸고, 김 씨는 하프코스 4회, 10km 473회, 10km 미만 19회 등 496회를 달렸다. 김 씨가 달릴 땐 늘 양 씨도 달렸다.

두 부부가 마라톤의 시작한 계기는 건강 때문이었다. 양 씨의 말이다.

"의사의 권유로 살을 빼고 있을 때인 2002년이었다. 회계사로 일하며 감사를 하던 업체인 (주)영국전자의 대표가 마라톤을 권했다. 다이어트에도 좋지만 건강에 아주 좋다고 했다. 달리는 것을 싫어했던 터라 정중히 사양했다. 그런데 그해 11월 말 여의도에서 열리는 마라톤대회 10km 코스에 신청해 놨다고 연락이 왔다. 그래서 어쩔 수 없이 달렸다."

초창기엔 양 씨도 욕심을 냈다. 2003년 9월 하프코스를 처음 완주했다. 2006년 서울국제마라톤 겸 동아마라톤에서 첫 풀코스에 도전해 4시간 31분 58초를 기록했다. 세계 최고의 보스턴마라톤대회 출전자격(70대 기준)을 1분 58초 넘어선 기록이지만 주최 측의 배려로 이듬해 보스턴마라톤에도 출전했다. 그해 11월 100km 울트라마라톤을 14시간 24분 5초에 완주했다. 하지만 욕심을 버렸다.

"마라톤을 하다 보니 성취욕을 이기지 못해 100km까지 달렸다. 하지만 1회로 끝냈다. 즐겁게 달리는 게 건강에 가장 좋았다. 마라톤 풀코스를 완주할 때도 늘 결승선을 통과하며 힘들었던 기억밖에 없다. 그래서 어느 정도 달린 뒤 풀코스와 하프코스에는 더 이상 출전하지 않고 있다."

"마라톤 때문에 우리는 제2의 인생을 즐겁게 살고 있어요. 늘 함께 대회를 준비하고 출전하기 때문에 심심할 틈이 없어요. 고관절 인공관절 수술한 뒤 의사가 달리지 말라고 했지만 천천히 즐기면서 달리니 전혀 문제없어요. 건강도 좋아요. 남편이나 저나 독감주사 한번 맞지 않을 정도로 건강해요. 우리 나이 때 제대로 걷지도 못하는 사람도 있지만 우린 달리며 건강과 행복을 함께 챙기고 있어요."

양 씨는 달리는 사람들에게 당부를 했다.
"마라톤하면 풀코스라며 무리하게 달리는 사람들이 있다.

혹자는 아픈데 주사를 맞으면서까지 달린다. 그러면 몸을 망친다. 건강하고 즐겁자고 하는 마라톤으로 몸이 망가지면 얼마나 억울한가. 제발 무리하지 말고 즐겁게 펀런을 해야 오래오래 달릴 수 있다. 풀코스 수 백 번, 1000번을 넘게 달리면 뭐하는가. 100세에도 10km를 달리는 게 더 중요하지 않겠나. 난 100세에도 달리기 위해 무리하지 않고 즐겁게 달린다."

 100세? 마라톤? 뭔가 비슷한 말 같다는 생각까지 든다. 왜 내가 마라톤을 생각해 냈을까? 지금 돌이켜봐도 그냥 머릿속에 갑자기 떠오른 말이었다. 어떤 계기랄 것도 없이 그냥 말이다. 100세의 철학자는 할 수 있다는 긍정적인 생각을 가르치고 나는 지금 마라톤을 할 수 있다고 말하고 있다. 마·라·톤·해·보·자·할·수·있·다.

### 15일 구내염의 추억

 어젯밤부터 내린 눈은 아침에 이르러서야 겨우 그친듯하다. 나는 눈이 너무 좋다. 그래서 오늘같이 눈 오는 밤이면 창밖을 바라보며 한참을 그렇게 서 있을 때가 많다. 떨어지는 눈 한 송이 한 송이마다 추억이 있고 시가 있는 밤이었다. 그런데 오늘 밤은 다르다. 달라도 한참 다르다. 하얀 눈송이가 마치 아프고 쓰라린 입안에 난 하얀 구내염 덩어리 같아 보인다.

회사생활을 시작할 때부터 인가 싶은데, 왠지 모르게 조금만 피곤하다 싶으면 입안에 하얀 구내염이 생겨서 얼마나 아프게 하는지 모르겠다. 그 작은 상처 하나가 온몸을 치가 떨리도록 아프게 하는데, 무엇보다도 입속에 상처가 있는 거여서 먹는 게 얼마나 힘든지 모르겠다. 매일매일 스트레스로 육체적으로나 정신적으로 건강하기가 쉽지 않아서인지 거의 일 년 내내 그 아픈 상처와 함께 살아가고 있다.

회사 점심시간이면 사내 카페레리아에서 점심을 먹는다. 다들 신나서 이곳저곳 맘에 드는 메뉴를 찾아 분주하게 움직이고 있는데 나는 맵거나 짜지 않은 밍밍한 메뉴를 찾아 눈알을 굴리고 있다. 드디어 찾았다. 돈가스! 돈가스는 구내염이 있을 때 내가 설렁탕 다음으로 좋아하는 메뉴이다. 왜냐하면 돈가스를 아주 작게 썰어 포크로 찍어 입안 저편 상처가 없는 곳에 안전하게 위치시키고 오물오물 씹어 먹으면 아픈 데를 건들지 않으면서 많이 먹을 수 있다. 설렁탕은 소금 간을 하지 않고 밥을 말아 훌훌 마셔버리면 그

맛또한 안전하면서 맛있다.

그런 메뉴가 없는 날, 하필이면 김치찌개나 감자탕을 먹어야만 하는 날에는 일단 정신이 아득해진다. 아직 먹지도 않았는데 벌써 입안에 고통이 시작되고 표정이 일그러진다.

"왜 그러세요? 속이 안 좋으세요? 화장실 먼저 다녀오세요."
밥 먹자는데 똥 얘기를 하는 부하직원의 말에 똥씹은 얼굴을 하고 한번 째려보고 용기를 내 한술 뜬다.

정신이 아득해지는 아픔을 감수하고 몇 술 더 욱여 넣는다. 살며시 조심조심 상처 없는 곳으로 음식을 몰아가려다가 김치찌개 국물을 통제하지 못하여 그곳으로 막 흘러 들어가는 찰나에 머리를 홱 다른 방향으로 돌려서 흘러가는 찌개 국물의 방향을 바꾸어 위기의 순간을 모면한다.
머리를 돌린 쪽에서 밥을 먹고 있던 한 직원이 말한다.
"상무님 왼쪽 입술 틈 사이로 빨간 국물이 흘러나오는데요?"
어린애들이 엄마 앞에서 짝짜꿍할 때 귀여운 표정을 지을라치면 고개를 살짝 옆으로 꺾고 엄마를 바라보는 그 자세를 기억하는가. 내가 지금 그 자세로 있다 보니 입술의 상처 때문에 완전히 다물어지지 않은 위아래 입술 틈 사이로 빨간 국물이 주르륵 흘러내린 것이다. 이제 두 수저를 먹었을 뿐인데 같이 온 직원들은 다 먹고 핸드폰을 만지작거리거나 내가 먹고 있는 모습을 쳐다보고 있다.

"가라! 먼저 가라! 나는 천천히 맘 편히 먹고 갈게."

 회사의 야근과 함께해온 나의 구내염은 이제 이력이 날 법도 한데 여전히 나를 괴롭혀 최근에는 구내염이 생기면 정신까지 이상해진다. 사람 상대하기도 싫고 말하기도 싫어서 마치 조현증 환자처럼 감정의 기복이 많은 상태까지 가버렸다. 한약을 오랫동안 먹어도 별 효과가 없고 병원에 가서 진찰을 받아도 소용이 없다.

"충분한 수면을 취하시고, 스트레스 받지 마세요."
 의사의 처방에도 아무런 방법이 없는 탓에 기가 막힐 지경이다.

 그런데 지금 이 순간 내 입안에는 3.5개의 하얀색 눈송이가 피어있다. 실직상태라 야근을 하는 것도 아닌데 왜 그럴까? 구내염이 생기는 데에는 또 다른 원인이 있다. 바로 내가 밥을 먹다가 입안을 깨물게 되면 그 상처는 여지없이 구내염으로 간다는 사실이다.

 그런데, 거의 50년 가까이 밥을 먹어오고 있어서 웬만한 입안 살들의 움직임은 거의 자동반사로 움직일 터이다. 그러나 이빨로 음식물을 저작할 때, 혀는 윗니가 올라가는 그 순간 그 찰나의 순간에 틈을 타서 날름 그 속을 핥고 다시 이빨의 저작이 닫히는 순간 다시 안쪽으로 날렵하게 피신한다. 그런 동작들이 반복되면서 음식을 먹고 맛을 음미하고 있어 웬만해서는 혀가 이빨의 공격을 받지 않는다.
또 한 부분이 취약한데 그곳이 바로 어금니 바깥쪽, 그러니까 우리가 알사탕을 입에 넣고 오른쪽 볼을 볼록 튀어나오게 할 때 사탕이 위치하는 그 입 안쪽 부분을 또 많이 깨문다. 이것도 아주 왕다마 어금니가 아니면 잘 일어나지 않는 현상이다. 일반적으로 음식을 먹을 때 이빨에 깨물리는 곳은 이 두 곳에 국한되어있다. 혀와 어금니 쪽 볼살이다. 그런데 지금 혀도 아닌, 어금니 볼살도 아닌 입술에 하얀 눈송이가 피었다. 그것도 큰 거 3개 작은 거 1개 가 동시에 자리잡고 있는 것이다. 오늘 밤 내리는 3만 5천 개의 눈송이는 지금 내 윗입술에 있는 3.5개의 하얀 구내염을 보는 듯하다. 펑펑 내려옵니다. 하늘에서 내려옵니다.


두꺼운 입술

누구는 두꺼운 입술이 섹시하다고 평하던데 나에게는 구내염과 동일시 된다. 나는 밥을 먹을 때, 특히 아내가 해준 맛있는 밥을 먹을 때 자주 입술을 씹는다. 그것도 엄청 세게 말이다. 일반적으로 밥이 맛있을 때는 저작속도가 1.5배로 빨라진다. 아니 내 경우가 그렇다. 게다가 쩝쩝거리는 소리도 유난히 많이 난다. 그럴 때 사건이 발생한다.

평소대로라면 동일한 속도로 모든 구강의 살들이 자동으로 움직일 텐데, 저작속도가 1.5배속일 때는 큰 사단이 생긴다. 내 입술은 굵다. 엄청 굵다. 그래서 아마도 무게가 보통의 것들보다 많이 나갈 것이다. 이런 상황에서 씹는 속도를 1.5배로 한다면 어떤 현상이 일어날까? 두툼한 입술의 상하운동은 그 무게만큼 약간의 시차를 두고 따라 움직일 것이다. 관성의 법칙이 작용하기 때문이다. 이빨이 닫히는 순간 입술의 움직임은 입 가까이에 있는 쪽은 이와 붙어있으니까 같이 움직이겠지만 먼 곳의 입술 끝부분은 아직도 위로 올라가는 마지막 과정이 될 것이다. 이때를 틈타 이빨이 그 입술을 콱! 깨무는 것이다. 1주일 전에 깨물렸는데 오늘 밤 함박눈과 함께 구내염이 가장 하얗게 활활 꽃 피우는 중이다. 통증이 최고치를 찌르고 있다. 시간이 많고 밥이 맛있으면 구내염이 생긴다.

유튜브에 한 독일 사람이 피아노를 치면서 노래를 하고 있다. 제목이 독일어로 'Von guten Mächten'이를 번역하면 '선한 능력으로' 이다. 연세가 지긋한 한 노인이 검은색의 말끔한 복장을 하고선 검은색 피아노에 앉아 노래를 부르고 있다. 처음 독일어로 감상하는 순간 그 뜻도 몰랐지만 마음에 감동이 밀려왔다.

독일 신학자 디트리히 본회퍼의 글에 곡을 붙인 것으로 나치 수용소에 수감 되어 그 끔찍한 시간을 보내고 있는 본회퍼는 인간이 고통 속에 있을 때, 동일하게 또한 위로가 같은 크기로 공존한다고 말한다. 그래서 우리는 어떻게 마음을 먹느냐에 따라 동전의 양면처럼 지금 처한 우리의 상황이 달라진다는 것이다. 여기서 본회퍼는 예수님의 죽음이라는 고통은 동시에 고통 속에 있는 사람들을 구해주는 일의 완성이라고 말한다. 예수님은 기꺼이 인간의 구원을 선택하고 고통을 받아들인다. 나는 특히 이 부분에 감동이 많이 되어 어느 날 새벽에 한참을 다시 부르고 다시 부르고 했다.
"그 선하심이 우릴 감싸시니 믿음으로 일어날 일 기대하네. 주 언제나 우리와 함께 계셔 하루 또 하루가 늘 새로워."
나에게 닥쳤던 일련의 사건들이 감당할 수 없을 만큼의 큰 아픔이고 고통이었는데, 그것과는 비교할 수 없을 고통 속에서 본회퍼는 이렇게 노래하고 있으니 말이다.

그 선하심에 고요히 감싸여 그 놀라운 평화를 누리며
나 예수님과 함께 걸어가네 나 주님과 이 한해를 여네
지나간 허물 어둠의 날들이 무겁게 내 혼 짓눌러도
오 주여 우릴 외면치 마시고 약속의 구원을 이루소서

주께서 밝히신 작은 촛불이 어둠을 헤치고 타오르네
그 빛에 우리 모두 하나 되어 온 누리에 비추게 하소서
이 고요함이 깊이 번져갈 때 저 가슴 벅찬 노래 들리네
다시 하나가 되게 이끄소서 주님의 빛이 빛나는 이날
그 선하심이 우릴 감싸시니 믿음으로 일어날 일 기대하네
주 언제나 우리와 함께 계셔 하루 또 하루가 늘 새로워
입 안의 상처가 나를 잠자게 한다. 잠은 나에게 위로와
회복이 된다.

## 16일 고통 가운데 나온 아리아처럼

 고통이 자리하고 있는 곳에서는 노래하기란 매우 어렵다. 팀 켈러는 〈고통에 대하여〉란 책에서 "오페라는 여주인공이 가장 슬퍼하거나 고통에 싸여 있을 때 이를 아름답게 승화하기 위한 장치를 두는데, 그것이 바로 여주인공의 솔로 독주로서 이를 '아리아'라고 부른다. 이때는 모든 관객이 숨을 죽이고 그 승화되는 고통의 여운을 느끼며, 같이 동화되어 오페라의 가장 아름다운 최고의 무대가 된다."라고 말한다. 가장 큰 고통에서 가장 아름다운 것이 나온다는 말이다. 그러고 보니 대부분 내가 본 오페라나

뮤지컬의 아리아 부분은 슬픔에 사로잡혀 있으나 그것을 뚫고 나오는 목소리는 관객으로 하여금 더 큰 감동을 전한다는 사실이다.

나는 회사에서 나온 그날 이후로 기타를 잡지 않았다. 늘 기타를 치며 노래를 하던 나였는데, 이런 상황에서 무슨 노래를 부를 수 있단 말인가? 이런 슬픔에서 기타 소리가 가당키나 하단 말인가! 게다가 노래라니, 도저히 악기를 들고 연주할 자신이 없었고 거기에 맞추어 노래한다는 것은 더욱더 그러했다.

책이 나를 움직이게 만든다. '팀켈러의 말처럼 한번 해볼까?' 이런 생각이 살짝 내 마음속으로 들어온다. 오페라의 아리아는 이런 고통과 슬픔 속에서 그것을 뚫고 나오는 감동적인 표현이라고 했는데, 나는 오늘 나만의 아리아를 부르려고 한다.

노래를 한다는 것은 내 일상으로 돌아온다는 것과 같다. 그동안 나는 슬픔에 눌려 일상을 잃어버리고 살고 있었다. 어떻게든 다시 돌아가야지 하면서 내 책상 옆에 손만 펼치면 바로 닿을 수 있는 곳에 기타를 가져다 놓았다. 그러기를 며칠을 보내고 오늘에서야 나만의 아리아를 부르고 싶다는 생각이 들어왔다.

내가 퇴사 통보를 받던 날 '급성 스트레스 증후군' 이후에

잔재하던 상처의 심지들이 하나둘 사라지려는가 보다. 나의 아리아가 지금 이 방에 있는 내 아들과 아내와 가족들에게 먼저 감동이 되고, 주변에 사람들에게까지 감동이 되는 그날까지 나의 노래는 조금씩 조금씩 길어질 것 같다.

카톡이 들어왔다. 이제 막 은퇴하신 사장님께서 다음 주 금요일에 둘레길 트레킹을 하자고 제안을 주셨다. 사실 회사 사람들 중에서 나에게 가장 편하게 자주 연락을 주시는 분은 사장님밖에 없다. 솔직히 회사 동료나 선후배들의 전화가 그리워지기 시작했다. 처음에는 '전화를 받지 말어?' 하는 생각에서 이제는 전화를 기다리고 있는 마음까지 든다. 언젠가는 내가 먼저 연락해서 이것저것 하자고 할 날이 오겠지만 말이다. 나는 반드시 가까운 시일 내로 그렇게 될 거라 믿는다.

어찌어찌 둘레길 산행을 약속하고 다시 책상 앞에 앉았다. 고통의 터널을 조금은 벗어나야겠다는 생각을 하자마자 이렇게 바깥 구경을 할 수 있는 약속이 생겨 버렸다. 추운 겨울이지만 그 바람과 찬 기운이 내 머리를 상쾌하게 만들 것 같은 생각이 든다. 들떠서, 둘레길 계획을 세운다. 어디서 출발하고 어디까지 갈 것인지 식사는 어떻게 할 것인지 열심히 준비하고 있다. 순간순간 이런 나를 보고 깜짝 놀라기도 했지만, 계획 세우는 데는 전혀 어려움이 없었다. 모든 것이 깔 맞춤으로 완벽하게 설계해서 단톡방에 올렸고 두 분 다 대만족이다. 이제 다음 주 금요일만 기다리면 되는 것이다. 마음이 흡족하여 좋다. 기타를 들었다. 노래를 했다. 즐·겁·다.

 이메일을 썼다가 지웠다가, 존댓말을 썼다가 반말로 썼다가, 첨부를 했다가 내렸다가를 반복한다. 어찌나 주저하던지 두 시간 내내 문구를 만드느라 머리에 쥐가 날 지경이다. 이제는 보낼 것인가 말 것인가를 고민할 차례다. 다니던 회사의 아는 사람에게 부탁하는 메일을 쓰고 있는 것이다. 인사를 담당하고 있는 사람인데 적당한 일자리가 나오면 나를 기억해 달라는 취지의 이메일이다.
아무래도 인사를 담당하고 있으니 여러 곳에서 필요한 사람을 추천해 달라고 요청도 들어 올 것이라고 생각된다. 잘 써지지 않은 문장들을 억지로 써가는 느낌이다. 이것 하나 보내기가 어찌나 힘든지 모르겠다. 보낼지 말지를 놓고 기도까지 해본다. 시원한 답변이 있을 리 만무한데 말이다. 보낼까? 말까? 벌써 1시간 넘게 이 싸움을 하고 있다. 별의별 생각이 다 든다.

'이메일을 보내면 도와주려던 마음도 싹 달아날까? 지금 몇몇 사람들이 나를 위해 애써주고 있는데 내가 직접 움직이다 산통을 깨는 건 아닌가?'
메일 하나 보내는데 이렇게 고민하고 기도한 적이 없었던 것 같다. 결론은 보낸다. 그런데 지금은 밤이 늦었으니 내일 오전 시간에 메일 발송 예약을 하고 잠을 청한다. 한참을 씨름하다가 잠을 청하니 회사에서 잘리는 꿈까지 꾸게 된다. 겨우 노래하게 되었는데 스트레스가 다시 스멀스멀 올라온다.

오스왈드 챔버스의 〈주님은 나의 최고봉〉으로 아침 묵상을 하고 있다. 오늘도 어김없이 5:30분에 일어나 묵상에 도움을 주는 유튜브를 켜놓고 기도의 시간을 갖는다. 어젯밤 일이 뒷덜미를 잡고 있어서 지금 고요한 이 시간에도 여전히 이메일을 보낼 것인가 말 것인가 또 망설여진다.
이 새벽에 스트레스가 다시 올라오는가 싶더니 갑자기 내가 이력서에 써야 할 중요한 경력 사항이 생각나는 것 아닌가 바로 메모를 하고 기도 시간이 끝나자마자 메일 예약 발송 설정해 놓은 것을 취소했다. 그 길로 부지런히 이력서를 수정하고 다시 한번 읽어보니 만족스럽다. 고민할 여지없이 발송한다.

돌이켜보면 어제부터 오늘 새벽까지 망설인 것은 내가 만든 이력서가 자신이 없어서 일게다. 자신이 없으니 컴퓨터를 부여잡고 그렇게 씨름하지 않았나 싶다. 참 다행이라 생각된 것은 오늘 새벽 졸린 눈으로 일어나서 묵상 시간을 가졌고, 마음이 차분해지고 머리도 맑아지는 경험을 하게 되었다. 어제의 이력서가 내가 할 수 있는 최선의 것이 아니었음을 깨닫게 된 것이다. 힘들고 고통의 시간을 보내고 있을 때, 새벽 시간을 따로 떼어 묵상 시간으로 갖게 되었고, 그 시간이 주는 마음의 평화로움은 나를 많이 위로해주고 있다. 게다가 오늘 같은 보너스까지 생각나게 되니 대만족이다. 감·사·하·다.

## 17일 보낼 곳 없는 이력서 만들기

하루 종일 이력서를 작성하는데 시간을 할애했다. 오랜만에 집중을 해서인지 뒷골이 뻐근하고 지끈지끈 아프다. 이렇게 한다고 해서 딱히 보낼 곳이 있는 것은 아니다. 불안함이 여전히 자리하고 있다. 야외 활동을 하지 않고 집에만 머물러 있다 보니 더욱 그러한가 보다. 불안감의 실상은 이런 거다. '이렇게 있다가 어떤 곳에서도 나를 받아

주지 않으면 어떡하지?'

불과 2주 정도 자가 격리하는 정도의 시간이 흘렀을 뿐인데 마음에서는 이미 저 앞으로 달려가고 있는가 보다. 의지적으로 억제한다고 해서 될 일이 아니기에 조금씩 준비해 나가면서 그 마음을 스스로 달래본다. 그것이 이력서 쓰기다. 그냥 마음을 달래보기 위한 반응으로 써 내려가 보자고 시작한 놀이인데 막상 이것저것 쓰다 보니 이것처럼 어려운 일이 없지 싶다.

그동안 회사에서는 개인의 업무성과와 경력 같은 내용은 이미 사내 인트라넷에 다 올려 있어서 별반 고민하면서 쓰지 않아도 되었고, 또 그럴 일이 많이 없었기 때문이다. 노트북 키보드에 손을 올려놓으면 술술 풀려갈 것이라고 시작했던 거였는데 엉키고 뒤섞여 여간 힘든 게 아니다.

아직은 회사를 생각하는 게 어렵다. 그래서 더욱 힘든가 보다. 생각하고 싶지 않은 회사 일을 끄집어내어 말을 만들고 형식을 갖추고 계속 머릿속으로 생각하고 문장으로 구성해서 자판을 통해 모니터에 한줄 한줄 억지로 밀어낸다.

전심을 다해 정교하게 만들어내는 것이 아니라 그냥 의미 없는 단어들을 써 내려가는 그런 일을 오늘 하루종일 반복했다. 고진감래라고 했던가 그 힘든 시간을 컴퓨터 앞에 무던히도 앉아있어 보니 그 고통을 뛰어넘는 이상한 힘이

솟아오른다.

'이왕 만드는 거 잘 만들어 볼까?'

갑자기 심경의 변화가 오기 시작하는 게 아닌가 잘 만들어 보자는 의지가 생기고 마음이 담담해진 느낌이 든다.

드디어 하루 종일 품을 들여 고치고, 순서 바꾸고, 폰트 바꾸고, 다시 수정하고를 수십 번 반복하다가 이 정도면 되겠다 싶은 수준까지 마무리를 하게 되었다. 다시 읽고 또 읽고 해보니 오늘의 기대치에 100% 완수한 것 같아 흐뭇했다. 이제 첨부 자료 몇 가지만 남겨 두었는데 이 부분만 완성하면 아쉬운 대로 이력서의 기본 틀은 만들어졌는가 싶다. 그런데 갑자기 드는 생각이 있다. '근데 이걸 어디에 보내지?' 수신인도 없는 편지를 이렇게도 열심히 만들고 말았다.

늘 고민하는 것이 있는데 하나님의 인도하심과 나의 내려놓음의 일치점이 어디인가에 대한 물음이다.

내가 사방팔방 쫓아다니면서 이력서를 건네고 잘 부탁한다고 말하고 그 답이 올 때까지 맘 졸이며 기다리다가, 다시 일어나 또 이력서를 들고 달려 나가는, 말 그대로 내 힘닿는 데까지 발품을 팔아서 일거리를 찾아보는 방식이 옳은가? 아니면, 이력서를 준비해두고 있다가 나도 생각지도 못했던 곳에서 연락이 오거나, 주변 지인을 통해 나도 모르는 사이에 추천이 되거나 하기를 간절한 마음으로 기다리는 게 옳은가? 무엇이 현재 내 상황에서 최선의 태도일까?

  때마침 나보다 먼저 퇴임한 옛 동료가 전화를 해서는 이런 말을 늘어놓는다.
"뭐라도 해야지!"
"다리품을 팔아야지 되는 거 아니야?"
"잘 준비하고 달려들어도 될까 말까 하는 세상인데."
듣는 내내 힘들었다. 불편했다. 이런 말을 들으면 마음이 급해지고 머릿속이 복잡해진다. '당장에 사돈의 팔촌, 회사 지인의 지인, 그동안 연락했던 모든 사람들에게 취업 부탁을 해야지.' 하는 급한 생각이 막 올라오기 때문이다. 그래서 이메일도 쓰고 부탁할 사람들을 종이에 적어보다가도, '아니야 이 방법은 아닌 거 같아. 더 준비하고 조금은 느린 듯 하게 한 발짝 한 발짝 하는 게 맞는 것 같아.' 여기까지 생각이 미치면 대부분 나의 결정은 한 템포 느리게 가는 쪽으로 하게 된다. 그래도 천만다행인 것은 하나님께서는 이런 나의 생각을 항상 존중해 주시고 그 선택을 기준으로 최선으로 끌고 가신다는 사실이다.

하나님의 뜻은 나의 선택과 함께 모든 것이 합력하여 선을 이루신다. 그럼에도 불구하고 여전히 내 속엔 '내일 이력서를 여기저기로 뿌려 볼까?' 하는 생각이 사라지진 않는다. 그냥 이렇게 버무려 하루하루 살아간다. 결론적으로는 기도가 먼저이고 마음의 평안과 함께 하는 선택이 정신 건강과 신앙 건강에 좋다는 결론이다.

 맨날 집에서 밥을 해 먹는다. 쌀이 쑥쑥 줄어드는 게 눈으로 확인될 정도이다. 코로나로 외식이 어려운 점도 있지만, 어느덧 집에서 집밥을 해 먹는 게 익숙해진 까닭인가 보다. 처음에는 어디 식당에 갈 힘이 없어서 그냥 해주는 밥 누워있다가 먹고 그랬는데 계속 먹다 보니 '집밥보다 맛있는 게 없더라.'라는 마법에 사로잡히게 되었다.
어쩌다 불가피하게 외식을 하고 오면 식당 밥이 어땠느니. 짜다거나 조미료가 많이 들어갔다거나 소화가 잘 안 된다는 이런 불만을 아내와 함께 늘어놓게 된다. 그래서 마지막에 얻는 결론은 "집밥 해 먹자."이다. 아침, 점심, 저녁을 모조리 해 먹는다. 삼식이다. 찐 삼식이다. 애들도 삼식이다. 나가 먹자고 하면 그냥 집에서 먹자고 한다. 이제 저녁을 해야겠다.

## 18일  여호와 이레

성경에 아브라함이 이삭을 제물로 바치기 위해 산으로 향하는 내용이 나온다. 아브라함이 이삭을 묶어 제단에 올려놓고 죽이려 할 때, 여호와께서 준비해 놓으신 어린양이 있어 그것으로 제사를 드리게 되는 사건이 나온다. 이것은 '여호와 이레'라는 말로 "주께서 준비하였다."라고 해석되는 부분이다. '여호와 이레'라는 말에 입이 다물어지지 않는다. 요즘 나에게 가장 필요한 말씀이 이거지 싶다. 어릴 때부터 그렇게 들어왔고 노래했던 '여호와 이레'라는 말이 이제 내게로 와서 내 것이 되었다.

어제는 등기우편이 하나 배달되었다. 대부분의 택배 물건은 문 앞에 두고 초인종 정도만 누르고 돌아가는데, 이번에는 문 앞에 배달원이 지켜서 있다. '뭔가 중요한 문서인가 보다' 하는 마음에 문을 열고 등기우편을 사인해주고 받아드니 다름 아닌 중국어 능력 시험 3급 합격증이었다. 두 달 전에 응시하였는데 이제야 성적표가 배달되었다.
나는 중국으로 가서 회사의 현지법인에서 중요한 역할을 하기로 되어있었다. 모든 것이 순조로웠다. 주변에서는 당연히 내가 가야 하는 것으로 생각하며, 중국 가면 보고 싶을 것 같다느니 하는 농담을 주고받을 정도였다. 나는 "아직 확정되지 않았으니 너무 그러지들 마세요."라며 손사래를 친 것이 나의 겸손의 최대치였던 것 같다. 그도 그럴 것이 나도 '중국법인에 가서 어떻게 일할 것인지, 가기 전에 무엇을 준비해야 하는지, 3월에 결혼예정인 딸 결혼식에는 어떻게 와야 하지?' 하면서 혼자서 여러 가지 생각을 했던 터였다.

그중 하나가 중국어 공부였다. 지난해 1월부터 중국어 공부를 시작했다. 주변에 유쾌하고 학구열이 불타는 두 명의 동료와 함께 선생님을 따로 모셨다. 내가 중국어 자격시험에 합격한 것이 11월이니, 꼬박 1년여를 중국어 준비를 하고 있었던 거였다.

시험을 보는 날, 토요일 아침 전철을 타고 강남 시험장으로 향하는 발걸음이 무척 가벼웠다. 몇 차례 모의고사를 보고 채점을 해보니 합격점수는 무난히 받을 수 있을 것 같았다. 드디어 시험이 시작되고 시험지를 받아보는 순간 스피커에서 들려오는 듣기평가 목소리는 들어보거나 내가 준비했던 모의고사 패턴과 전혀 딴판이었다. 그때부터 당황하기 시작하더니 그로부터 두 시간 동안 어떻게 시험을 봤는지 정신없이 헤매다가 시험을 마치게 되었다.

'언어가 쉽지 않다. 너무 얕잡아 봤네, 좀 더 해서 다음에

치러야겠다.'

낭패에 가까운 시험을 마치고 돌아오는 길에 한참을 걸으면서 강남 바람을 맞고 집으로 돌아왔다. 그로부터 3주 뒤에 시험성적이 온라인으로 먼저 발표되는 날이다. 당연히 탈락일 거라고 점수를 확인했는데, 내 눈앞에 '合格'이라는 글자가 들어왔다. 두 눈을 비비며 다시 보아도 '합격!' 합격이다.

180점 이상이 합격인데 내 점수는 181점이다. 너무 기쁘고 황당하기까지 한 감정을 억누르지 못하고 동료들에게 자랑질을 한바탕 하고 나서 집사람에게 아이들에게 사진을 찍어 카톡으로 보냈다.

인사 담당자에게도 자격을 다시 한 번 확인해 주었고, 상사에게도 사진을 보내주고 반응을 기다렸다. 그리고 한 달 뒤, 나는 그 상사에게 권고사직을 당했다. 그리고 2주가 훨씬 지난 오늘 공식적인 합격증을 받게 되었다. 잊을래야 잊을 수 없는 이 원통함에 다시 머리를 처박는다. 오전에는 그럭저럭 잘 보냈는데 오후에 날아온 합격통지서는 나를 다시 원점으로 끌고 가 원통함과 분노의 자리에 기어코 앉히고 만다. 없는 시간 쪼개서 공부한 1년여의 시간, 시험 준비 한다고 주말마다 카페에 가서 카공족으로 살던 시간, 시험 보고 죽 쒔다고 마음 아파했던 시간, 합격했다고 주변에 자랑 질하던 모습들, 이 모든 것이 주마등처럼 다시 내 머리를 스치며 때리고 지나간다.

 매일 이런 롤러코스터를 타는 느낌이다. 분통함에 왜 이런 일이 나에게 생겼냐고 고함치고, 준비하고 노력한 게 물거품이 되어버린 듯한 상황에 정신이 먹먹하다고 하늘을 향해 소리친다. 받아든 등기우편을 오른손에 들고 마음이 너무 아파 가슴으로 울고 있다.
 그렇게 분통함과 원통함에 한참을 잠기다가 다시 생각나는 말이 '여호와 이레'이다. 이 말은 내가 등기우편을 배달원으로부터 받아든 그 시점부터 계속 내 안에 살아있던 말이었던 것 같다. 아니 그 이전부터 쓰러져 병원에 갔을 때도 살아있던 말이었던 것 같다. 속이 시원하도록 분통함을 외치다 보니 그 다음에 나오는 말이 '여호와 이레'다.
그래서 오늘도 그 분통함 끝에, 애통함을 느끼게 되고, 나를 권고 사직시킨 사람들의 목전에서 내가 살아서 움직이는 모습을 확실히 보여줄 수 있도록 해달라고 요청하고 요청하고 요청하다가 다시 가슴으로 들어온 말 '여호와 이레'를 되뇌인다.
 그 말은 마치 아직 오지는 않았지만 이미 온 것처럼 확신하게 하는 힘이 있다. 그래서 나의 요청이 이미 준비되고 있다는 사실에 기뻐하는 실제에 있게 만들어 버린다. 참 아이러니한 것은 고통은 싫은데 그것이 없었다면 경험하지 못할 깊은 신뢰의 세계로 들어갈 수도 없다는 것이다. 내가 성장하고 있는가 보다.

 중국어 자격시험 합격은 잘한 거다. 자랑삼아 이마에 딱 붙이고 사진 한 장 찍어둬야겠다.

### 19일 바쁨으로 배를 채우던 직장생활

"예, 놀고 있어요!"
 그렇게 바쁘게 지내던 부장 시절에도 주변에서 안부 인사를 물어오면 나는 "예, 놀고 있어요!"라고 대답하곤 했다. 매일 야근을 하고, 주말에도 한산한 지하철과 사무실의 텅빈 공간이 주는 여유로움이 좋아서 출근하기를 즐겨했다. 그래도 그때 그 대답에는 여유가 있었다. 무엇이 나를 그렇게 안락하게 만들었는지 모르겠지만 그때의 동료들과의 관계, 하는 일이 적성에 맞았는지 등등, 여러 요인으로 그런 힘이 나에게 있었던 것 같다.
그러던 내가
"아이고, 너무 바빠요!" 이어서 설명을 덧붙여

"이것도 해야 하고 동시에 저것도 해야 하고 말이에요. 아주 바쁩니다. 그런데 좋습니다. 원래 직장인이 일을 먹고 사는 사람들 아니겠습니까?"
이런 말을 하고 있는 게 아닌가!

지금 생각하면 토할만한 말인 줄을 왜 그땐 몰랐을까? 근 4년을 그런 환경에서 보냈다. 누구보다 일찍 출근해서 새벽같이 보고하고, 아직 출근 전인 직원들에게 전화해서 이것저것 업무지시를 하곤 했다. 이런 행동의 이면에는 나는 이미 출근해서 업무를 시작했다고 알려주고 싶은 일종의 과시와 자랑이 깔려있었다.

엘리베이터 안에서 타 본부에 있는 경영진을 만나게 되면, 지금 내가 하고 있는 일이 어떻게 진행되고 있는지 얘기하고 싶어서 막 몸이 들썩거리고 입술이 나왔다 들어갔다 하다가 급기야는 이렇게 얘기한다.

"제가 맡은 법인이 3개월째 목표달성을 하고 있습니다. 관심 주셔서 감사합니다."

우웩!! 결국은 토가 나왔다. 지금 생각해도 이렇게 미식거리는데, 그 당시 내 말을 듣던 상대방은 어땠을까? 그들도 속으로는 '뭐지? 누가 궁금하다고 했나? 빨리 가서 프로야구 봐야 하는데, 이 사람은 지금 무슨 얘기하고 있는 거지? 오늘 코리안 시리즈 7차전이 있는 날인데.'라고 생각하며 비웃기도 했을 것이다.

 바쁨으로 채우는 배가 있다면 그게 지난날의 나였다. 매일 매일 아침부터 저녁까지 꽉 채워야지 비로소 만족하는 그런 배. 조금이라도 한가해지면 허둥지둥 정신 나간 사람처럼, 아니 하이에나처럼 허기진 배를 채울 일을 찾아 나선다.
 재수 없게 이때 걸려든 직원은 그날 죽음이다. 일을 시키는 사람도 무슨 일을 해야 할지 모르면서 그냥 이글이글 불타는 눈동자로 사람들 얼굴을 돌려 보다가 갑자기 '아!' 하면서 일거리를 생각해 낸다. 그리고 여지없이 그 직원은 내 앞에서 정리되지 않은 업무지시에 맞추어 밥과 같은 일을 시작하게 한다. 내일이면 아무것도 아닌 일이 되어버릴 그것을 말이다.
 공허함을 허용하지 않는 삶 그것이 나를 여기까지 밀어붙였다. 그렇게 하면 회사에서 생존한다고 굳게 믿었던 것이다. 그야말로 나도 그렇고 회사도 그렇고 직원들도 그렇고 싸잡아 손해 보는 장사를 한 셈이 되었다.
 내가 이런 말을 쓰는 이유는 모든 일이 쓸모없었다는 것을 얘기하려는 것이 아니라, 바쁨으로 내 속에 공허함을 채워갔던 그 모습이 안타까웠다는 얘기를 하려고 하는 것이다. 실제로 바쁜 거는 보람이라는 마음의 보상이 뒤따라

오기 때문에 삶에 매우 긍정적인 처방이 될 수 있다. 다만 바쁨에 몰입한 나머지 더 중요한 일들, 즉 가정, 사람, 사랑 같은 것들을 잊어버리고 그것을 오히려 자랑스러워하고 기뻐하는 심리적 상태를 안타까워하는 것이다.

바쁨으로 배를 채우던 그 게걸스러웠던 모습이 이제는 조금은 줄어들고 있다. 여전히 내 속에서 올라오는 바쁘게 서두르는, 시간의 흐름을 안타깝게 생각하는 그런 모습이 자리하고 있다. 그런 나의 모습을 경계하기 위해 매일 아침, 기도하면서 이렇게 다짐한다.

'오늘 하루만 생각하고 마음을 평안하게 갖고 주어진 상황 속에서 하루를 살아가자.'

그냥 오늘 하루 살아가는 것이다. 닥치는 상황에 순응하면서 말이다. 미래를 위해 너무 고민하지 않는 것이다. 과거의 내 행동에 너무 후회하지 말자는 것이다. 둘 다 시간 낭비일 수 있다. 어깨에 힘을 빼고 주어진 만큼, 할 수 있는 만큼 살아가는 것, 그것이 요즘 내가 살아가는 방법이다. 지금도 몸이 들썩들썩한다. 운동을 해야지, 책을 읽어야지, 누구를 만나야지, 하면서 말이다. 올라오는 두더지 머리를 플라스틱 망치로 냅다 때려야겠다. 조깅하러 가야지, 흐흐흐.

## 20일 평정심 찾기

 두 사람이 있다. 한 사람은 내 상사였던 사람이고, 한 사람은 HR에 있는 사람이다. 그들이 나를 회사에서 내보냈다. 그러기에 당분간은 그들을 생각하거나 연락을 한다거나 하는 것은 있을 수가 없는 것이었다. 그런데 오늘, 나는 그 두 사람에게 전화를 하고 말았다.
"아 네, 부사장님, 새해 복 많이 받으세요. 저는 염려 덕분에 잘 지내고 있습니다."
이렇게 시작된 전화는 이번에 새로운 취직자리에 추천을 해 달라는 부탁으로 이어진다. 이런 마음이 어디에서 온 것인지. 이제 다시는 안 보고 살겠다고 다짐의 다짐을 했었는데, 자존심을 버리고 이렇게 하다니! 참으로 나약하고 배알도 없는 군상일 수밖에 없는 걸까?
인사 담당에게도 온갖 미사여구와 함께 더욱 정성을 다해 이메일을 보냈다. 정중에 정중함을 더하여 한마디 한마디를 그렇게 정성을 다해서 쓴 적이 없는 듯 할 정도로 다 쓰고 지우기를 수십 번 반복하고 보고 또 보고 발송을 한다. 이것 또한 무슨 짓을 한 것인가. 정말이지 '몇 주 전의 내'가 맞나 싶을 정도의 태도이다. 아무리 취직이 급하다 할지라도 이 정도로 바닥까지 갈 필요까지는 없지 않을까?

그런데, 그런데 말이다. 이런 투덜거림이 하나도 나를 긁어내리지 않는다. 내 속에 화가 치밀어 오르거나 했을 텐데, 그렇지가 않다. 그냥 자연스럽게 전화하고 이메일 보내고 부탁하고, 또 부탁하고 그런다. 그게 그리 어려운 일은 아니다. 심지어는 그 사람들이 어떻게 받아들일지 까지 생각하며 한껏 모양을 갖추어 연락을 취한 것이다.

그렇다고 당장 취직을 꼭 해야 하는 절체절명은 아닌데 왜 이런 변화가 나에게 일어난 것일까? 내 마음을 다시 들여다보고 조금은 일부러 화도 좀 내보고 그들을 미워해 보려고 해봤으나 잠시만 그러고 이내 평정심을 되찾는다. 그렇다면 이것은 어떤 상황으로 이해해야 할 것인가. 내가 무뎌서 그런 걸까? 아니면 보잘것없는 사람이라서 그런가 그건 아닌데 그럼 무엇 때문에 그런 것일까 평·정·심.

달리기를 시작했다. 날이 조금 풀려서 운동화를 신고 밖으로 나갔다. 실로 10년 만에 뛰는 것 같은 생각이 든다. 5km를 목표로 탄천 변을 따라 서판교까지 가는 산책로를 달렸다. 아니 걷다가 달리기를 반복했다.

처음에는 뛰는데 숨이 목까지 차고 왼쪽 맹장 근처가 끊어질 정도로 아팠다. 다리는 힘을 내서 딛지 못하고 질질 끌고 가는 모습을 하고는 뛰다 걷기를 반복하며 결국은

5km를 달렸다. 최근 10년 중에 가장 많이 달렸던 거리가 아닌가 싶다.

뛰는 건 좋은 것 같다. 무념무상의 지경으로 오로지 거친 숨과 발을 내딛는 것 이외에는 그 어떤 것에도 한눈을 팔 수 없는 상태가 되기 때문이다. 어제 내린 눈도 한몫했다. 기온이 올라가서 산책길은 다 녹았을 거라 생각했는데, 웬걸, 군데군데 아직 쌓여있는 눈을 밟고 뛰느라 더욱 힘들었던 것 같다. 기온이 조금만 더 올라가고 길에 눈이 녹는다면 오늘보다는 시간을 단축할 수 있을 것만 같다.

나는 건강만을 위해서 달리려고 한 것은 아니다. 물론 체력을 끌어 올려야 한다는 다짐은 가지고 시작했지만, 그것보다 무엇인가를 도전하고 준비하는 그 행위가 하고 싶어서였다. 거친 숨으로 안에 있는 잡념과 분통과 화를 내보내고 새로운 공기를 들이마시고 하면서 내면의 정화를 기대하면서 말이다. 이제는 꾸준함이 필요한 시점이다. 일주일에 두 번씩 뛰면서 거친 숨을 정화통 삼아 심장을 단단하게 하고, 다리의 근육을 높여 어떤 충격적인 사건이 다시 나에게 온다 해도 쓰러지지 않을 근력을 다져야겠다. 그리고 비워진 내 맘속에 새로운 것으로 채워가려고 한다.


화려하지 않아도 정결하게 사는 삶, 가진 것이 적어도 감

사하며 사는 삶, 내게주신 작은 힘 나눠주며 사는 삶, 이것이 내 삶의 행복이라오.
눈물 날 일 많지만 기도할 수 있는 것, 억울한 일 많으나 그 힘으로 참는 것, 비록 짧은 작은 삶 그의 뜻대로 사는 것 이것이 나의 삶의 행복이라오.
이것이 행복 행복이라오 사람은 알 수 없는 주어진 선물
이것이 행복 행복이라오 그 힘으로 살아가는 것

눈물 날 일이 많지만 기도할 수 있는 것, 억울한 일 많지만, 그 힘으로 참는 것 이것이 행복이라고 노래하고 있다. 무엇이 우리를 이렇게 행복하게 빚어가고 있는가! 어쩌면 지금 내 맘을 그대로 써 있는 가사이지 싶다. 기타를 들고 노래를 한다. 또다시 노래를 한다. 또다시….

### 21일 작은 여유에 행복 찾기

늦잠 잘 수 있는데 좀처럼 그렇게 되지를 않는다. 오늘도 일찍 눈이 떠지고 정신이 말짱하다. 다시 잠자리로 든다는 것이 좀 아까운 생각이 들어서 침대를 빠져나와 혼자 거실에 앉아 책을 보면서 혼자만의 시간을 보낸다. 얼마나 지났을까? 시계를 보니 이제 막 8시가 지나고 있다. 며칠 전

만 해도 회사 책상에 앉아 업무를 시작하고도 한참을 지난 이 시간이었을 텐데. 오늘은 나에게 이렇게 고요한 나 혼자만의 시간으로 선물처럼 다가왔다.

 나는 이 시간을 이렇게 보내고 싶은 상상을 자주 하곤 했다. 느지감치 침대에서 일어나 눈곱만 손으로 얼른 떼어내고, 슬리퍼를 신고 동네 빵집에 가서 아침으로 먹을 갓 구운 빵을 사러 가는 것 말이다.

 커피 원두를 수동식 그라인더에 한가득 넣어서 갈고, 뜨거운 물로 커피를 내려서 그 빵과 같이 먹는 그런 상상 말이다. 조금 더 상상에 욕심을 부리자면, 한 작은 사무실 건물 안 양지바른 창가에 화려하지 않은 책상이 하나 있고 작은 석유 난로가 온 방을 따뜻하게 해주고 나는 거기 앉아 창밖을 내다보며 그 빵과 그 커피를 마시는 그런 상상을 해왔었다.

 그런데 그와 비슷한 느낌이 오늘 아침 집안에서 느낄 줄이야! 이럴 것이라고는 상상도 못 했었다. 굳이 어떤 생경한 건물이 아니더라도 집에서도 그럴 수 있다는 것을 발견하고 얼마나 마음이 흡족한지 모르겠다.

 마치 어린 시절 해가 떨어지려는 찰나에 내가 친구들의 딱지를 다 따서 집으로 돌아가는 그런 흡족함이 있다. 코로나가 가져다준 집의 다양한 용도를 재발견하게 된 느낌이랄까. 어릴 적에는 모든 것을 집에서 한 것 같다. 한방에 책상이 두 개 세 개가 있었고 형제들과 뒤섞여 공부하고 다투고 밥 먹고 레슬링 하던 그런 집. 나가서 딱지치기 하는 것 이외에는 모든 생활이 집에서 이루어졌던 그 시절처럼 나는 다시 그 어린 시절로 돌아가 집에서 하루가 시작되고 일과가 진행되고 밥 먹고 운동하러 나가고 다시 오고 잠자고 글 쓰는 그런 자리가 되어있다.

내 현재 상황이 어쩔 수 없이 집에 할 수 있는 많은 것을 가르쳐주었다지만 이것만 봐도 회사에서 나오게 된 것이 오롯이 절망으로만 나를 몰아가는 것은 아니라는 가당찮은 생각을 한다.

어떻게 그런 상황을 이런 작은 행복과 연결해서 생각을 다 할까 싶다가도 좀 더 깊이 묵상해보면 당연히 회사보다 집이 중요한 것 아니겠는가 하는 결론에 도달할 때쯤 여전히 내 인식의 습관은 '회사'에서 시작되고 있다. 하나둘씩 내려놓고 다시 집에서 시작하는 하루를 즐기고 경험해보기로 작정한다.


친구 현종이가 명예퇴직을 한단다. 그동안 만났을 때마다 "더러운 회사 더는 못 다니겠어! 명예퇴직 해버릴 거야!"라고 얘기한 지 족히 삼 년은 지난 것 같다. 그래서 그런 얘기를 할 때마다 "또 그런다. 정말 사표를 던지고 얘기해보시던지!"라고 웃으며 던지던 말이었는데 이번에는 그 말이 예전처럼 웃어 넘겨지지 않는다.

 힘든 생활이었지, 쉽지 않았지, 그 속에 매몰되는, 그리고 다시 그 속으로 또 들어가는, 회사에서 목소리 힘주어 일하는 것이 나의 모든 것을 가장 잘 설명하는 것으로 여기고 굳건히 그 속에 있기를 매일매일 다짐하는 그런 생활이었다. 그것이 직장생활이었다.

내가 이런 처지가 되어보니 그의 말을 가슴으로 듣게 되었다. 만나서 위로해주고 싶고 부딪치는 술잔에 서러움을 같이 녹이고 싶다는 생각까지 든다.

때마침 진작에 회사에서 잘려 다른 일을 하는 윤서에게 전화가 왔다. 다음 주에 현종이랑 같이 만나자고 한다. 온통 잘린 친구들 투성이다. 그런데 왜 이리 재밌고 그 만남이 기대되는지 모르겠다. 회사생활 할 때는 내가 늘 이렇게 얘기했다

"저녁값은 내가 낸다. 낼 수 있을 때까지만 내가 쭉 낸다."

그런데 이제는 낼 수 없으니 안 내도 된다. 아마도 그래서 다음 주가 기다려지는 것일 수도 있다. 얼·어·먹·어·야·지.

생활의 변화는 구석구석에서 갖가지 모양으로 나타난다. 밥값을 내던 자리에서 엉거주춤 서 있어도 되는 자리로, 옷 하나 머리카락 한 올 흐트러진 모습 없으려 했던 것에서 안 추우면 되지 뭐 하는 것으로, 퇴근 후면 별다른 말 없이 TV 채널 이리저리 돌려도 볼만한 게 없으면 스포츠만 쳐다봤던 자리에서 책보고 얘기하고 장난치고 군 고구마 먹는 자리로, 경쟁의 시간에서 내려놓음의 시간으로, 짜증과 다툼에서 감사의 마음으로, 생활의 변화는 더 많은 곳에서 다양하게 나타나고 있다. 모든 변화는 좋은 쪽으로 긍정적인 쪽으로만 진행되고 있다는 것에 새삼 놀랍다.

그도 그럴 것이 너무 나 자신만의 문제에 몰입되어 있었던 것 같다. 위로를 받아야 할 사람은 이 세상에 아니 우리 가정에 나 혼자이고, 고통 속에 아파하는 사람도 나 혼자이고, 내가 모든 것의 중심에서 나의 바람이 가정의 가장 큰 바람이 되어야 한다는 이기적인 생각에 사로잡혀 있었다. 기도를 해도 나만을 위한 것에 그렇게도 열심히 매달렸다.

오늘에서야 주변이 보이기 시작했다. 요한이와 성미도 보이고, 중민이도 보이고, 아내도 보이고, 동생도 보이고. 그들은 늘 내 곁에 있었는데 나는 나만을 위한 시간을 그렇게도 열심히 가지고 있었다. 주변을 바라보고 불편한 게 무엇인지, 도와줄 게 무엇인지 살펴야겠다. 그들에게 있어왔던 그 바람을 들어보면서 즐거워하고 싶다. 돈만 빼고 다 좋아졌다. 돈 주고 이것을 샀다. 행복을 샀다.

## 22일 동료들이 보고 싶다

눈이 살짝 내린 날 아침입니다. 아직도 사방에서 들려오는 전화 소리, 영상회의 소리, 업무 협의하는 소리가 익숙하게 들립니다. 마무리하려는데 더 크게 들려오니 당황스럽기까지 합니다.

안녕하세요, 제가 이번에 회사를 떠나게 되었습니다.
그동안 도와주시고 같이해 주신 것 진심으로 감사드립니다.
새로운 길의 설렘이 이곳에서의 익숙함을 얼른 대신하기를 바랍니다만, 쉽지는 않을 것 같습니다.

아마도 여러분들의 따듯했던 마음이 여전히 자리하고 있기 때문이겠지요.

지금도 주변에서 업무하는 소리가 들립니다. 잘 될 것이라는 믿음과 함께 늘 애정어린 눈으로 바라보도록 하겠습니다.

마지막으로, 현대차 주가 많이 올려주세요.
많지 않은 주식이지만 저에게는 여러분들과의 연결고리

임과 동시에 아주 중요한 것이 되었습니다.
 그럼 여기까지 인사를 마치겠습니다.
 늘 평안하세요.

양재동에서
안광현 올림


 그날, 내가 회사 사람들에게 회사에서의 마지막 인사를 보내야 했던 12월의 어느 늦은 날, 나는 사무실 내 자리에 앉아 귀에 웅웅거리는 소리를 들으면서 편지를 썼다. 손이 떨리고 가슴이 미어지고, 누르고 있던 감정 선이 불쑥불쑥 올라와 내 눈물샘을 자극하면서 닭똥 같은 눈물을 흘리면서 겨우겨우 완성한 하직 인사이다.
 쓰는 동안 내내 눈물이 앞을 가려 맞춤법이 제대로 되었는지도 모를 그런 글이었는데 오늘 후배 사원의 전화를 받고 이렇게 다시 한 번 꺼내어 본다. 그때의 그 암흑과도 같은 시간으로 되돌아가고 싶지는 않지만, 이 글을 다시 읽어보는 내내 풍성함이 내 온몸을 감싸는 것을 느꼈다. 그날의 그 감정으로 이렇게까지 차분해질 수 있었다는 게 얼마나 신기할지 모를 일이다. 겨우겨우 몇 주가 지난 지금에서야 마음의 안정을 조금이나마 찾아가고 있는 상황인데 하물며 그때는 얼마나 아팠을까?

 이 글을 쓰고 있는 지금도 눈시울이 붉어진다. 그때의 슬픈 감정은 평생 경험해 보지 못한 그런 거였으리라. 내 딸의 생일이기도 한 그날에 나는 회사를 떠나는 편지를 쓰고 그 아픔에 병원으로 달려가기도 했었다. 겨우겨우 정신을 차리고 딸과 사위의 방문을 맞이하고 그 아픔을 달랠 수가 있었다. 그런데 신기하게도 어쩌면 저렇게 평정심을 유지하고 글을 쓸 수 있었을까? 도저히 상상이 되지 않는다.
나에게는 남들이 없는 엄청난 힘이 있는 것 같다. 사람들은 그것을 내공이라고 하는데 정말이지 그냥 말하는 내공과는 차별되는 엄청난 힘이 내 속에 있었던 것 같다. 지금 쓰라고 해도 쓰지 못할 평온함과 담대함은 결코 내가 아닌 다른 무엇이 그 속에 있어서 나로 하여금 그렇게 할 수 있게 만들었을 게다. 후배의 말을 빌리자면 그 글이 전해져서 오늘에서야 받게 되었는데 읽는 순간 너무 감동이었고, 눈물이 날 지경이었다고 한다. 그렇게 말을 해주는 후배가 있어서 마음이 따뜻해진다.


 눈물을 흘려 준 한 사람이 있었다.
예쁜 꽃을 사 들고 나타났다, 다른 녀석들은 와인을 들고 나타났다. 늘 만나면 좋고 즐거웠다. 왠지 모를 동심에 젖

게 하는 후배들, 아니 우리 큰아이와 비슷한 나이의 직원들이니까 후배 중에서도 한참 후배들이다. 한 아름 꽃을 사 들고 나타난 준이는 얼굴에 웃음을 띠면서 나에게 전해준다. 얼굴이 꽃 같고 꽃이 그의 얼굴 같다. 그 맑고 순수한 모습이 좋아서 눈을 마주치려고 애쓰고 시간이 날라치면 항상 데리고 어디로든 가서 얘기를 나눴던 그 녀석이 울고 있었다.

그와의 처음 만남은 호주에서였다. 엄밀히 말하자면 시청 앞 플라자호텔의 행사장에서 봤을 텐데, 그냥 호주가 첫 만남이라고 여기고 싶다. 대리점 대표들을 상대로 발표할 자료를 리허설하고 있을 때였다. 여러 명이 있어서 차례로 돌아가면서 인사를 나눌 때 어디선가 본 듯한 낯익은 얼굴이라고 여기며 반갑게 맞아주는 그 웃음 띤 얼굴이 바로 준이다. 그렇게 처음 아닌 처음 알게 되었고, 그것이 어찌어찌 인연이 되어 동기뻘 되는 두 명과 함께 네 사람은 자주 저녁을 같이했다. 벌써 3년 정도 되었으니 그동안 여러 번 그렇게 즐거운 시간을 가졌을 것이다. 자리를 파하고 가는 길에는 항상 미소가 떠나지 않았고, 몇 개월간 눌러왔던 웃음의 소용돌이 속에서 헤어나지 못하고 실없이 가는 내내 웃고 있었다.

그날도 그렇게 웃으면서 보내리라 다짐의 다짐을 하고

일찌감치 약속 장소에 가서 후배들을 기다리고 있었다. 하나 둘 도착을 하고 준이는 마지막으로 꽃과 함께 꽃같이 왔다. 역시나 즐겁게 마시고 나누고 그렇게 시간을 보내다가 내가 마련한 작은 선물들을 하나씩 건네주면서 눈을 마주쳤다. 이미 약간은 붉어진 내 눈을 들켜버렸다. 그래서인지 아닌지 그때부터 준이는 울고 있었다. 이토록 마음을 써주는 아이들을 생각하며 내가 또 울고 있었다.

 어느 날 많이 늦은 퇴근 시간에 아직도 자리에 앉아있던 준이를 데리고 저녁을 먹기로 하고, 식당으로 향했다. 눈 옆에 점을 찍고 나타난 모습은 신선하고 통통 튀는 모습이었다. 늦게까지 와인과 식사를 하면서 이야기를 나누었고 이런저런 공통점이 나오면서 대화는 활기차게 할 수 있었다. 또 한 번은 손님이 이렇게 없어도 되나 싶을 정도로 한산한 식당이었지만 굉장히 넓고 확 터진 공간과 자연조명의 인테리어가 괜찮은 분위기의 식당이었다. 이번에는 눈에 약간 스모키 필을 주었다. 그 친구들, 젊은 녀석들이 보고 싶다.


### 23일 나는 지금 기도한다.

 "Yellow…" Coldplay의 곡이다. 나는 콜드플레이의 노래를 다 좋아한다. 등산을 하거나 자전거를 탈라치면 으레 그들의 노래를 플레이리스트에 넣어놓고는 모든 곡을 들으면서 한다. 각각의 곡마다 독특한 분위기가 있고 연주의 완성도는 뮤지션의 한사람으로서 나는 경이로운 수준을 감상하는 호사를 누린다. 어느 날 어느 호텔 레스토랑에서 직장 후배와 맥주를 마시고 있었다. 레스토랑 전면에는 작은 무대가 있고 한명의 젊은 가수는 기타를 메고 잔잔한 노래를 십여분째 부르고 있다. 갑자기 기타 소리가 귀에 들어온다. 익숙한 멜로디여서 그런가도 했겠지만 지금은 약간 빠른 비트의 노래가 시작되어 그랬을 것이다. 그리고 이어나온 노랫소리 'yellow' 콜드플레이의 노래를 부르는 게 아닌가! 대박! 손님이 거의 없는 그 레스토랑은 마치 우리를 위해 단독 콘서트를 해주는 느낌이었다.

"나는 콜드플레이 노래가 좋다, 항상 듣는데 그 음악을 듣노라면 마음이 좋아지고 음악에 흠뻑 빠지는 경험을 한다."

이런 대화를 나누고 있을 때 마침 그 노래가 시작되었다. 가수는 한창 노래를 부르고 있다. 노래가 끝나면 계속 박수를 보냈다. 우리밖에 없으니 반응이 필요하기도 해서 간간이 대화를 주고받으며 박수를 쳤다. 마침 그 찰나에, Yellow…, 익숙한 멜로디의 반주가 시작되었다. 이런, 텔레파시가 통한 것도 아닌데 이런 대화 끝에 그 노래를 부르다니 나는 놀라면서도 그 음악에 흠뻑 취할 수밖에 없었다. 노래가 끝나지 않기를 바라면서. 그렇게 남모를 특별한 추억이 생각나는 중심에 그 노래가 있었다. …… 그 순간이 머릿속에 들어왔다. 아마도 한동안 내 속에 좋은 순간으로 자리할 것 같다. 이제는 볼 수 없을 그 인연들이 더욱 간절하게 여겨짐은 자연스러움일 게다. 뉴욕주립대, 마이애미, Yellow, 커피, 꽃, 눈물……

*Yellow _ Coldplay*
*Look at the stars*
*Look how they shine for you*
*And everything you do*
*Yeah, they were all yellow*
*I came along*
*I wrote a song for you*
*And all the things you do*
*And it was called "Yellow"*
*So then I took my turn*
*Oh, what a thing to have done*
*And it was all yellow*
*your skin, oh yeah, your skin and bones*

*(Ooh) turn into something beautiful*

*(Ah) and you know, you know I love you so*

*You know I love you so*

*I swam across*

*I jumped across for you*

*Oh, what a thing to do*

*'Cause you were all yellow*

*I drew a line*

*I drew a line for you*

*Oh, what a thing to do*

*And it was all yellow*

*and your skin, oh yeah, your skin and bones*

*(Ooh) turn into something beautiful*

*(Ah) and you know, for you, I'd bleed myself dry*

*For you, I'd bleed myself dry*

*It's true*

*Look how they shine for you*

*Look how they shine for you*

*Look how they shine for...*

*Look how they shine for you*

*Look how they shine for you*

*Look how they shine*

*Look at the stars*

*Look how they shine for you*

*And all the things that you do*


다윗과 요나단, 그리고 므비보셋

분당우리교회 이찬수 목사님의 〈감사〉라는 책에 다윗의 시선으로 나와 있는 글이 있다.

므비보셋은 요나단의 아들이었고 사울 왕의 손자였다. 아이러니하게도 요나단은 다윗과 어릴 적부터 가장 친한 친구로 자랐으며, 다윗이 죽음에 처할 절체절명의 순간에서 구해준 잊지 못할 은인이었다. 반면에 사울 왕은 틈만 나면 아들 친구인 다윗을 해하고 죽이려 했던 원수와 같은 사람이었다. 그러다가 훗날 오히려 다윗이 사울을 죽이고 왕이 되었고, 친구이자 원수의 아들인 요나단도 전쟁터에서 죽게 되었다. 왕이 된 다윗은 친구 요나단의 아들이 살아있다는 소식을 접하고 찾아서 이런 말을 한다.

"네가 요나단의 아들이기에 너에게 풍족한 땅을 주고 왕궁에서 같은 식탁에 앉아 먹을 수 있도록 해 주겠다."

여기서 다윗의 시선은, 원수 같은 사울을 기억하지 않고 그의 아들이자 자신의 친구인 요나단을 생각한다. 그리고 큰 아량과 긍휼을 베풀고 있다. 사울을 생각하였다면 그의 손자 므비보셋은 죽음으로 갈 것이 당연하였지만, 그는 그러지 아니하고 친구인 요나단을 생각하여 그의 아들에게 큰 은혜를 베풀게 되었다는 이야기다.

양면성이 작동하는 시점에 그는 그렇게 사랑의 마음으로 바라보기를 결단하고 그렇게 하고 있는 것이다. 나는 어떠한가? 정말로 낮아지고 내려놓는다고는 하지만, 실직까지 몰고 간 회사의 몇몇 사람들을 바라보는 시선은 여전히 까칠한 마음이 더 많다. 아니 온통 복수의 마음이 가득하다고 할 수 있다. 그런데 오늘 나는 다윗의 시선에서 나를 다시 바라보게 된다.

'나도 그런 마음을 가질 수 있을까?'

요나단을 비추어 사랑의 마음을 주는 다윗의 시선 말이다. 그러나 억지로 힘을 주어 선한 시선을 가지려고 해도 도무지 되지 않는다. 나를 자리에서 끌어내린 그들에게서 요나단처럼 좋게 들이댈 만한 그 무엇이 있는지 찾을 수가 없다. 다윗의 시선에는 좋은 마음을 갖게 하는 어떤 장치가 있나? 아니면 도무지 용서할 수 없는 일도 용서해야 한다고 말하고 있는 것일까? 그 어떤 동기가 없음에도 자비의 마음을 가질 수 있을까? 나는 아무리 생각해 보아도 그들에게서 내가 좋은 감정을 가질 수 있는 어떤 근거도 찾을 수가 없는데 말이다.

아마도 나는 이후에 그들로부터 결정적인 도움을 받는다거나, 내가 회복의 시간을 한참 더 가진 후가 아니면 다윗의 시선을 가지기가 어려울 것 같다.

기도하면 항상 응답 되고 있는가? 내가 원하는 바가 이루어졌을 때 응답이라고 말하는가? 그렇지 않은 경우는 그저 종교적 행위로 기도한 것이었을까? 지금 현재 시점에서 일하시는 하나님을 기대한다. 그런데, 하나님은 시공을 초월하시는데 현재도 현재고 과거도 현재고 미래도 현재이고 그럴 텐데. 그래서 나는 과거의 일이나 현재의 일이나 미래의 일이나 지금 현재 시점에서 기도하고 있다. 이미 벌어진 일을 놓고 기도한다면 그 벌어진 일 자체가 기도 응답이 되는 논리, 그러나 그것이 내 기준으로 현재의 시점에서 어떤 영향을 미친다면 그것은 기도 응답이 아닐 수 없다. 그래서 기도한다. 기도하면 들으신다. 참작하시고 듣고 반영하시고 응답하신다. 그래서 나는 과거의 일이나 현재의 일이나 놓고 기도할 수밖에 없다. 그것은 내가 하나님께 인격체로서 요청하는 유일한 수단이기 때문이다. 사람의 일도 사람들에게 부탁하려고 이렇게 애쓰는

데 모든 것을 주관하시는 하나님께 무얼 못 부탁하겠는가! (헨리 나우웬 '기도' 참조)

## 24일 조급한 아침, 불안한 오후

눈 내리고, 비 내리는 날의 산행은 떠날 때부터 조금은 기분이 상한다. 햇빛이 나고 상쾌한 바람이 불어온다면 얼마나 좋은 시간이 될 것인가 하는 마음으로 집을 나선다. 실로 오랜만의 외출, 좀처럼 어디 나가지 않게 되더라는 것쯤은 알고 있었을 테지만 이 정도일 줄은 몰랐다. 내가 먼저 전화하지 않고 내가 먼저 메일 보내지 않으면 그 누구도 연락하지 않는다. 전혀 없다는 게 아니라 매우 어렵다는 것이다.

오늘 만난 분들은 여전히 먼저 다른 사람들에게 전화를 주고, 만나자 약속하고 그들과 시간 갖기를 즐겨하는 분들이다. 그러니 더 많은 사람들을 만나게 되고 역발상으로 나와 같이할 시간은 오히려 줄어들 수밖에 없는 구조이다. 따라서 내가 누군가와 만나고 싶다면 무조건 내가 먼저 전화해야 약속도 생기고 만날 수도 있고 대화도 나누고 한다는 것이다. 그러다 보면 힘도 생기고 그럴 것이 아닌가 한다.

전철로 가는 시간 내내 마음이 조마조마하다. 분명히 늦지 않게, 아니 오히려 15분 정도 일찍 도착할 수 있게 출발하였는데 왜 이리 마음이 조급해지는 걸까? 결코, 늦지 않을 텐데 말이다. 전철이 늦어지는 경우가 없지 않은가! 그런데도 조급함이 생긴다. '늦으면 어떡하지?' 새롭게 생긴 증세인 것 같다. 일찍 도착한 약속장소에는 아무도 없었다.

 오늘 우리가 가는 장소는 서울 둘레길 3-2코스이다. 세 명이 모여서 두런두런 얘기도 하고, 간식도 먹고 운동도 하고, 마지막으로 같이 점심을 먹으며 마무리하는 트레킹 코스다. 만남은 역시 즐거운 법이다. 초행길이라 또 불안 증세가 나타난다. 여기서 조금만 가면 둘레길 입구가 나와야 하는데 좀처럼 나오지 않아서였다. 분명히 안내판에 600미터를 가라고 했는데 지금 내가 불안해하는 지점은 100미터도 채 오지 않은 지점이었을 것이다. 내가 왜 이것을 놓고 불안해하는지 모르겠다. '그냥 가다 보면 나오겠지.'라고 하는 생각이 도무지 들지 않는다. 겨우 만나게 된 입구 팻말을 보고서야 이제 안심이 된다. 약간 경사진 길을 따라 올라간다. 중간 중간에 휴식할 수 있는 테이블도 있고, 가져온 간식을 먹기도 하고, 그냥 벤치에 앉기도 하면서 7.6킬로미터의 둘레길 코스를 마친다. 도착지점 인근에 있는 식당을 찾아 점심을 먹으러 들어갔다. 낮술을 시키고 한두 잔 먹다 보니 얼굴도 빨개진다. 그렇게 점심을 마치고 전철을 타고 집에 온다.

분명 즐겁고 좋았던 시간이었는데 집으로 향하는 내 마음은 무겁기가 한이 없다. 평일 점심에 트레킹을 하고 낮술을 먹는 게 정말 내 인생에 있을 것이라고 상상이나 했던 일인가? 그 변화가 아직 즐기기엔 익숙하지 않다.

여전히 '재취업을 해야 한다'는 마음의 불안함이 더 많이 나를 억누른다. 좋은 시간 이면에 감추어진 나만의 스트레스가 이런 식으로 나오는 것 같았다. 아침엔 조급함으로 오후엔 불안함으로 말이다.

새벽에는 고요해서 그런지 평안한데 오전엔 조급하고 오후엔 불안하고 저녁엔 미안하고 밤엔 고요하고. 아침이 빨리 와서 다시 평안해지고 싶다.


매일 아침 5:30분에 일어나서 출근준비를 하고, 6시에 차를 몰고 회사 지하 주차장에 들어가면 6:30분이다. 지체 없이 차에서 내려서 엘리베이터로 간다. 잠시 기다리는 사이에 핸드폰 체크인을 하고 그러다가 엘리베이터가 오면 그 안에서도 체크인이 계속된다. 로비 라운지에 가서 커피와 샌드위치를 픽업하고 사무실로 직행한다.

자리에 앉으면 6:40분. 그때부터 업무가 시작되고 나의 어디로 가야 할지 출구를 모르는 하루의 일과가 시작된다. 출근이 5분이라도 늦을라치면 늦는 것 때문에 마음의 불안함과 조급함이 나를 휘몰아쳤고, 그렇게 아침이 시작되면서 뇌의 작용은 점점 무디어져 가는 하루하루를 보낸 것 같다. 사실 조금 늦게 가도 된다. 일곱 시까지 가도 정식 출근 시간보다 한 시간 일찍 가는 것이고, 직원들도 거의 오지 않은 시간인데 나는 왜 그렇게 불안하고 조급하게 내 자리에 가서 앉아 있으려고 기를 썼는지 모르겠다.

30년이 나를 그렇게 만들고 있었다. 계속되었다면 그 조급함 때문에 나의 뇌는 점점 갉아 먹히고 급기야는 무뇌충(?) 환자가 되었을지 모르겠다. (하하하 너무나갔다.) 회사가 가져다준 병 그 병에서 빨리 치유가 되어야겠다는 생각이 든다. 나는 치유가 필요한 사람이다. 그것도 중병에서 말이다. 오늘 아침 약속장소에 가는 전철 안에서의 그 조급한 감정이 바로 여기에서 온 것임을 늦은 밤이 되어서야 알게 되었다.

어떻게든 치료하고 싶은 마음에 당치않은 처방이지만 묘수를 내어본다. 일부러 약속 시간보다 늦게 가는 것이다. 오는 전철을 그냥 보내보고, 갈아타는 곳을 지나쳐 다음 정거장에서 내려 되짚어 와보기도 하고, 일부러 말이다. 약속 시간을 맞추지 못하고 늦게 되는 것을 만들어 보자는 것이다.

지구가 망하는 것도 아닌데 좀 늦으면 어때? 여유를 가져보자. 왜 이리 쫓기듯 살아가는지 모르겠다. 기다리는 사람들에게 욕 좀 먹겠지. 욕먹는 일이 두렵지 않아질 때까지 계속 늦게 가서 욕을 먹다 보면 좀 무디어지겠지. 한 달을 그렇게 해보려고 한다. 사람들의 반응과 나의 대응이 어떻게 현상으로 나타나는지 살피면서 말이다. 일차시도는 월요일 이 상무님이다. '한 10분 정도 늦어 봐야지.'

## 25일  요리의 유익

요리해서 예쁘게 사진을 찍어 인스타그램에 올려놓고 '하트' 하나를 걸어놓는다. 팔로우하는 아들에게 '하트'를 찍으라고 해서 지금까지 두 개의 하트가 올라와 있다. SNS의 하트는 은근히 심쿵하게 만든다. 나와 아들이 해서 두 개의 하트만 있는데도 그 빨간색에 내 요리가 빛나 보였다.

#1번 요리는 돼지 불고기이다. 기사식당에서 자주 발견되는 메뉴로서 생각만 해도 군침이 고이는 아주 먹음직하고 칼칼한 음식이다. 성북동 기사식당에서 점심으로 먹어본 그 맛을 하나둘 기억해내 본다. 그곳에 가서 점심을 먹을라치면 11:20분 쯤에 팀장 몰래 스멀스멀 사무실을 빠

져나와 차를 타고 이동한다.

초창기 내 사무실은 종로에 있던 터라 자주 가던 성북동 기사식당. 오늘 나는 그 식당에 묻어 있는 아련한 추억과 그 맛의 향수에 취해 요리를 한다. 돼지고기를 큰 양은 그릇에 넣고 간장과 후추로 먼저 밑간을 한다. 채소를 손질하고 양파를 듬뿍 넣고, 청경채를 같이 넣어서 고춧가루와 함께 고기가 있는 그릇에 함께 넣고 조물조물 잘 섞어준다. 프라이팬에 넣고 센 불로 소위 웍질을 하다 보면 그럴듯하게 요리가 완성된다. 간 마늘, 설탕을 조금 더하여 접시에 옮겨 담고 깨소금을 살살 뿌리고 나면 끝.

#2번 요리는 김치찌개와 계란말이다.
이것도 나에게는 추억의 음식이다. 내가 사회생활 초년일 때, 내 상사와 함께 자주 가던 곳이다. 그 상사는 유 대리인데 술을 좋아해서 하루도 해장을 하지 않으면 안 되는 사람이었다. 지금 그 사람에 대해 기억나는 것 한가지가 또 있는데 이를 닦지 않는다는 것이다. 그래서 그의 이는 항상 노란색을 유지하고 있었다. 어느 날 내가 물었다.
"대리님! 저 사람들은 점심 먹고 화장실에서 이를 닦더라고요?"
"왜?"
그 말에 웃음보가 터졌던 기억이 있다. 30여 년 전인데 아직도 기억이 생생하다. 그와 매일 아침이면 회사 뒷문 바로 앞에 있는 김치찌개 집으로 향한다. 점심으로 갈 때는 계란말이까지 시키게 되는데, 그 집 계란말이는 그야말로 환상이었다. 그 보드라운 식감에 약간은 반숙처럼 되어있는 속살은 적당히 먹기 좋을 정도로 익혀서 나온다.

오늘도 나는 그 집의 김치찌개와 계란말이를 상상하며 요리를 한다. 김치찌개는 김치맛이 90%를 좌우하는 듯하다. 우리 집 김치로는 그 맛을 낼 수가 없어서 대체로 실패한 느낌이다. 게다가 우동 사리를 넣었는데 더 실패다. 우동을 별도로 끓여서 김치찌개 냄비에 투하하는 공정으로 했어야 하는데, 생우동을 그냥 투하하니 국물이 텁텁해지고 우동도 식감이 떨어졌다.

계란말이는 핵심이 프라이팬에 둘둘 말아가며 부치는 기술이 필요하다. 계란 풀어놓은 것을 프라이팬에 붓고 얇게 부친 후 돌돌 말아 한쪽으로 밀어놓고, 그 나머지 부분에 다시 계란 물을 부어 이미 말아놓은 얇은 계란말이를 덧대는 형식으로 부쳐 나간다.

그러면 우리가 전문식당에서 볼 수 있는 켜켜이 쌓여있는 맛이 식감으로 전달되어 먹는 맛과 식감이 잘 어울린 맛있는 계란말이가 된다. 내가 만든 계란말이는 뚱보 말이가 되어버렸다. 계란 물은 조금씩 붓고 넓게 펴서 말아줘야 하는데 빨리 만들 요량으로 많이 부어 만들다 보니 컴퓨터 프린터 카트리지만 하게 나와버렸다. 실패다. 50점! 그럼에도 불구하고 계속 요리를 한다.

 그 이후 #3,4,5 요리는 대체로 성공! 소고기 숙주 볶음, 콩나물무침, 청국장이 그것이다. 일종의 재능발견이랄까? 뭔가 감이 확실히 잡히는 그런 느낌이었다. 그리고 요리의 끝판왕을 장식한 다음 요리가 있었으니 바로, 짜장밥이다.
 한입 먹는 순간 거의 환상적인 맛에 눈알이 돌아갈 지경이었다. 그 일곱 번째 메뉴 '짜장밥'은 마트에서 춘장을 사는 것부터 매우 계획적으로 요리를 준비했다. 그러나 돼지고기와 양파, 감자는 집에 있다고 해서 찾아보니 고기는 냉장고 구석에 얼마나 있었는지 모를 정도로 완벽하게 얼려있었고, 양파와 감자는 베란다에서 지난 밤 강추위에 반은 얼어 있는 상황이었다.
 아주 낭패다 싶은 생각이 스치나 싶더니 이내 이렇게 결심한다. '그래 이런 거 하나 극복하지 못하면 어떻게 요리를 한다고 얘기를 할 수 있겠어? 그래 결심했어! 최선을 다해 보는 거야!'
 이렇게 굳은 다짐을 하면서 한쪽씩 칼질을 하면서 감자와 양파를 큼지막하게 썰어낸다. 그냥 짜장이 아니라 옛날

짜장으로 컨셉을 바꾼 것도 바로 이때다. 양파와 감자가 얼어있다는 사실을 파악한 바로 그때 나는 순발력 있게 동일한 재료로 이 상황을 극복할 수 있는 방법을 생각해 냈고, 그 순간적 번뜩이는 아이디어로 '짜장'이라는 두 글자 앞에 '옛날'이라는 두 글자를 써버렸다. 꽝꽝 얼어있는 한 달 된 삼겹살은 약간의 힘을 줘 썰어보니 제법 멋진 소리를 내면서 잘도 썰렸다. 칼질은 기술이 아니라 힘이다. 양파와 감자는 큼지막하게 썰어 준비해 놓고 본격적으로 웍질을 하기 시작한다.

이제는 한 손으로도 골고루 데칠 수 있는 정도의 감은 잡은 것 같다. 웍질을 하면서 프라이팬 안에 있는 재료들이 밖으로 나갈락 말락 할 정도의 힘으로 살짝 야구의 낙차 큰 씽크 볼 던질 때의 스냅을 주면 감자와 양파가 식용유와 버무려져 그 영롱한 자태를 허공에 휘날린다. 그러다가 뚝뚝 떨어지는 기름을 머금고 다시 돌아 프라이팬 안쪽으로 파도쳐 들어온다.

아래 된 자가 위로 올라오는 순간이다. 조리용 주걱으로 한번 휘휘 저어준 다음 다시 손목의 스냅이 휘리릭 들어가고 내용물들은 영문도 모른 채 다시 윗놈이 아래 되고 아랫놈이 위가 된다.

마치 실직을 하고 모든 자존감이 바닥으로 내려앉은 나

에게 지금의 이런 행위예술과 같은 웍질은 인생을 가르치고 있는 것 같다. 촤~ 촤~ 소리를 내면서 말이다. 이제 다음 메인 양념을 투하할 차례다. 검은 것이 그 위에 투둑! 던져졌다. 아침에 마트에서 사 온 춘장이다.

나의 필살기와 준비한 대가가 발휘되는 이 엄숙한 순간에 핵심 부재료가 없다는 사실을 퍼뜩 깨닫는다. '녹말가루!' 짜장 소스를 만들 때 녹말가루가 차지하는 역할은 실로 어마어마하다. 마치 창세 이전과 이후가 다른 것과 비슷한 정도의 차이가 난다. 그전에는 모든 재료가 서로서로 따로 굴러다니는 중이었다면, 녹말가루를 넣으면 모든 것이 차분하게 혼연일체가 이루어진다는 것이다. 짜장은 바로 이런 혼연일체의 맛이 핵심이라 할 수 있다.

어떻게 할지 고민에 빠지기 시작했다. 지금까지의 요리 삼매경에 빠진 그 황홀한 시간을 뒤로하면서 말이다. 짜잔! 갑자기 생각이 번뜩인다. 쌀가루를 넣어보자. 쌀로 미음을 만들듯이 쌀을 곱게 빻아서 물에 타가지고 짜장에 넣으면 녹말의 역할을 할 수 있지 않을까? 쌀 한 줌과 물 한 컵을 넣고 박박 문질러댄다. 뽀얗고 하얀 물이 고이기 시작한다. 내 입에도 하얀 미소가 만들어지기 시작했다. 물 한 컵을 재료를 볶던 프라이팬에 넣고 끓이는 사이에 쌀가루 물을 만들어 투하 대기하고 있다. 그녀 투하!!

"아빠! 맛있어!"
아들 녀석의 반응이 식탁 유리에 반사되어 천정을 타고 식탁 조명에 투영되어 내 귀에 들어왔다.

'아빠, 맛있어'라고 말하는 아들을 보며 소리쳐 웃는다. 참 요리라는 건 굉장히 매력적인 것임이 틀림없다. 단순히 음식을 창조하는 것 이외에도 인생을 배우게 되고 평소에 별로 대화가 없는 부자지간에 엄청난 대화의 물꼬를 터주곤 한다. 놀면 뭐해? 이거라도 하는 거지!

이 상무님은 실업자인 내게 뭐라도 하나 좋은것 먹일려고 이것저것 메뉴를 골라대더니 비싼 낙지부터 선택했다.
"산 낙지 일단 하나 주시고 꼬막 주세요."
전철에서 나오자마자 있는 식당으로 들어갔다. 문 앞에서 손님을 기다리는 듯한 덩치 큰 종업원이 우리를 안내하고, QR코드를 찍고 자리에 앉았다.
"추워서 낙지가 다 죽어 버렸어요." 돼지 종업원이 말한다.
"죽은 낙지라도 주세요. 그냥 먹을게요."
이 상무가 그냥 낙지를 달라고 한다. 산 낙지를 시켰는데 죽은 낙지라도 그냥 달라는 것이다. 속으로 좀 꺼려하는 내 마음을 알았던지 그 돼지가 이렇게 대답한다.
"죽은 낙지 먹으면 배탈 나요, 손님 배탈 나면 우리가 돈

물어줘야 하니까 안 돼요. 지난번에 모르고 그랬다가 50만 원 물어냈어요."
'잘했다 돼지야.'

나는 속으로 그렇게 격려하면서 내가 좋아하는 멍게와 꼬막을 시키는 모습을 흐뭇하게 바라보고 있었다. 그도 마찬가지로 나보다 한 3년 정도 일찍 회사를 그만두었고 재취업을 했다가 관두기를 한두 번 한 경험이 있는 분이었다. 소주잔을 기울이면서 어떤 한 사람을 식탁 위에 올려놓고 낙지 탕탕이 쪼개듯 험담을 같이 하다가 다른 사람을 올려서 또 하기를 서너 순배 하고 나니 마음도 후련해진다. 그러다 술기운이 오르면서 유쾌해질 때쯤, 받아 들어야 하는 엄연한 현실에 다가서며 "어떻게 해야 할까, 무엇을 할까?"에 대한 얘기로 화재를 옮긴다.

술취한 김에 늦은 겨울날임에도 전화로 한명을 더 불러낸다. 마찬가지로 작년에 퇴임한 장 상무님이다. 물러내서 미안하긴 했지만 얼굴보니 또한 반갑기도 하다. 부추전을 하나 더 시켰다. 그도 아직 그 쓰린 상처가 있을 텐데 나를 위로하려고 그 추운 겨울밤을 마다 않고 찾아와 주었다. 오늘 유난히 추운 날이다. 정말로 추웠다. 그런데 우리의 정은 그 추위를 따돌리고 우리만의 따듯한 심장으로 서로를 격려하고 같이 아파하며 녹여주고 있었다. 고맙다. 나

중에 짜장밥이나 한 그릇씩 만들어 주어야겠다.


### 26일 일단 멈춤, 스쿼트와 단백질

 가수 김종국이 선전하는 단백질 2킬로그램 큰 거 한 통을 샀다. 초콜릿 맛으로. 벌써 열흘째 연속되는 스쿼트 운동을 하면서 단백질을 먹어 줘야지 허벅지에 근육이 생긴다는 아들의 말을 듣고 바로 샀다. 배달이 왔는데 통이 어찌나 큰지, 그것도 빨간색 반투명 통인데 겉에는 그 근육질 가수의 포즈를 큼지막하게 붙여놓았다. 왠지 먹으면 내가 그렇게 될 것 같은 그런 기분이 팍 드는 제품이다.
 근육은 필요하다. 특히 허벅지 근육은 나이 들면 더더욱 필요하다고 전문가들은 말하고 있다. 그런데 나는 몸집도 가늘가늘하지만 특히 허벅지는 더욱 빈약하다. 나의 가냘픈 허벅지로 말하자면 아내가 나를 동해안 청년수련회장에서 맨 처음 봤을 때, "세상에나 저렇게 허벅지가 가늘어 빠진 사람도 있네?"라고 생각했고 그 특징 때문에 수련회 뒤에도 기억났을 정도라고 했다. 어찌 보면 그것이 지금 인연이 되는 이유가 되긴 했었지만, 이번기회에 다른 부위보다 허벅지 하나는 확실히 튼실하게 만들어 보고 싶었다.

나의 작은 목표다. 스쿼트 100번, 스쿼트 120번, 스쿼트 140번, 그리고 오늘 160번까지 늘렸다. 1주일 만에 이 정도로 자연스럽게 늘려 가고 있다. 스쿼트 탓인지 목요일에 근처 산을 등반했는데 마치 날다람쥐처럼 가뿐하게 정상을 찍고 물 한 모금 먹고 바로 내려오는 기염을 토했다.

운동의 효과가 분명히 있는 모양이다. 목표는 이번 달 안으로 200개로 늘려놓고 그 이후 꾸준히 그 정도의 강도로 스쿼트를 하는 것이다. 그리고 일주일에 두 번은 5키로미터 달리기를 병행할 생각이다. 특히 날씨가 추울 때는 홈 트레이닝의 운동 효과는 훨씬 좋을 것 같다는 생각이다. 추운 날 밖에서 운동하면 경직되고 오히려 몸에 무리를 줄 수 있기 때문이다. 밖에서 아들이 챌린지를 한다. "아빠! 스쿼트 하자."

Pause.

일을 하다가 잠시 쉬는 것에 대해 좋다고 평하는 글들이 있음을 알게 되었다. 오히려 그것을 권장하고 아주 자연스러운 생체리듬임과 동시에 인생 전반적인 해석으로도 쉼은 꼭 필요하다고 이야기하고 있다.

척 스윈돌(Chuck Swindoll)은 이를 이렇게 말하고 있다. "하루에 한 번은 릴렉스해라. 당신이 지금 하는 일의 주관은 당신이 아니기 때문이다." 한 달째 내 카톡의 프로필에 쓰여있는 단어다. 'Pause' 일단 멈춤. 일을 하다가 잠시 멈춤으로 해석되는 말이다. 그냥 회사를 그만두게 된 것이 인생의 끝이 아닐 것이기에 그런 말이 생각이 난 모양이다. 그때는 내가 뭔가 다른 일을 하려고 마음만 먹는다면 언제든지 다시 할 수 있을 것이라는 이상한 자신감에서 쓴 말이었다면, 오늘에 와서 저 말은 '내가 할 수 있는 게 아무것도 없으니 일단 멈추어 쉬면서 기다리자.'는 뜻으로 바뀌어 가고 있다.

척 스윈돌의 말을 접하면서 다시금 깨닫게 되는 것은 '내가 일을 하고 있었다.'는 착각에서 벗어나고 있는 것이다. 내가 잘못해서 회사에서 나오게 되었다는 자책에서도 벗어날 수 있겠다는 것이다. 내가 앞으로 달려가는 것만이 삶을 윤택하게 하고 경쟁에서 이길 수 있다는 착각에서도 벗어나고, 이제 새로운 무언가를 해야만 한다는 강박에서 벗어나게 만들어 줄 것 같다.

잠시 쉬는 것이 필요하다고 할 때 쉬어야겠다. 다른 생각이 또 엄습해 와서 나를 불안하게 만들 수 있겠지만 지금은 잠시 쉬는 게 정답이라고 말하고 있으니 그렇게 하려고 한다.


동생과 형이 나의 퇴직 소식을 듣고 꽤나 충격이었던 것 같다. 공무원으로 일하는 동생은 지금까지 성과를 내려고 그렇게 열심히 일을 해왔는데 그게 정답은 아닌 것 같다며 그동안 하지 않던 말까지 한다.

작은 사업체를 운영하는 형은 직원들에게 많은 헌신을 요구해왔고, 그렇지 못한 직원들에게는 따끔하게 일침을 가해왔던 지난날의 행동에서 한두 해 전부터 이제는 그러지 않기로 했다고 한다.

"그들이 사장과 같은 마음으로 일을 해야 한다면 다 나가서 자기사업을 하면 되지, 왜 여기서 월급 받고 일하겠어? 딱 거기까지가 그들에게 갖는 기대야."

두 사람이 지금의 나처럼 다 내려놓고 쉬는 상황은 아니지만, 바라건대 하루에 한 번씩은 하던 일을 잠시 Pause하고 Relax하기를 바란다. 주변을 돌아보고 넉넉한 마음으로 자기 일을 조망해보는 것이 필요하다고 얘기해 주어야겠다.


스쿼트를 160회 한다고 하면, 쉼 없이 연속적으로 160회를 하는 게 아니다. 세트로 나눠 하는 것인데 예를 들면 40번씩 4세트를 하면서 총 160번을 채우는 방식이다.

한 세트가 끝나면 20~30초 정도 쉬면서 다리를 풀어준다. 하던 김에 10개 정도는 더해서 50번을 할 수 있으나 거기서 그냥 멈추는 것이다. 왜냐면 마지막 네 번째 세트를 하기 위해서다. 처음에 과하게 질러 놓으면 마지막 세트에서는 무리하게 되고 운동하려다가 오히려 관절과 허리가 이상이 생길 수도 있기 때문이다. 그래서 꼭 40번을 하고 pause하고 relax하고 다음 세트를 시작하는 것이다. 그러면 마지막 네 번째 세트까지 허벅지에 긴장감을 충분히 주면서 무리하지 않고 약속된 운동량을 채울 수 있다. 잘 가려면 쉬어야 한다. "자 그럼 마지막 세트 시작해 볼까!" 나의 낮고 우렁찬 목소리와 함께 마지막 40번을 시작한다. "하나, 둘, 셋, 넷…… 마흔." 다음 주부터는 50개 4세트를 도전할 것이다.

## 27일 러닝 그리고 이력서

조금만 신경에 거슬리면 올라오는 서운함과 분노로 오늘 하루를 너무 불편하게 보내고 있다. 아직도 머리가 찌릿해 오고 마음이 불편해서 공중에 붕 떠 있는 듯한 느낌이다. 심지어는 자식들에게서 오는 서운한 감정은 마치 '내가 어린아이 같은 투정을 부리고 있는 건 아닐까?'하는 유치하기 짝이 없는 감정의 기복을 보이고 있다.

모든 생활에서 나 중심으로 전개되어야 한다는 생각이

올라온다. 좀 더 설명하자면 '지금 이 순간 나보다 더 힘든 사람 있어?' 마치 스스로를 연민의 정을 느끼도록 상황을 설정해 놓는 것이다. 그래서 다음 단계로 '그러니까 너희들은 오로지 내 마음을 먼저 생각해 줘야 하고 나와 대화를 나눌 때면 아빠가 어떻게든 힘내는 방향으로 얘기해 줘야 하는 거야.' 라고 말이다.

참말로 유치한 일이 아닐 수 없다. '나는 지금 위로를 받아야 하는 사람이다.'라고 여기는 순간, 세상의 중심은 나에게로부터 움직여져야지 직성이 풀리는 아주 이기적인 상태가 되어버린다.

고등학교 시절 나는 교회 학생회 회장을 맡고 있었다. 전체 한 100여 명 가까이 모였으니 제법 규모가 있는 학생회였다. 자주 앞에 나가서 얘기해야 할 기획이 많았고, 내가 나가서 한두 마디 하면 모든 학생들이 재미있어하며 잘 따라와 주었다. 신이 나게 그 1년을 보냈다.

어느 날 예배 순서 중에 광고는 회장인 내가 하게 되어있었는데, 그날따라 왠지 컨디션이 안 좋은 느낌이었다. 게다가 내 라이벌로서 노래 잘하는 잘생긴 친구가 특별순서로 독창을 멋지게 부르고 있었다. 예배에 참석한 100여 명은 초 집중하면서 노래에 귀를 기울이고 있었다. 마치 나의 팬들을 다 빼앗기는 느낌이랄까?

나는 어떻게 하든 그 시선들을 나에게 끌어와야 한다고 생각했다. '어떻게 하면 되지?'라는 이상한 생각까지 하게 이르렀다. 그 순간 내 머릿속으로 들어온 기발한 생각이 있었다. '지금 나는 아프기 때문에 다른 학생들이 나에게 연민을 느끼게 만들어야지…' 그 생각과 동시에 '그러면 다음 내가 하는 알림 광고 순서에서 일어서는 순간 어지러워서 주춤하거나 더 나아가서 살짝 쓰러져 볼까?' 그런 생각이 들었다. 그날 나는 일어섰다가 다시 주저앉아 버렸다.

"아파서요. 어지러워서 광고를 못 하겠습니다." 기어코 여기까지 갔던 그 날, 그 날을 기억한다. 오늘 갑자기 그 날이 떠오르는 것은 무슨 조화일까?

나는 딸에게 "지금은 아빠가 젤 중요해."라고 말하고, 아내에게는 "이제 어떻게 하지?"라고 하면서 동정심을 유발하고 있다. 아들에게는 "아빠가 계속 집에만 있으니까 이상하지?"라고 하면서 측은한 눈빛으로 바라보게 만드는 것이다.

그리고 주변의 지인들에게 전화하면서 전달되는 뉘앙스도 여전히 '위로받을 자'로 은근히 포장하고 있다. 그런데, 참 아이러니한 것은 내가 좋아하는 맛집을 찾아가거나, 좋아하는 운동을 한다거나, 책을 보고, 스마트폰을 보고, 스포츠를 보고 할 때는 그렇지 않다는 것이다. 나에게는 관대하고 다른 사람들에게는 여전히 불쌍한 척 보이려는 모습이 많다.

 40분 러닝에 도전한다. 전문 러닝화를 구입했고, 핸드폰 러닝 앱도 깔고, 핸드폰을 밴드에 넣어서 팔뚝에 고정하고, 블루투스 이어폰을 연결하고, 약간 가벼운 복장을 하고 집을 나섰다. 러닝 앱을 누르고 달리기 시작한다. 처음에는 거의 속보 정도의 빠르기로 시작된 러닝은 앱에서 코칭하는 모드대로 중간중간에 속도를 더 내기도 하면서 달린다. 한 10분 정도 지났을 때 벌써 숨이 턱까지 차오른다. 25분 러닝 모드로 할 것을 후회했다. 지금 같아선 도저히 40분 러닝은 할 수 없을 것 같은 고통이 엄습해온다. 러닝 앱에서는 전문코치가 이것저것 요령을 얘기해주고 간간이 경쾌한 음악도 흘러나온다. 갑자기 코치가 등장하더니만 이렇게 말한다.
"정말 대단하십니다! 지금까지 잘 따라오셨어요! 자 그럼 이제 조금 더 속도를 내서 달려볼까요?"
조금 속도를 내 보자는 코치의 말에 적당히 속도를 내 본다. 그런데 이게 웬일인가? 오히려 조금 더 스피드가 나는 게 머리가 상쾌해지고 발걸음도 가뿐해지는 느낌이 드는 것이다. 천천히 뛰면 덜 힘들 것이라고 생각하고 있었는데 그게 아니었다. 너무 천천히 뛸 때는 다리에 힘도 들어가지 않는 것 같고, 뛰는 모습도 흐느적거린다는 느낌을 지울 수가 없었는데 조금 속도를 내보니 다리에 힘이 빡빡하게 들어가고, 뛰는 자세까지 교정하면서 달리게 된다. 코치가 말한 대로 스스로 폼을 만들려고 애쓰면서 '우아한 러닝'을 시도하게 되는 것이다.

쾌속이 다 좋은데 문제는 호흡이다. 저속 러닝 때는 그런대로 호흡과 러닝의 리듬을 맞추어 가면서 달렸는데 조금 속도를 내다보니 그 리듬이 깨지면서 그냥 거칠게 숨을 들이고 내쉬고 한다. 게다가 마스크에서 올라오는 입김 때문에 안경 전체가 급격히 뿌옇게 된다. '속도 조절'한다는 것은 다양한 현상을 수반하기 마련이다. '속도 조절', 인생의 속도를 조절한다는 뜻으로 더 많이 쓰여 와서 정작 달리기에서 이 말이 나온 것인 줄 모를 정도가 되어버렸다.

여하튼 지금 나는 달리기 속도 조절을 심하게 하는 중이고 적잖이 잘 달리고 있다. 인생의 속도 조절도 이렇게 잘 되기를 바라는 마음을 품고 계속 그 패턴으로 달리고 있다. 처음에는 반 정도만 하자고 생각했던 러닝이 어느덧 막바지에 이르게 되고 나름의 오기가 생겨서 끝까지 40분 러닝을 마쳤다. 마지막 5분은 다시 속도를 끌어올리면서 경쾌하게 마무리 할 수가 있었다.

5.1키로미터를 달렸다. 첫 5키로미터를 달릴 때는 조금 가다가 쉬기를 수십 번 반복하면서 걷기 반, 뛰기 반을 하였는데 이번에는 동일한 거리를 쉬지 않고 연속적으로 달릴 수 있게 되었다.

스스로 대견하다 여기며 집으로 돌아왔다. 한참을 자랑을 늘어놓다가 스스로 웃겨서 웃음이 빵 터졌다. 어제만 해도 축 처져서 "나만 봐줘요, 나를 위로해 줘요." 하던 내가 오늘은 대견하다 여기며 거친 숨을 몰아쉬며 온몸에 땀을 흘리며, 큰소리로 자랑질을 하고 있다. 나란 사람 변덕을 밥 먹듯 하는 나약한 사람이었구나 싶다.

이번 주와 다음 주가 재취업하려는 회사에 입사가 결정되는 중요한 시기이다. 그동안 여러 분들의 도움으로 채용 대상에 오르게 되어 마지막 단계에 와 있다. 사실 생각해 보면 내가 갈 수 없을 곳인데 이름이 오르내린다는 것 자체가 신기하고 감사하다.

이제 곧 회사 내부심사를 하고 2월 초에 채용을 확정하는 절차가 남아있다고 한다. 지난 주 다짐하기로는 이번 주에 채용 담당에게 전화를 해서 내 사정을 좀 더 어필하리라 하던 게, 그러지 못하고 하루 이틀 보내고 있다. 아침부터 전화해야지 하던 게 저녁까지도 주저하다가 결국은 못하고 하루를 넘겨버리는 일이 반복되었다.

그 이유는 두 가지다. 내가 전화해서 효과가 있을 것인가? 아니면 오히려 역효과일 것인가? 경험상 전화를 하는 게 안 하는 것보다 효과는 있을 것인데, 막상 닥치면 판단력이 흐려지고 덜 부담스러운 쪽으로 결정하는 경우가 나에게는 많다. 특히 요즘 더 그렇다. 아마도 자신감이 약해져 있어서일까 싶다. 오늘 또 이렇게 중얼거린다. '다음 주에는 전화해야지, 꼭 해야지, 다음 주에는.' 이번 주 말고 다음 주말이다. 한 주를 이렇게 보낸다.


궁색하면 길이 생긴다고 지인으로부터 이력서 내보지 않겠느냐는 연락이 왔다. 다행히도 준비해둔 이력서가 있어서 재빠르게 보내긴 했지만, 어느 회사인지 무슨 포지션에서 어떤 일을 하는 것인지에 대하여는 묻지도 따지지도 않고 그냥 보낸 것이다.
헛웃음이 돌았지만, 차차 알아봐야 할 일이다. 일단 던져놓고 피드백이 오면 하나 둘 정리해 나가면 될 것이라는 생각이다. 그런데 막상 이렇게 어떤 회사에 취직을 한다고 상상해보니 답답할 것 같다는 생각이 훅 들어온다.

'무조건 재취업을 하면 다행이고, 감사하지.'라고 생각했던 마음에서 막상 이력서를 보내고 보니 틀에 박힌 직장생

활이 다시 시작된다는 느낌에 왠지 마음이 불편하다. 아마도 편하게 보내고 있는 지금이 좋은 것이고, 막연하던 재취업이 조금씩 현실화가 되고 있다는 안도감에서 오는 자만일지 모르겠다. 그렇게 간절했던 재취업에 대한 간절함의 강도가 차츰 시들해졌다. 이력서를 보내는 횟수만큼 나의 간절함은 줄어든다는 공식이 성립된다. 그 함수관계는 "이력서가 1에서 무한대로 갈 때, 간절함의 값은 점점 줄어든다."이다. $x = \lim 1$

### 28일 너 자신을 알라

나훈아가 〈테스 형〉을 그렇게 목놓아 부른다. 지금 방안에 흐르는 〈테스 형〉 노래에 맞추어 컴퓨터 키보드를 두드린다. 오늘은 기필코 이 노래를 마스터하리라 다짐을 하면서 말이다. 트롯 신이 내 속으로부터 쿵작쿵작 신나게 피어오른다.

*아! 테스형 세상이 왜 이렇게 힘들어*
*아! 테스형 소크라테스형 사랑은 또 왜 이래*
*너 자신을 알라고 툭 내뱉고 간 말을*

*아! 테스형 아! 테스형 아! 테스형 아! 테스형*

"너 자신을 알라."라고 던진 그 말이 가슴을 때린다. 툭 내뱉고 간 그 말이 요즘처럼 나를 때리는 때도 없는 거 같다. 회사라는 옷을 입고 있던 지난 30년. 현대라는 옷을 입고 그 옷이 몸에 딱 달라붙어 어느 때부터인지 내 피부처럼 되어버렸다.

그 옷을 입고 친지들을 만났고, 여전히 그 옷을 입고 친구들을 만났고, 그 옷을 입고 교회도 가고 멋진 식당에도 갔다. 주말 아침에 빵 사러 갈 때도 어김없이 그 옷을 입고 갔다.

"오호 빵집에 빵이 없군요. 제가 매일 먹던 빵 그거 하나만 빨리 구워줄 수 있나요?" 이렇게 목에는 약간 힘이 들어가고, 콧구멍은 잔뜩 벌려서 공명을 일으키고, 입술은 약간의 흰 이를 드러내며 오무렸다 폈다를 사정없이 반복하면서 낮고 온화하면서 뭔가는 엘레강스한 톤을 구사하면서 삼천 원짜리 그 빵을 산다.

오랜만에 가는 참치 집에 들어서자마자, "아이쿠 사장님! 제가 좀 뜸했지요?" 여기를 갈 때는 빵집과는 달리 복장과 헤어 스타일로 압도하려는 듯한 모양으로 가게 되는데 입술 모양을 잔뜩 오무린 채 이빨이 거의 드러나지 않게 하고, 속도를 천천히 던지면서 하는 말이다.

지난 주에 왔는데도 그렇게 얘기한다. 그리고 마지막으로 이 말을 한마디 더 얹는다. "사장님! 우리 매번 먹던 걸로 삼인 분 주세요!"

아휴! 밥맛! 지금 생각하면 내 생활 전체에 회사 옷을 박제하여 다니면서 마치 그것이 나의 실체인 것처럼 살고 있었는가 싶다. 핸드폰에서는 여전히 테스 형이 들려오고 '너자신을 알라'라고 하고 있다.

어찌 보면 그 옷이 마치 진짜 나인 것처럼 착각하며 살아온 삼십 년이 아닌가 싶다. 그 옷이 없어진 지금, 빵 사러 갈 때나 친지를 만나러 갈 때나 왠지 주눅 들고 좀 꺼리는 상황이 다반사다. 그래서 매일 빵으로 아침을 먹던 내가 그냥 밥이나 먹자고 한다. 빵 사러 가기 싫어서 말이다. 옷이 없어서 말이다. 아휴 추워!!

나의 실체를 알아가는 것, 나의 사회적 지위가 나를 대변하지 못한다는 것을 알게 된것, 한순간에 있다가 사라질 것들이 무엇인지 알게 되는 것, 그것이 마치 사람을 미워하는 맘이라 할지라도 나의 실체라는 관점에서 다시 해석해보면 그냥 나인 것을. 그 존재가 실체로 있고 그 위에 다양한 옷가지로 허우대를 완성해 나간다는 사실을 깨달는 시간이다. 그렇다면 그 존재는 과연 어떤 의미를 가지고 있을까? 잘 알지 못하는 인문학의 세계로 빠지는 질문이 끊임없이 내 속으로부터 올라온다. 존재의 본질, 그것은 무엇인가? 나라는 사람의 본질은 무엇인가? 이런 질문들 말이다. 테스형! 좀 알려주세요~~

 빵집에서의 그 나, 참치 집에서의 그, 나는 본질이 아님을 여실히 드러났다. 왜냐면 지금은 그렇게 하지 않으니까 말이다. 주변의 친구들과 친지들에게 대하는 내 태도도 과거의 나하고는 확실하게 다름을 알 수 있다.
"내가 낼게, 낼 수 있을 때 내는 거야."
친구들과 모처럼 식사를 한다 치면 어김없이 계산대 앞에서 내가 하는 말이었다. 그런 나를 바라보는 친구들이 얼마나 밥맛이었을까? 적어도 그때 나의 실체는 옷 입은 값을 지불할 뿐이었다. 그것이 약간의 과시와 자랑이 버무려져서 말이다. 그것도 역시 하루아침에 사라져 버렸다. 과시할 것도 자랑할 것도 돈도 없으니 말이다.

 다시 테스 형의 한마디 '너 자신을 알라.' 나는 지금 나를 알아가고 있다. 아무런 옷을 입지 않은 상태에서 나라는 존재의 모습을 알아가고 있다. 다시 어떤 다른 옷을 입기 위해 애쓰려고도 하지 않는다. 왜냐면 존재를 모르고 살았던 세월이 내 인생에 너무 길었기 때문이다. 어떤 다른 일을 하려고 엄청 애쓰고 있지만, 그렇다고 해서 피부가 되어버린 옷으로 만들어지는 과오는 이제 하지 않으리라는 다짐을 해가면서 말이다.

나는 나로서 존재하고 그 존재의 실상은 만들어진 것이고 선물로 주어진 시간을 만든 사람의 뜻대로 살아내는 것이라는 걸, 그럴 때 나는 존재 자체로 의미가 있어서 나를 만든 이는 지금의 나를 보면서 사랑한다. 축복한다. "같이 가자."고 이야기하고 있다. 그런 눈으로 다시 친구들을 보고, 친지들을 보고, 빵집을 보고, 참치 집 사장님을 본다. 사람들이 달라 보인다. 이제야 나는 나를 알아가는 초보 인생을 살아가고 있다. 이런 믿음이 나에게 오게 되어 마음이 한결 좋다.

어제 했던 5키로미터 달리기가 좀 무리였던 것 같다. 하루가 지났어도 온몸이 너무 아프다. 머리, 어깨, 무릎, 발 다 아프다. 게다가 소화까지 잘 안 되는 느낌이다. 1차 러닝에 비해 속도가 빨라졌다고 좋아하던 모습이 싫어졌다. 차라리 더 늦게 천천히 달릴걸. 집에 있는 약을 뒤적여 몸살약과 소화제를 먹었다. 이거 참! 건강해지려고 하던 게 오히려 낑낑대게 만들고 말았다. 내일은 안·달·린·다.

## 29일 하직 인사, 그리고 답신

 내가 회사에서 나오기 직전에 하직 인사로 몇몇 사람들에게 따로 보낸 이메일을 열어보고 거기에 달려온 회신 메일을 순차적으로 열어본다. 그때와 지금, 지금과 그때. 사실은 크게 다르지 않은 모습이다. 내가 고통스러워하는 시간이 좀 더 지났을 테지만, 다시 그 시간으로 돌아가서 내가 글을 쓴다고 하면 또다시 이 정도의 글을 쓰게 될 것 같다.

보낸 날자 12/18일
수신인 8명

내가 우리 회사에서 젤로 좋아하는 사람들에게 제일 먼저 편지를 씁니다.
어릴 때부터 같이 해서인지 내 편 같기도 하고 몬가 다른 느낌을 갖게 되는 분들.
처음 만났을 때처럼 그냥 같은 곳에서 계속 같이 일했으면 어땠을까? 하는 생각이 불현듯 드네요.

처음엔 내가 얼마나 촌스러웠을까 싶을 모습이었는데, 지금은 헤어 스타일도 만들고 정제된 말도 하게 되고 사람들과 관계를 만드는 법도 알게 되고, 논리적이라고 할 만큼은 아니지만 생각의 깊이도 많이 깊어지고….
그래서 모든 사람에게 감사하고 그렇습니다. 특히 여러분들에게 더욱 그러합니다.
이런 감사한 마음이 당분간 계속될 거 같은데,
어쩌다 연락 주시면 반갑고 그래서 당장 봅시다! 라고 추파를 던질 수도 있을 것 같아요.
마다하지 마시고 말로라도 그러자~~하시면 고맙겠습니다.
내가 크리스챤이라는 건 여기 계신 모든 분들이 알고 계시기에, 기도하며 차분히 있어볼 생각입니다.
늘 과분하게 안내해주신 그분이 어떻게 또 과분하게 끌고 가실지 기도하면서요.
H상무님은 먼데서 하는 일 잘되시고
G상무님은 몸 건강히 잘 챙기시고
JS는 정신 차리고^^
PUNG는 잘 될 거야~~
자~~이것으로 인사를 마치고
또 봅시다.

양재 15층에서
안광현 올림


받은 날자 12/22
보낸 사람 K과장


안 상무님.
사정상 사무실에서 뵙고 인사드리지 못해 매우 아쉬운 마음입니다.


직장 생활 약 11년 정도 하면서 길지 않은 시간이었지만 함께 근무하며 모셨던 직장 상사분께서 퇴직하시는 모습을 몇 번 경험하였습니다.
근무하면서 얘기했던 기억, 같이 식사했던 기억, 같이 맥주 마셨던 기억. 모든 게 기억으로 변하고 또 아쉬움으로 변하는 순간들인 거 같습니다.


상무님의 길었던 직장생활에 있어서 오늘 이 순간이 어떤 순간보다 만감이 교차하시는 순간이라고 생각합니다.
남자로서 어찌 보면 가정보다 더 익숙한 직장생활이 한순간에 변화가 있다는 자체가 매우 큰 의미로 다가올 거라

저도 어렴풋이 느낌으로 알 거 같습니다.

오늘 이 현대자동차에서의 마지막 순간이 상무님에게 마침표가 아닌 새로운 쉼표가 될 것이라고 생각합니다.
쉼표 뒤에는 항상 다른 결말이 있습니다.
지난번 전화드렸던 거와 같이 더 바쁘고 희망찬 미래가 있을 거라 생각하며, 그간 현대자동차에서 고생하셨던 상무님 스스로 조금 몸도 마음도 잠시 쉴 수 있는 계기가 되길 바라고, 또 조만간 더 멋지고 누구보다 건승하시는 새로운 모습을 뵙기를 기대하겠습니다.

짧았던 기간이라 많은 추억을 만들지 못한 점 매우 아쉽습니다.
아무쪼록 상무님의 직장생활 전반부에 저도 짧게나마 같이 있었던 한 식구였음을 기억해 주시길 바라며, 저는 항상 이 자리에서 상무님의 2막이 더욱 번창하시길 기도하겠습니다.
후배로서 더 회사가 번창할 수 있도록 가르침 잘 이어가겠습니다.

그간 많은 도움, 가르침 정말 감사했고 앞으로 더욱 많은

귀감을 보여주시면 감사하겠습니다.
항상 건강하시길 바랍니다. 상무님

### 30일 다시 30일을 더 써보자

처음 이 글을 쓰기 시작했을 때 '30일까지만 하자.'라고 시작했던 것 같다. 근데 30일이 된 오늘 나는 또 다른 30일을 쓰고자 한다. 이제는 앞으로 내가 어떤 식으로 살아갈 것인지에 대한 구체적인 질문과 내가 노력하고 시도하는 재취업의 과정과 그 속에 들어있는 내 마음의 분주한 움직임들 말이다. 벌써 기대가 된다. 얼마나 멋진 글이 탄생할지.

세 군데에 이력서를 보냈다.

Part.2

## 31일 기대

새 노트를 열었다. 그 냄새가 독특하다. 종이 냄새 같기도 하고, 밥솥에서 막 뚜껑을 열고 맡아보는 쌀밥 냄새 같기도 하고, 가을 추수철에 도리깨로 타작을 하던 들깨의 고소한 냄새 같기도 하고, 브라질 공항에서 마시던 처음 맛보는 브라질 커피의 따듯한 맛 같기도 하고.

새 것 냄새는 언제나 마음을 추억할 수 있는 좋은 곳으로 데려가는가 보다. 희망을 담고 싶고, 사랑을 담고 싶고, 좋은 추억을 담고 싶다. 때론 슬퍼할 일이 나를 때리기도 하겠지만 그래도 잊지 말아야 할 한마디, '희망'을 담고 싶다.

비가 온다. 겨울비가 아침부터 부슬부슬 내린다. 베란다에 나가 아내와 함께 커피에 빵 한 쪽을 먹는 향기가 좋다. 간간이 우산을 쓰고 지나가는 사람들과, 분주한 차량의 움직임이 활기차게 느껴지고, 어린아이를 데리고 어린이집에 가는 젊은 엄마의 모습이 풋풋하고 좋다.

밥을 며칠째 못 먹고 있다. 무엇 때문인지 온 식구가 속이 안 좋아서 고생하고 있다. 무엇 때문일까 생각의 생각을 하다가 문득 떠오른 음식 하나가 있다. 바로 '옛날 통닭' 그 녀석일 가능성이 매우 높다. 그 통닭은 한 달 정도의 간격으로 아파트단지 안에 들어와서 튀겨 파는 곳에서 샀다. 간이 천막을 치고 장사를 하는 것도 맘에 걸리는데, 안쪽에 튀김 부스가 있는 곳에는 생닭 상자부터 여러 부자재가 널부러져 있는 그야말로 엉망이었다.

 상인은 위생 관념보다는 저렴하고 맛있게 튀겨주면서 손님들과 이래저래 말을 거는 데 더 관심이 있는듯하였다. 그 튀김 닭이 속을 불편하게 만든 원인이라고 단정 짓고 보니, 오히려 마음이 후련해진다. 원인을 알게 되거나 확신에 이르게 되면 그 치료 방법도 쉽게 알 수 있기 때문이리라.
속 아플 때 먹는 약을 챙겨 먹고, 거기에 섬유질이 많은 음식을 다량 섭취했다. 화장실 몇 번 다녀오고 나니 한결 좋아진 느낌이다. 이제는 시간만 적당히 보내면 될 일이다. 이렇게 사흘을 보내고 오늘은 조금 나아진 상태로 다시 아침을 맞는다. 때마침 비가 오는 아름다운 아침을 속이 후련해짐과 같이 맞는다. 비와 커피, 그리고 빵이 어우러져서 향기가 가득한 이곳에서 말이다.


 오전 내내 이력서를 가지고 씨름을 하다가 점심 먹으라는 아내의 외침에 문득 정신을 차려본다. 두 군데에 이력서를 보냈다. 한 곳은 국내 중소기업이고 다른 곳은 외국기업이다.
사실 이력서를 처음 보내달라고 하는 요청을 받았을 때,

얼떨결에 이력서를 보내겠다고 답을 했으나 어찌나 막막하던지 바로 멘붕이 와버렸다.
 '이력서를 어떻게 만들지?'
제대로 내 이력을 정리해 본 적이 있었나 싶다. 간혹가다 이전 회사에서 이 팀에서 저 팀으로 옮기는 과정 중에 한 번 정도 정리해 보는 수준이었는데, 그때는 그냥 어느 부서에 있었는지 정도면 충분하였으니 이번처럼 해본 적은 처음이지 싶다.

 머리카락이 곤두서고 말 한마디 한마디에 정성이 깃든다. 보낼 곳이 있으니 더욱 그러한 것 같다. 어떤 포지션에서 어떤 경력자를 원하는지 분명하므로 거기에 맞춰 정리를 다시 하고, 혹시 생각이 안 나서 못 적은 거는 있는지 되짚어보는 과정이 반복된다.

 일단은 별다른 양식 없이 위아래로 쓰고, 칸 맞추고 중간중간 강조하고 싶은 곳에 줄 치고, 굵은 글씨로 바꿔주면서 마무리했다. 그런데 그 다음이 문제였다. 그래도 불안한가보다. '이렇게 보내면 되는 것인가?'

 이런 물음에서 다시 고민에 빠지기 시작한다. 누가 코칭해 주는 것도 아니고, 생전 처음 내가 혼자서 만든 이것이 과연 채용하고자 하는 회사 입장에서 제대로 작성이 되었는지 살피고 또 살펴본다.

인터넷에 찾아보면 널려 있는 게 이력서 양식이니, 그것을 가져다가 대충 넣고 빼고 하면 될 일인 것을 그대로 하기는 왠지 싫었다. 그러다 보니 그냥 내 방식대로 만들자 해서 여기까지 오게 된 것이다. 뭔가 확신이 들지 않을 때는 다른 사람의 의견을 구하는 게 정답일 것이다. 갑자기 떠오르는 사람들이 있다. 이력서 파일을 첨부해서 딸과 사위에게 보냈다. 잘·좀·봐·줘·잉.

딸은 미국에서 직장생활을 하던 중 지금의 남편을 만나게 되었다. 좋은 감정을 가지고 사귀다가 결심을 하고 허락을 받기 위해 한국에 들어왔다. 인사를 시키고 양가 부모 상견례를 하고 예식 날짜를 잡고 일사천리고 진행 시키더니 다시 미국으로 들어갔다.

그때까지만 해도 '이제 한 10개월 뒤면 결혼식을 시키고 미국에 살림을 내서 살아가게 하면 큰일 하나는 끝나게 된다.'라고 생각하면서 흐뭇한 마음으로 결혼식에 필요한 준비 하나하나 천천히 하고 있었다. 그때까지만 해도 우리 생각대로 모든 것이 순조롭게 될 줄 알았다. 그런데 그 일이 터지고 말았다. 코·로·나.

이력서를 딸과 사위에게 보내서 도와달라고 한 것이 신

의 한 수였다. 훨씬 잘 다듬어지고 잘 정리가 되어 돌아왔다. 관점의 차이였지 않았나 싶다. 나는 매우 중요하다고 여겼던 나의 커리어의 나열이 오히려 지루한 느낌을 주는 한편, 오히려 참고사항으로 한 줄 정도 가볍게 적은 내용이 더욱 의미 있게 다가온다고 한다.

의견을 받은 것을 참고해서 앞뒤 문장을 다시 열거해 제출한다. 보내고 나니 마음이 날아갈 듯 가볍다. 후련하기도 해서 시원한 소다수 한 캔을 들이키고 보낸 메일을 열어 한 번 더 읽어본다. 완벽하다. 더 이상 잘할 수 없을듯하다. 벌써 채용이 된 느낌이다. 잘 준비하고 정성드려 만든 이력서라서 채용에는 문제가 없을 것 같다는 생각에서였다. 그것이 나를 편안하고 기쁘게 한다. 겨우 이력서를 한곳에 보내고 이런 마음을 경험하게 된다. 애들아 고·맙·다.

미국에서 코로나 관련 사항을 긴급히 발표한다. 모든 미국인은 해외로 나가는 것을 삼가하고 만약에 나가면 상당 기간 다시 돌아올 수 없다는 발표 말이다. 코로나는 전 세계를 휩쓸고 점점 더 그 위력을 만방에 떨치고 있다. 이제 얼마 안 있어 미국에 있는 딸아이 결혼식인데 이거 참 처음 겪는 일이라 어떻게 해야 할지 당황스럽기 짝이 없다.

양가가 아닌 밤중에 홍두깨 식으로 얻어맞은 느낌이었다.

 당사자들은 오죽할까! 결혼 후 살 집을 마련해 놓고, 또 같이 준비하고 계획했던 것들이 한꺼번에 차질이 발생하게 되니 말이다. 겨우겨우 정신 차리고 6개월을 미루기로 하고 아쉬운 마음을 삭인다.

'세상에 이런 일이 다 생기다니!'

최첨단 시대를 산다고 하면서 전염병에 맥을 못 추는 이 세상이 얼마나 나약하고 처참한지 말이다. 그런데 그 기가 막힌 것은 여기서 끝나지 않았다. 미뤄왔던 6개월 뒤에도 전염병의 위세로 식을 올릴 수 있을지 장담하지 못할 지경으로 치닫고 있다. 다시 또 한바탕 멘붕이 휩쓸고 지나간다. 또 6개월을 미루고야 말았다. 결혼식장도 바뀌고, 미리 촬영해두었던 웨딩 사진도 일 년 전의 것이 되어버렸다.

 맘고생에 금전적으로도 손해 보는 일을 순식간에 당하고 말았다. 생각해보면 연기하는 결정이 어렵지, 지금 상황에서는 일반적인 판단이 되어버렸다. 어려움을 무릅쓰고 결혼식을 강행하더라도 그 나름대로 좋은 판단이겠지만 우리는 미루는 쪽으로 결정하게 되었다.

 당초에 하려던 날보다 일 년이나 뒤로 가는 상황에서 혼인신고를 하고 같이 살림을 시작하게 해주었다. 이것도 결정하기까지가 지금까지의 가치관으로는 생각지도 못하던 것이어서 고민하고 약간은 우울해지기도 했지만, 지금은 너무 잘한 결정이었다고 생각된다. 문제가 없다는 얘기다. 그래서 나는 사위가 생기게 되었고, 이제 몇 개월 뒤로 다가온 결혼식은 그 나름 기대하며 기다리고 있다. 어쩌면 아이가 잉태되어 식을 올릴 수도 있으려나? 그런 기대감에 흐뭇해지는 오늘이다.

### 32일 다시 이력서를 쓰다

따르릉! 따르릉! 내 핸드폰에 전화가 왔다. 발신자 표시는 전 직장에서 나와 같은 시기에 퇴임하신 사장님이다. 늘 나에게 호의적이고 무엇하나 더 해주시려고 애쓰시는 분이시다. 어른으로 모시고 존경하고 섬기고 싶은 그런 분이시다. 30년을 다닌 회사이지만 그 년 수만큼 정이 깊은 사람이 있었는지 생각해본다. 그리 많지 않음을, 아니 거의 없음을 깨달으면서 흠칫 놀랐다. 그 세월이 30년이었다는 생각에 다시 한 번 놀란다. 이런 삭막한 시간 속에서 그나마 마음을 나누고 서로를 위로하는 한두 사람이 있는데, 그중 한 분이 바로 S사장님이다.
"몇 년 생이지?"

늘 이런 식의 대화법이신데 그냥 바로 본론이 들어온다. 말씀의 요지는 어디 어디서 구인을 하는데, S사장님께 사람을 소개해 달라고 요청이 들어왔고 중요한 조건 중의 하나가 64년생 아래로만 된다는 것이다.

"저는 충분히 됩니다."

"그러면 지금 이곳으로 이력서를 이메일로 보내봐라. 어제 보낸 거 다시 보내면 된다."

물론 어제도 사장님께서 추천하시고 연락을 주신 곳이었고, 오늘도 그러하다. 준비해 둔 것이 있어서 부랴부랴 약간 조정해서 보내놓고, 다시 그 내용을 살펴보니 이 회사의 채용조건에 맞추어 좀 더 수정해서 다시 보내야겠다고 생각이 들었다. 게다가 외국계 회사라서 국문보다는 영문이 잘 어필될 것이리라.

처음에는 한글 이력서 수정 보완해놓고, 그것을 영문으로 번역하는 것은 별로 어려운 일이 아닐 것 같다고 생각했다. '한두 시간 내에 끝낼 수 있을 거야.'

국문 보완하는 것은 30분 만에 여유롭게 끝내고 이제 영문이다. 일단 구글 번역기를 통해 기본 영어는 가져오고, 한 줄 한줄 읽으면서 잘못된 단어를 수정해 나가면 될 것이라고 여기며 번역기를 돌렸다. 10초 만에 멋지게 영문으로 확 변환되어 내 눈앞에 영문이력서가 완성이 된 듯 보였다. 그런데 그것은 큰 오산이었다. 영어라고 해서 다 영어가 아니다. 번역기에서 제시해준 영어는 그냥 영어이고 전혀 내 이력을 어필하고 정리된 느낌으로 채용하는 회사에 전할 수 없는 아주 1차원적인 번역만 지원해 준다는 사실. 있는 머리 없는 머리 쥐어짜면서 단어와 문장을 수정하고 있는데 여지없이 점심 먹으라는 아내의 외침에 삼분의 일도 마치지 못한 채 오전을 보냈다. 늘 일이라는 게 하던 김에 계속 끌고 가야지 조금 손을 놓고 다시 하려면 어려운 법이다. 적어도 나의 일하는 습관은 그렇게 익숙해져 있었다. 게다가 이력서라니! 솔직히 말하자면 처음에 이력서 만들었던 순간에는 화가 치밀고 짜증이 일어서 마무리하기가 어려웠다. 그래도 마음을 다스리면서 겨우겨우 며칠간 만들어 가고 있는 중이었다.

'내가 왜 이렇게 이력서나 치고 있지? 누구 때문이지? 그놈!' 이런 생각들이 나를 화나게 만들고 있었다. 그래서 그런지 이력서라는 세 글자가 나한테 그렇게 쉽지 않았다. 들여다보기도 싫고 꺼내서 살펴보기도 싫은 거였다. 지금도 마찬가지이다. 그럼에도 해야되는 것이라 맘을 고쳐먹고 완성해나가고 있다.

"점심 먹어! 지금 안 먹으면 치워버릴 거야!"
밥 먹고 하자며 자리에서 일어났지만 이렇게 하지 싫은 일을 중간에 텀을 두고 밥 먹고 다시 시작할 수 있을지 의문을 품으면서 짜장밥을 먹으러 식탁으로 향한다.

하루가 지났다. 영문본은 그날 점심 먹기 전과 동일한 상태로 내 노트북에서 잠자고 있다. 약간은 의식적으로 속에서부터 발동을 걸어보았다.
'다시 시작 해야지? 빨리 보내줘야지 되잖아!'
이렇게 시동을 걸어봐도 손가락 하나 움직이기 싫다. '그냥 달리기나 하고 오자.'

그리고 또 하루가 지났다. 발동이 걸렸다. 파일을 열어보고는 있지만, 여전히 자신감이 떨어진 상태라 진도를 빼기가 여간 어려운 것이 아니다. 하나하나 영어사전을 찾아가며 만들어 가고 있는 중에 밖에서 이런 소리가 들린다.
"점심먹어!"
그냥 노트북을 덮고 머리 처박고 밥을 먹었다.

저녁이 되어서야 명석해지는 두뇌를 발견하고 깜짝 놀라 이 기분 그대로 유지하기 위해 천천히 사뿐사뿐 걸어서 노트북 앞에 앉았다. 파일을 열었다. 아직 그 명석함이 사라지지 않았다. 발동이 걸린 것이다. 그로부터 두 시간 정도

집중에 집중을 하여 어느 정도 마무리를 했다. 그리고는 이것을 다시 딸과 사위에게 보낸다.

혼자 할 수 없다는 것을 진즉에 알게 되었고, 내 생각의 끝자락에는 하는 데까지 해서 딸네에게 보내서 도움을 받고자 하였다. 엉터리 영어이력서를 그들에게 휘리릭 보낸다.
'잘 만들어져서 다시 오너라.'
다음 날 아침, 내 편지함에 쏘옥 들어와 있는 새 메일이 어찌나 아름다운지.

## 33일 자기연민 탈출하기

회사에 내가 참 좋아하는 후배에게서 전화가 왔다. 이것저것 이야기 유쾌하게 나누다가 그가 이렇게 말했다.
"낼모레 코로나 단계를 낮춘다고 발표한다니, 그 이후에 한 번 자리 마련하겠습니다."
바로 하자는 것도 아니고, 발표 후에 하자는 얘기다. 나는 내심 오랜만에 이 친구들을 만나서 수다도 떨고 하소연도 하고 싶었는데 코로나 핑계라니 좀 서운한 마음을 실어서 내가 말했다.
"뭐 한 100명 정도 부르려고 그러니?"

이런 말끝에 우리는 정예 멤버 네 명이 식사하기로 약속을 잡았는데, 그게 오늘이었다. 간만에 집 밖으로 나간다. 춥다. 기온이 영상이라고 하는데도 춥다.

내 집 주변에는 전철 두 개 노선이 있다. 하나는 분당선이고 또 하나는 신분당선이다. 약속이 있어서 나갈 때는 집에서는 좀 더 먼데 있는 신분당선을 이용하는 버릇이 있었다. 그 이유는 분당선은 꼬불꼬불 돌아서 가는 느낌이고, 신분당선은 직선으로 간다는 생각에서다. 그리고 회사를 지나가서 여러모로 익숙한 전철노선이기도 하니 말이다.

그런데 요즘은 그것 때문인지 신분당선을 타지 않는다. 회사 쪽을 쳐다보고 싶지도 않고, 그 공기를 마시고 싶지도 않으니 말이다. 그래서 분당선을 타고 후배 녀석들을 만나러 삼성동에 간다. 약속 시간에 20분이나 일찍 도착했다. 그 많았던 역들이 차츰 눈에 익숙해지더니만 전철 속도만큼이나 휙휙 지나가 버리고, 어영부영 사람 구경을 하다 보니 벌써 도착한 것이다. 정차역도 많지 않은 느낌이고, 이리저리 돌아가지도 않는다. 그냥 빠르고 좋다. 앞으로 분당선을 주로 이용할 것 같다.


'달콤한 자기 연민에 중독되다.'
사람들은 많이들 고통스럽거나 슬픈 일을 당했을 때, 스스로가 위로를 받아야만 하는 사람이라고, 지금은 그런 상황이라고 여기며 살아가는 것 같다. 만나는 사람마다 '나는 이런 아픔이 슬픔의 터널을 지금 지나가고 있습니다.' 이런 얘기를 슬픈 눈을 하고 한다. 전화를 걸어도 문자를 해도 모든 것이 슬픔으로 감금되어있는 듯 한 분위기를 잡는다. 나 스스로도 그 어떤 다른 사람보다 더 위로와 격려를 받아야만 하는 사람이라고 여기면서 말이다.

노년에 고관절에 문제가 생겨 누구의 도움 없이는 집 밖으로 나갈 수도 없는 사람을 알고 있다. 내가 이렇게 시간이 있는 터에 찾아가 보려고 했으나 집에 없다는 얘기가 전화 너머로 들려온다. 나갈 일이란 병원밖에 없을 텐데 병원에 갔어도 주변에 꼭 알려야 할 사람들에게조차 그렇게 하지 않고 쉬쉬하면서 병원에 가있는 것 같다. 아마도 상태가 더 악화 되어 그랬을 것이다. 그 동안에도 그랬듯이 말이다. 지금 나의 상황을 맞닥트리고 하루하루 지나고, 한 달이 지난 지금까지도 나는 슬퍼해야 하고 다른 사람들에게 위로를 받아야 한다는 소위 '달콤한 자기연민'에 빠져서 헤어 나오지 못하고 있었다.

처음에 얼마 동안은 어안이 벙벙해서 깊은 고통에 사로잡혀 있었을 테지만 적어도 지금은 아니다. 내가 스스로 그것을 느낀다. 그럼에도 아직도 그런 위로에 빠져 살아야

하는 유통기한이 아직 남아 있을 것이라고 여기며 점점 그것에 중독되고 있었다.

내가 알고 있는 그분은 아무에게도 말하지 않고 병원에 가 있었다. 집으로 찾아간다는 전화 너머로도 집에 없다는 말밖에 더 하지 않고 있다. 어찌 보면, 작은 일에 '자기연민'에 빠져 있는 나는 하루하루 관절이 사라져가서 움직이지 못하는 상황에 있는 확실히 '자기연민'에 빠져 있어도 됨직한 한 사람의 모습에서 부끄러운 나 자신을 보게 된다.

'이젠 그만하자! 그래 이젠 모든 것을 털고 일어나자! 그 지독한 중독에서 벗어나자! 나보다 훨씬 더 슬프고 힘든 고통 가운데 있는 사람들을 보라 그들은 또 얼마나 의연하게 그 아픔을 견디어 나가고 있느냐? 그것은 생명에 관한 것이고 적어도 나는 그렇지는 않지 않은가!'


오래된 친구들을 만나고 돌아오는 느낌이다. 유쾌하고 즐거운 시간을 후배들과 보내고 돌아가는 분당선 전철 안에서 몇 시간의 만남을 회상하면서 저절로 얼굴에는 미소가 지어진다.

여러 가지 의미의 미소이겠지만 첫 번째는 그 대화들이 유쾌했고, 다음은 빠르게 집 앞까지 도착하는 전철을 보면서 그렇고, 이렇게 술 한 잔 하고도 그들은 내일 또 새벽같이 회사 출근을 해야 하지만 나는 안 해도 된다는 사실이 나를 웃게 만든다.

새벽 5시 20분이 되면 여지없이 알람이 울리고, 벌떡 일어나 씻고 출근한다. 전날 저녁에 회식이라도 있어서 술을 어느 정도 마셨어도 어김없이 일어나는 시간에 나는 일어났고, 반사적으로 출근길에 오르는 것이다. 하루 종일 바쁘게 보내고 어디 잠시 쉴 틈 없이 하루를 마감하고 신분당선을 타고 오는 일과들, 나는 그것을 인생이라 했다.

사람이 살아가는 방식, 그렇게 지쳐서 돌아오는 퇴근길에도 하루를 마감하게 된 것에 대한 편안함이 마음을 녹이고 쉼을 가진 후에 다시 시작되는 그 일상 말이다. 나는 그것을 인생이라 했다. 다른 어떤 것보다 조금은 우월하고 자랑할 만한 그런 류의 인생이라 여겼다.

그러니 그 몸을 하고 또다시 새벽같이 하루를 시작할 수 있었을 것이다. 그런데 오늘은 신분당선이 아닌 분당선을 타고 돌아오면서 집에 간다는 편안함에 더하여 또 다른 안도감에 치를 떨듯 몸에 전율이 온다.

'나! 내일 출근 안 한다. 하!하!하!' 지금 나는 지독한 자기연민의 중독에서 서서히 빠져나오고 있다.

## 34일 다르다는 것

'다르다'라는 말의 의미가 나에게는 늘 가슴이 먹먹해진다.
"중민이는 우리와 생각 주머니가 다른 것이에요."
지금 26살인 중민이가 초등학교 시절 교회의 젊은 여자 선생님은 같은 반 아이들에게 중민이에 대해 이렇게 설명을 하고 있었다. 주일학교 부장이었던 나는 그 선생님의 그 따뜻한 설명에 행복해하는 중민이의 표정을 지금도 잊을 수 없다.
다르다는 것이 나에게는 중민이다. 다운중후근으로 태어난 우리 둘째 녀석은 이렇게 눈물에서 행복으로 자리하고 있다. 그날 그 예쁜 선생님의 예쁜 말에서도 그 행복이 묻어 나왔다. 지금은 뒤늦게 사춘기 심보가 작동해서 대립하는 횟수가 많아졌지만, 여전히 중민이의 표정 하나하나와 행동, 의사전달을 잘못하는 말하기 솜씨까지도 사랑스럽고, 그래서 내가 오히려 행복하고 맘이 따듯해지곤 한다.
자기만의 세상에 머물러있는 아이가 유독 예쁜 여자 친구들에게는 신사처럼 대한다는 사실을 발견하게 된 날, '다름'이 아니라 '똑같다'로 생각으로 바뀌게 되었다. 지금은 자연스럽게 중민이가 다른 사람들과 똑같은 삶을 살고 있는 것을 발견하는데 더 재미를 느끼게 된다. 살아 있음의 표현이니 말이다. 이것도 '한가함'이 가르쳐준 여유 있는 사색이다.

 이력서를 낸 곳에서 채용할 수 없다는 회신을 받아들고선 이상하게 낙심되거나 하지 않고 그냥 받아들이게 된다. 그 불합격 이유가 담긴 회신 메일을 꼼꼼히 읽어보고, 또 읽어보는 내 모습이 신기하다. 채용하려는 분야와 나의 경력이 다르다는 것을 알고도 추천해 주신 분의 성의도 있고 해서 최선을 다해 준비하고 이력서를 제출하게 된 회사였다. 그것도 영문으로 말이다. 아니나 다를까 불채용 회신의 이유도 바로 거기에 있었다. 생산관리와 노무관리를 하는 자리를 채용하려던 것이었는데 마케팅과 전략기획을 한 내 이력으로는 맞아 떨어지기가 쉽지 않았을 것이다.
사실 이 회사에 보낼 이력서를 작성하는 것이 힘들었던 이유는 영문으로 번역하는 것도 그랬지만 채용분야의 이력을 어떻게든 써보려고 고민했던 것이 더욱 힘들지 않았나 싶다. 채용하려는 회사의 의도에 부합되게 작성하려고 조금은 억지로 이것저것 과거의 업무를 한참을 생각하다 보면 희한하게도 엇비슷한 업무 경력이 떠오르게 되더라는 것이다.
 '그래! 그 내용을 적으면 되겠구나'.

나의 주된 경험만 써서 상관없는 이력서를 보내는 것은 떨어지기를 작정하지 않고서야 그럴 수 없을 것이다. 생산관리와 관련된 경험들, 그러니까 간접경험들을 머리 저 끝으로부터 끄집어내고, 거기에 살을 입혀서 겨우 몇 줄을 적어낸다. 다시 눈을 지그시 감고 한참을 묵언수행하듯 하다보면 신기하게도 한 줄이 생각나고 거기에 살을 붙여 몇 줄 만들어 내기를 반복하며 완성한 이력서였다.

성의를 다해 준비해서 호기롭게 보냈으나 보는 사람의 눈을 어떻게 막을 수 있겠는가. 이력서를 쓰고, 억지로 끄집어내야 할 경력들도 소중하다는 것을 알게 되고, 잘 준비해서 제출하고, 가슴 졸이며 기다려보고, 불채용 통보를 받고, 그 이유가 무엇인지 살펴보고, 또다시 이력서 보낼 곳을 찾는…, 이로써 구직의 사이클을 경험해 본다.

이런 경험들이 주는 좋은 것들이 불채용이라는 말의 낙심을 훨씬 뛰어넘고도 남을 듯하다. … 오늘도 먹이를 찾아 산기슭을 어슬렁거리는 킬리만자로의 표범처럼 또 다른 이력서를 만들기 위해 찾아 나선다…. 핸드폰의 연락처를 뒤적이면서 말이다.

우리 집 앞에 스타벅스가 있다. 거실 베란다에 앉아서 훤히 들여다보이는 그곳을 어떤 사람들이 어떤 차를 타고 커피를 마시러 오는지 내려다보는 게 즐거움이 된 지 오래다. 아침 7:30분이면 동그란 간판에 불이 들어오고 조금 있다가 실내에 주황색 조명이 켜지면서 하루의 시작을 알린다. 문 열기도 전에 와서 차에 앉아 기다리던 젊은 부부도 드디어 차에서 나와 카페 안으로 들어간다.

'일찍도 시작한다.' 이런 말을 속으로 되뇌다가 화들짝 놀란다. 불과 한 달 전에는 나도 이 시간에 출근해서 아침도 먹고 보고서를 준비하고 있었다. 그런데 지금은 이 시간이 빠르다고 느끼니 말이다.
멋쩍은 웃음이 내 입가에 도는가 싶더니 갑자기 눈이 반짝거린다.

'저기에 이력서를 내볼까?' 그러다가 또 한 번 웃는다. 저기 '알바'하는데 내 이력이 필요하냐 말이다. 아무데나 내 이력을 얘기하고 있으니 참 어리석기도 하다. 바·리·스·타.

### 35일 모든 일이 주어진 것이었음을

맞지 않은 옷을 입고 달려온 느낌이랄까? 30년이 항상 그렇지는 않았을 것이다. 아무것도 모른 채 처음 회사에

발을 딛고 그저 앞만 보고 달려온 시간이었다. 어떤 간교함이 나에게 있지 않았지만, 서서히 커져만 가는 성취에 대한 목마름과 경쟁에서 이겨야 한다는 야망이 나를 여기까지 이끌어온 시간이지 않았나 싶다.

재직 중에 나 스스로에 대해 일관되게 관통했던 생각은 '나는 상위그룹이야!'라는 평가였다. 어떤 때는 이것을 자랑스럽게 표현하면서 나를 따르라고, 내가 너희를 그렇게 가르쳐 주겠다고 얘기하곤 했었다.

듣던 사람들의 허망한 표정이 지금에서야 읽혀지는 것은 무엇 때문일까? 그런 생각이 나를 지배하고 있던 터라, 실적이 저조하면 몸서리치듯이 아파하고 비난하고 창피했다. 그럴 때면 자기성찰도 없이 곧바로 나를 부추겨 끌고 간 생각이 바로 '나는 상위그룹이야!'라는 착각이었다. 돌아보면, 나의 공적을 과도하게 큰 것으로 여기며, 자기 실체를 놓쳐버리고 앞으로만 달려왔던 그런 시간이 아니었을까 되짚어본다.

만약에 말이다. 이 모든 것이 나의 힘과 노력으로 된 것이 아니라 주어진 것이라고 여길 수 있었다면 어떻게 행동하였을까?

30년 전, 내 직장이 나에게 선물로 주어진 것이고, 거기서 맡아왔던 일들과 사람들이 밟고 일어서야 할 대상들이 아니라 삶이라는 울타리 안에서 서로 보듬고 살아가야 할 운명의 동반자라고 생각했더라면. 그래서 내가 만들어간 세상이 아니라 주어진 것이었다면? 때에 따라 승진하게 되고, 또는 승진에서 탈락 되기도 한 그 모든 것이 나의 능력의 많고 적음이 아니라 누군가에 의해서 주어진 것이었다면 또 어땠을까? 맡겨진 일이 반드시 이루어야 하는 과업이 아니라 단지 나에게 주어진 것이고 나는 그것을 맡은 사람에 불과하다고 생각했다면 어땠을까?

'나는 회사에서 모든 일을 훌륭하게 잘 할 수 있는 사람이야.'라고 여기며, 위만보고 올라간 '그 자리'의 권위로 모든 불편한 것들을 처리하고, 최대치까지 밀어붙였던 것이 정말 잘한 것인가? 그때 나는 그 누구보다 많이 알고 있고, 잘할 수 있는 사람이라고 수백 번 속으로 되뇌이며 판단을 하고 스스로를 다그치며 밀고 나갔던 것 같다.

20년 전 즈음에는 대체로 내가 생각하던 대로 회사가 성과를 내고 있다고 생각했던 것 같다. 이후에도 그것이 모멘텀이 되어 새로운 도전을 시도하게 되었는데, 그 결과로 해외 파트로 자리를 옮기게 되었다.

이때가 40대 중반이었다. 그로부터 맞닥뜨린 이 생소한 분야에서도 불안감을 감추고, 그 관성대로 생각이 내 몸을 지배하며 달려왔던 느낌이다. 잘할 수 없었던 일이었는데 잘할 수 있다고 스스로 여기며 달려온 것이다. 그러니 얼마나 스트레스가 많았을까? 한두 해도 아니고 10년 이상을 그렇게 달려왔으니 말이다.

마지막 3년은 불나방이 불 속으로 들어가는 것처럼 아주 깊이 일에 빠져 있었다. 내적으로는 불안함과 외적으로는 잘못된 판단들이 하루하루 아니 분초마다 있었던 것 같다. 그때마다 스스로 대견함을 자랑하며, 일속에 다시 파묻혀 스스로를 닦달하고 채찍질하며 달려왔다.

그리고 지금이다. 이제는 아무것도 없다. 나도 모르면서 잘 아는 것처럼 해야 할 그 어떤 것도 없다. 크게 심호흡하면서 반대의견을 가진 사람들과 날선 말들을 주고받는 그럴 일이 없다. 지금 내 상황은 주어진 것이다. 주어졌다는 삶의 미학에 들어와 있다. 어쩌면 이것이 정상적인 인생이라는 확신과 함께 말이다. 내가 부족하고 능력이 없어서 실직한 것이 아니라, 나에게 정말로 필요한 것이기에 그 시기와 방법으로 나에게 주어졌고, 나는 그 한 가운데서 온몸으로 그것을 받아들이고 있다.

얼핏 보면 예전의 나의 태도와 같다고 볼 수 있겠지만 그 바닥에는 큰 차이가 있다. 우선 그때 승진에서 누락 되었을 때에는 미움과 분노가 많았다면, 지금의 실직은 아파함이 많다. 두 가지의 사건은 그 순간의 충격치로 보면 동일한 것이었을 텐데 말이다.

그때는 잠깐 그리고 다시 더 스스로를 잘난 놈으로 여기며 달려갔다면 지금은 달리기를 멈추고 생각 중에 있다. 그때는 위로를 받기 위해 기도했다면, 지금은 내가 연약함을 인정하는 기도가 나오고 있다.

주어진 것, 지금의 어려운 상황이 주어진 것이고, 나는 그 이유와 내 연약함을 깨닫는 것에 있다는데 무게를 둔다. 그냥 가만히 있었다면 지금도 아마 끝없이 달려가기를 마다 않고 달렸을 테고, 판단의 상황에서 잘 알 수 없음에도 정해야 하는 극도의 스트레스에 나를 던지고 있었겠지. 그 판단의 끝에는 명예와 돈이 있고, 나는 그 명예를 적당히 자랑하면서 삶을 살아가고 있었을 게 분명하다.

그러나 적어도 지금은 그렇지 않다. 주어진 것이라는 확신이 있고, 스스로 연약한 존재임을 알게 됨과 동시에 앞으로 일어날 일에 대한 가치관도 '주어질 것에 대한 수용'으로 인식하기 시작했다. 이전 것이 지나가고 새로운 것이 왔다. 스스로를 낮게 여기며 살아왔던 시간들에서 주어진 것과 주어질 것에 대한 감사함으로 생각이 전환되고 있다.

지난 삼사십대를 가족같이 지낸 목사님을 만났다. 힘들 때는 어김없이 생각나고 찾고 싶은 분이다. 늘 내 편에서 생각해 주고, 그분의 권면과 충고는 항상 나를 일깨워주곤 했다. 갑자기 그날이 생각난다. 둘째 중민이가 태어난 날. 내가 중민이에게서 이상한 점을 발견하고 바로 동네 대학병원에 데려가 진단받았던 그 날. 목사님은 그날 온 밤을 나와 같이 보내며 옆에서 위로해 주셨다. 그날의 그 어둡고 길었던 밤은 아직도 기억에 생생하다. 현실로 받아들일 수 없었던 시간, 그렇게도 울고불고했던 몇 시간이 지나갔고, 나는 현실의 옷을 입고 앞으로 어떻게 이 아이를 키워 갈 것인지 고민하기 시작했다.

아직 알 수 없는 그의 앞길과 도무지 상상할 수 없는 그의 인생에 나는 어떤 존재로 서 있어야 하나? 밤을 지새우며 던져진 질문과 답변 속에서 마음을 담담하게 가졌던 그날이다. 오늘도 그날처럼 밤을 지새우려 이제 나이 지긋해진 노 목사님을 만나러 간다. 이럴 때 찾지 아니할 수 없는 분, 기꺼이 내 시간에 맞추어 시간을 내주셨고 담임하고 계시는 교회에 앉아 대화를 나누었다.

힘든 과정이 있음을 얘기하고, 이 어려움을 극복하는 중이지만 순간순간 올라오는 분노가 나를 계속해서 힘들게 한다고 말하며, 멈추지 않는 서운함과 억울함에 대해 쏟아내며 밤을 보냈다.

목사님께서는 이렇게 조언해 주었다.

성경의 모든 역사는 어둠에서 시작되어 새벽이 오는 구조이다. 천지를 창조하실 때도 흑암에서 빛이 생겨났고, 새로운 날의 시작은 그 어둠이 물러가면서 시작됨을 지속적으로 가르쳐 주고 있다고 했다. 나의 이런 상황 어둠의 상황은 새로운 시작을 알려주는 하나님의 사인이라는 것이다. 그리고 그 새로운 날을 같이 맞이할 준비를 해나가자고 하신다. 연약함을 인정하고 기도하며, 모든 것을 하나님께 맡기는 삶을 살자고 하신다. 그러면 하나님께서 새로운 날을 예비하시고 나에게 그날을 선물로 주신다는 말씀에 깊은 위로를 받고 집으로 돌아온다. 이렇게 나의 모습은 점점 더 견고하게 회복되고 있음을 깨닫는다.

이제 인생의 한중간을 넘어서 가고 있다. 살아온 날보다는 살아갈 날이 적은 그런 시점에 내가 서 있다. 여전히 통장 잔고를 보면서 안심하려는 마음이 없지 않지만, 앞으로 어떻게 살아가야 하는지 조금씩 알아가는 과정에 서 있음에 오히려 더 안심이 되는 듯하다.

내게 주어진 인생, 이것이 주어진 게 분명하듯이 나는 그 주어진 인생을 깊은 통찰력과 민감함을 놓치지 않고 살아가고 싶다. 사람들에게 인정을 받거나 성품 좋은 사람으로 인식되기보다, 흔들리지 않는 가치를 향유하며, 바로 '내

인생'을 살아가는 그런 사람이 되고 싶다.

## 36일  몽상과 일상

'화려한 복귀'를 꿈꾸게 된다. 전화기를 들었다 놓았다 하며 내 이름 석 자를 기억해 달라는 메시지를 보내야 한다는 강박이 생겨난다.

추운 날, 운동을 나왔다가 돌아가는 길, 저녁때가 다 되어 어둑해지는 길거리에서 나는 전화기를 들고 이름을 찾아 누를까 말까 망설이고 있다.

'이 사람이 아마도 지금 새로 만들어지는 조직을 짜고 있을 텐데, 이때 전화를 해서 부탁하자!'
어떻게 말을 할지를 정리해 본다.
'저녁 시간 평안하게 보내고 계십니까?'
이렇게 하면 제일 무난할 듯하다. 그 다음은,
'회사 나올 때 제대로 인사를 못해서 우리가 그런 사이가 아닌데 이렇게 전화 걸게 되었습니다. 있는 동안 여러 가지로 고마웠습니다.'

이 정도의 대사를 머릿속에 정돈하고 전화번호를 막 누르려는 찰나에 다른 생각이 퍼뜩 든다. 길게 호흡을 내쉰다. 진짜 의도와는 다르게 그저 내 이름 기억해달라는, 그리고 조직 재편할 때 다시 불러달라는 속셈을 가지고 전화하는 마음이 그리 편하지는 않다. 그래서 잠시 주저하다가 결국은 전화기를 집어넣는다.

 소고기 한 근을 사서 집으로 향하며, 화려한 복귀를 꿈꾸게 된다. 한 달이 넘어가는 시점에서 내 속에 이런 생각이 꿈틀거린다. 그래서 구체적으로 전화도 하고 내가 할 수 있는 그 무엇을 하려는, 그렇게 하면 마치 될 것 같은 생각이 시시각각으로 내 머릿속을 스친다. 그러다가 모든 것을 다시 원점에서 현실을 인정하고 정신 차리다가도 불현듯 다시 떠오르는 그 '화려한 복귀'가 머릿속을 지배해온다. 다시 한 번 마음을 다잡는 것은 '그럴 일이 없다'는 것이다. 이미 퇴임 상황은 발생 되었고, 나는 여기 집에서 다른 인생을 살기 위해 한 달을 고민하고 아파하고 힘들고 하기를 반복하고 있지 않은가! 머릿속에 남아 있는 그 '미련'이, 그 진절머리나는 '미련'이 나를 들썩이게 하는 날 밤이다.


 벌써 2주가 되어가고 있다. 어느 날 갑자기 지인으로부터 이력서를 제출했으면 한다는 연락을 받고 부랴부랴 한 시간도 채 안 되어 그 회사로 이메일을 보냈다. 아직 아무런 연락이 오지 않고 있다. 당연히 될 줄로 생각하고 있었다. 추천을 받아서 이력서를 내는 것이기도 하지만, 그 회사의 대표와 통화를 하다 보니 과거의 같은 직장에서 일했던 사람이라는 것이 결정적이었다. 어렵게 통화를 시작해서 아주 훈훈하게 마무리되어 이미 신뢰감을 주기에 충분했기 때문이다.

'아, 회사에 재취업하는 것이 이런 방식으로 진행이 되는구나.'라고 생각하면서 얼굴에 한껏 웃음을 머금고 그 하루 이틀을 보내고 있었다. 그리고 중간에 통화하면서 보완해야 할 자료가 있는지 물어보면서 분위기를 파악할 때만 해도 긍정적인 답변을 받기도 하였다.

그로부터는 한 주가 지났고, 이력서를 제출한 뒤로는 2주가 지났다. 처음에는 당장 확정될 것 같은 분위기였는데 2주가 지나서도 답변이 없다. 주변에 도움을 줄 수 있는 사람이 있는지 생각해본다.

'이 사람은 이런 도움을 줄 수 있겠지만 오히려 방해가 될 수도 있겠어. 이 사람은 나에 대해서는 잘 이야기 해주겠지만 그 회사 입장에서 그 사람 추천이 중요하게 작용을 할까? 누구는 이렇고 누구는 저렇고.' 내가 할 수도 없고 알 수도 없는 상황에서 나는 오늘도 전화기를 들었다 놨다 하고 있다.

몇몇 헤드헌터에게 이력서를 보낸다. 내가 그동안 이들에게 적극적으로 이력서를 보내지 않았던 이유는 이들을 통하지 않아도 나는 지인 추천으로 취직 할 수 있을 것이라는 막연한 자신감이 있었기 때문이다.

그들에게 나의 이런 화려한 경력을 전달하고 싶지 않았던 마음도 있고, 내 이력서가 사방에서 왔다 갔다 하는 것이 왠지 불편했기 때문이다. 그 마음을 조금 솔직히 표현하자면, '나는 우수한 인재야, 너희 도움은 필요 없어!'라는 것이다. 이런 재수없는 생각을 뒤로하고 오늘 몇몇 헤드헌터에게 이력서를 보냈다. 보내고 나니 정말 잘했다는 생각이 든다. 왜 그런 똥고집에서 헤어나지 못하고 버티고 있었나 싶은 생각이 들 때쯤 내 오른손 마우스는 다른 한곳에 내 이력서를 또 보내고 있었다. 알려야 한다. 가급적이면 공신력 있는 곳을 찾아 널리 알려야 한다. 일단 보내고 나니 기다리기만 하면 된다는 일종의 뿌듯함이 내 속으로 들어온다.
'정말로 당신의 경력에 자신 있는가? 정말로 취업하기를 원하십니까? 그러면 그것을 널리 알리세요. 아는 사람에게도 알리고, 헤드헌터에게도 알리세요. 가급적 많이 알리세요. 허벌나게 많이 알려도 됩니다. 그리고 기다리세요.'
내 속에서 나에게 이렇게 외치고 있다. 그러고 보면 정작 나라는 사람보다 내 속에 있는 그 무엇이 나보다 훨씬 똑똑하고 명쾌하다.
'그런데 너는 누구니? 언제 내 속에 들어와 앉았니?'
배를 한번 쓰다듬어 주었다.


 '오늘은 왜 그 아기와 유모차 미는 엄마는 안 오지?'
아침이 되면 나는 아파트 밖이 훤히 내려다보이는 베란다에 앉아 정성스레 내린 커피와 빵을 먹는다. 창 너머 움직이는 사람과 차들을 보면서 커피 한 모금을 먹고, 바람에 날리는 휑한 나뭇가지를 바라보며 한 조각 빵을 먹는다. 비가 오면 오는 대로 좋고, 눈이 오면 분위기는 여느 카페보다 환상적이다. 게다가 햇살이 따스하게 비추기라도 하면 몸과 마음이 부드러워지고, 그 분위기에 취해서 한참을 거기에 머물러있게 된다. 그러다 보니 매일 그 시간에 지나다니는 사람들이 익숙해지고, 그들이 입은 옷과 행동들에 관심을 가지게 된다.
 '오늘 그 아기엄마는 왜 안 오는 거지?'
아파트 우리 동 옆 라인에 있는 어린이집에 가는 모녀의 모습이 오늘은 시간이 지났음에도 보이지 않는다. 할아버지가 미끄러운 눈을 피해 작은 유모차를 밀고 이리저리 왔다 갔다 하며 어렵게 길을 걸어오고 계신다. 저 집도 어린이집에 아이를 데려다주러 가는 길이다. 어떤 날은 할머니가, 어떤 날은 할아버지가 한다. 뒤쪽 아파트 단지에는 유치원이 있는 게 분명하다.

젊은 엄마와 장난치며 옆 단지 쪽으로 걸어가고 있는 아이, 길가에 유치원 차를 기다리고 있는 아이와 엄마, 매일 아침 냉장차를 길가에 대고 많은 양의 두부를 내려서 건물 안쪽으로 가지고 들어가기를 수차례 반복하는 오십 대 남자, 승합차 몇 대가 정한 시간에 들어왔다가 누구인지 모를 사람들을 태우고 다시 나가기를 반복한다.

'참 큰일 했다!' 아이를 데려다주는 젊은 엄마에게도, 할아버지 할머니에게도 두부장수에게도, 승합차 운전자에게도 나는 그렇게 읊조린다. '오늘 큰일을 했다! 이제 쉬어도 된다!'

집에 머문 지 한 달이 지난 지금, 그 사람들의 일상이, 아니 그 일이 나에게 대단해 보이기 시작했다. 예전에는 일이라고 여길 수 없었던 것이, 참 큰일이 되어 내 마음을 건드린다. 어찌 보면 저런 일이 지금까지 내가 직장에서 했던 일보다 훨씬 더 가치 있고 인간 근원적인 일이었다는 생각이 든다. 그동안 내가 하지 못했을 그 일을 누군가가 했고 그 힘으로 나는 지금 빵과 커피를 마시고 있다. 눈이 너무 많이 내린다.

## 37일 컴퓨터 게임 입문

하루 종일 집에서 뒹굴다 보니, 같이 뒹굴고 있는 막내 녀석이 꼴 보기 싫을 때가 있다. 늘 컴퓨터를 끼고 살고 있는데, 때론 온라인 강의를 듣거나 학업에 필요한 작업을 하기도 하지만, 내가 보기에는 대부분 게임을 하면서 시간을 보내지 않나 싶다.

어제는 6불을 주고 게임을 샀다고 하는데 그동안 했던 게임에 하나가 더하여진 것이다. 아마도 앞으로는 더욱더 게임에 매진할 것 같은 예감이다. 내친김에 나도 게임을 하나 구입했다. '이게 웬 반전? 맥락 없이 게임만 하는 아들을 못마땅하게 생각하는 것 같더만 내가 게임을 사?' 아들의 게임을 한참 뒤에서 들여다보다가, "한 번만 해 보면 안 되겠니?"라고 말했다가,
"아빠 꺼도 하나 사면 안 되겠니?"까지 가게 된 것이다.
드디어 생애 최초로 나의 게임이 내 컴퓨터에 '빡!'하고 박혀 있다.

나는 워낙에 게임 같은 거에는 소질도 없고 해서 거의 하지 않았다. 회사에서 남들이 신이 나서 하는 것을 보고도 그냥 약간의 흥미만 있다가 스쳐 지나가곤 했다. 그때는, 아니 내 생애 전반에 걸쳐서 게임은 나쁜 거로 인식되어왔

다. 그래서 속으로는 은근히 하고 싶었지만 내 의지와 신념이 게임의 세계로 들어가지 않도록 한 것이 맞는 해석이라 할 수 있겠다.

그렇게 살아온 내가 어제 컴퓨터 게임을 샀다. 한번 해보고 싶었다. 아들의 게임을 시험 삼아 해보았지만 약간의 흥미 정도만 느꼈을 뿐인데 덜컥 아빠도 게임을 사겠다고 입 밖으로 그 말이 튀어나오고 말았다.
정말로 할 거냐는 아들의 짜증 섞인 다짐의 질문에 하고 싶다고 말하기를 몇 차례, 드디어 게임이 내 속으로 들어왔다. 재미있다. 시간이 가는 줄 모르고 게임에 열중하다가 아내의 말 한마디에 그만 '스톱'한다.
"빨리 안자면 컴퓨터 부숴 버릴 거야!"
아들에서부터 이제는 남편까지 게임에 입문하게 된 아내의 보편적인 반응이리라.
"그런데 여보! 나는 한 달 전에 실직한 아주 불쌍한 사람이야, 나를 불쌍히 여겨서 게임 좀 할 수 있도록 해줘?"
게임에 실직을 팔았다.


저녁 시간이 한참 지난 시간에 전화가 걸려온다. 모르는 전화번호다. 요즈음은 이력서를 낸 것도 있고 해서 핸드폰을 늘 들고 다닌다. 그러다가 저녁을 먹을 때부터는 그는 나로부터 해방이 되고, 핸드폰이 방구석 저쪽 편에서 220 볼트의 찌릿한 충전기를 밥 삼아 하루 한 끼의 식사를 하면서 휴식을 하고 있다. 저녁 시간이 지나서 모르는 전화가 걸려 와 이제 겨우 휴식하고 있는 핸드폰을 생각해서 받을까 말까를 잠시 고민하다가 눈 딱 감고 수신한다.

"안녕하세요? 구매본부에 기 상무입니다. 이번에 C재단에 채용추천이 있었는데 안 상무님을 추천하였고, 그 명단이 오늘 인사부로 넘어갔습니다."

일단 안 받았으면 큰일 날 뻔했다는 생각이 먼저 들었다. 그동안 여러 사람들에게 불편함을 감수하고 부탁하고, 나 스스로도 간절히 기다려왔던 한 달이었다. 그 한달의 끝이 다가오고 있다는 생각이 들었다.

전화의 요지는 채용명단에 내 이름이 올라 있다는, 그리고 지금 중간과정에 있으며 우선 진행 상황을 알려드리며, 확정되면 공식 통보해 주겠노라는 것이다. 아직 확정된 일이 아니라서 흥분을 내려놓고, 늘 후원해 주시는 회사 선배님께 여기까지라도 애써 주셔서 감사하다는 인사를 마쳤다. 그사이 아내는 벌써 장모님께 자랑하는 전화를 하고 있다. 간간이 들려오는 웃음소리에 내 마음도 좋다.

"딸에게도 전화해야지, 어머님에게도 해야지…."

내가 아내의 전화기를 빼앗아 들지 않았으면 아직도 여러 사람들에게 전화를 하고 있었을 것이다.
"아직 확정되지 않았으니 다 되면 그때 연락해요!"
내 말에, "확정되지 않았어?" 반문하는 아내가 왠지 미워지기 시작한다.
"아직 안 되었고 채용과 관련된 일은 끝난 게 끝난 것이 아니고, 계약서에 서명할 때까지 어떤 변수가 생길지 모르니까 기다려요."
나는 찬찬히 아내에게 설명하고 나서, 일단 여기까지 온 것에 대해 행복해하고 감사하고 있다.
'내일이면 확정 되려나? 이러다가 안 되면 어떡하지?'
이런 생각이 들 때까지 혼자 상상을 하다가 다시 머리를 흔들어 정신을 가다듬는다. 나는 이런 모든 것에 내가 할 수 있는 것은 도무지 아무것도 없음을 다시 한번 깨닫는다.
오늘은 감사, 내일은 혹시 그리되지 않더라도 새로운 그 무엇이 준비되고 있을 거라는 데 무게를 싣고 마음을 냉철하게 다스려 본다. 내일도 나는 아직 잡히지 않은 그것을 잡을 수 있도록 아주 간절히 바랄 것이다. 간절히 바라면 이루어질 수도 있으니 말이다. 내가 할 수 있는 게 그것뿐이니 말이다. 게임도 하면서.

〈핸드폰 일인칭 시점〉

"왜 이 아저씨는 매일 분초마다 한시도 나를 떨어뜨리지 않고 같이 있으려고 하지? 나는 이 아저씨가 별로다. 일단 입 냄새가 나서 말할 때면 안 맡으려고 해도 풍겨 나오는데 환장 할 것 같다. 그러면 이빨이라도 자주 닦던지 그러지도 않는 것 같다."
옛날에 어떤 친구가 했던 이야기가 생각난다. 내가 물었다.
"유 대리님! 사람들이 점심 먹고 이를 닦네요?"
이 말에 대한 유 대리의 대답이다.
"왜?"
이 대답을 듣고는 한참을 배를 움켜잡고 웃었던 기억이 난다. 그것만이 아니다. 이 아저씨는 입술이 두꺼워서 말할 때 밖으로 튕겨 나오는 침을 날렵하게 빨아 당기지 못하는 것 같다. 말할 때마다 침이 한 바가지 튀어나와서 잠시 뒤에 그 자리에 가보면 하얗게 침이 말라붙어있는 것을 확인할 수 있을 정도이다. 더 고약한 거는 화장실이다. 어느 날 같이 화장실에 들어가 있는데 그 고약한 냄새는 내가 어릴 때부터 많이 맡아봤던 그 누구의 냄새보다 지독하다. 더 힘들게 하는 것은 볼일을 다 봤으면 빨리 수습을 하고 일어나면 될 텐데, 도무지 일어날 생각을 하지 않는 것이다. 그렇다고 다 이렇게 꼴 보기 싫은 것만은 아니다. 나와 취향이 백 퍼센트 맞아떨어지는 게 있는데 그것이 음악이다.

블루투스 스피커를 방 윗벽에 매달아 소리가 잘 들릴 수 있도록 해놓고선 앱을 열어 음악을 플레이한다.

재즈 연주곡, 클래식, 그리고 때에 따라 경쾌한 노래들을 같이 듣고 있노라면 이 아저씨와 사랑에 빠져버릴 것 같은 설렘이 올라온다. 아침에 듣는 음악은 분위기도 그렇고, 여유가 있어서도 그렇고, 듣는 내내 황홀하여 내 속을 휘젓고 있었다. 마음뿐만 아니라 몸까지 아저씨에게 맡겨버릴 정도가 된다. 그러다가 나는 다시 화장실에 끌려간다. 산통이 다 깨지는 순간이다. 제발 화장실 갈 때는 혼자 가세요. 나를 데리고 가지 말고. 핸드폰을 왜 가져간단 말입니까! 살·려·주·세·요.

### 38일 취업 상념, 성형외과 방문

아주 좋은 회사가 있다는 사실을 알게 되면서 내 마음은 벌써 거기에 가 있었다. 바로 C재단이다. 회사에서 출연한 비영리재단으로 그곳 자문위원은 전직 임원들로 채워진다. 모든 환경이 내가 나온 회사의 울타리 안에서 움직이게 되어있어 낯설지 않고 허전함을 채워줄 수 있는 현재로서는 최고의 재취업자리이다. 그 기대감의 시작은 내가 회사에서 가장 존경하는 전 S사장님의 전화로부터 시작되었다.

"기 상무! 안광현 상무를 꼭 C재단에서 일할 수 있도록 해주었으면 좋겠어. 다른 쪽의 인원을 빼서라도 안 상무를 꼭 해주었으면 좋겠어. 내가 현직에서 마지막 부탁이야!"
12월 말, 사장실에서 나를 앞에 두고 누군가에게 전화를 걸어 나를 위해 자리를 부탁하는 그 전화. 이때부터 나의 마음은 그곳으로 향하고 있었다.
'꼭 되었으면 좋겠다.'라는 마음이었다. 이제 막 권고사직을 통보받은 내가 몇 시간도 안 되어 일할 곳을 찾았다는 생각에 마음을 거기에 두기 시작한 것이다.
'참, 사람이 자존심도 없지.'라고 하는 생각도 잠깐 들었지만, 내 마음은 권고사직이라는 아픔보다는 '그곳에서 일하면 좋겠다.'는 쪽으로 벌써 넘어가고 있었다.
그 누구도 나에게 시원하게 위로해주는 사람이 없을 바로 그 시점에 사장님은 나를 따로 부르셨다. 한 두마디 위로의 말을 하시더니, 이내 또 누군가에게 전화를 하신다. 비슷한 말로 나에 대해 좋은 평과 함께 나를 새로운 일자리에 추천해 주시는 내용이었다. 전화를 듣고 있는 나에게는 여간 위로와 힘이 되는 말이 아니었다. 전화기 저편에 있는 상대방의 마음은 어떨지가 잠시 걱정되기는 했지만 기대하는 마음으로 듣고 있던 나는 약간은 상기되어진 얼굴로 그 방을 나왔다.

 어느 날 급하게 전화벨 소리가 울렸다. 급하게 울리는 전화벨 소리가 어떤 건지 모르겠지만 2주 정도 지난 일이었는데도 그 전화벨 소리는 분명 급하게 울리고 있었던 느낌이었다.
 이력서를 어느 곳 어느 곳에 바로 보내라는 S사장님의 말에 순간 당황하였지만, 잘 작성하여 두 곳에 메일을 보내고 생각해 보았다. 그곳, 그러니까 C재단에 취업하는 것을 한참 공들이고 있던 터였는데 전혀 다른 곳을 추천받았다는 사실이 당황스럽기까지 하였다.
 옷을 차려입고 커피 한 잔 하려가겠다는 말을 하고는 S사장님의 개인사무실을 향했다. 좀 더 자세한 내용을 듣고자 함이었다. 그의 말은 이번에 퇴임한 중역들이 워낙에 많았고, 연구소에서 일하다 퇴임한 중역들이 주로 채용이 될 예정이어서 내 자리 만드는 게 쉽지 않을 거라고 하는 것이었다.
 권고사직 통보 받았을 때부터 지금까지 마음을 담고 공도 들이며, 할 수 있는 방편을 모두 쏟아 부었던 회사였는데 이것 역시 만만치 않은 현실이었다. 사실 그곳은 생산전문가 위주로 채용하기 때문에 나처럼 판매경력으로 가기에는 여러 가지로 어려운 점이 있었다. 몇 년에 걸쳐서 한두 명 정도 자리가 나는 정도였느니 말이다. 그것이 바로 올해 있어야 했고 그게 바로 나여야 갈수 있는 상황이 되는 것이다.
그분도 큰 어려움 없이 C재단에 나를 보낼 수 있으리라 생각했으나 쉽지 않음을 미리 아시고 마음의 부담감이 있는 모양이었다. 그래서 다른 두 개 회사를 알선해서 이력서를 보내라고 한 것이었다. C재단에 들어가는 것이 어렵다고는 알고 있었지만 직접 이런 상황을 듣고 보니 마음 저편으로부터 '쿵!'하고 떨어지는 듯한 느낌이 들었다.

 장난삼아 들었던 말인데 오늘따라 갑자기 그 생각이 나는 건 무슨 바람인가 싶다. 한두 해 전에 아내는 나에게 눈 아래 불룩하게 튀어나온 지방을 어떻게 수술을 하든지 해서 없애는 게 좋겠다고 얘기하곤 했다. 아버지가 그랬고 형이 그렇고 나도 그렇다. 집안 내력이다. 팬더처럼 눈 아래가 둥그러니 반달 모양의 지방이 툭 불려 나온 그것이 말이다. 그래도 나는 교묘하게 안경에 가려져서 티가 나지 않았고 별반 신경 쓰지 않고 있었는데, 바로 오늘! 화장실 거울 앞에 선 내가 어찌나 나이 들어 보이는지 눈 아래 불쑥 튀어나온 모습도 오늘따라 더욱 그렇게 보인다.

그때 마침 라디오에서는 광고가 신나는 음악과 함께 쾅쾅 울려 퍼지고 있다. "눈 밑 지방 제거엔 AB성형외과! 수술하고 바로 일상생활이 가능합니다!" 이 광고가 하필이면 그때 나오는 건 무슨 우연이란 말이냐.
'그래, 결심했어! 나도 수술해야지.'
 이 마음을 먹는 건 아주 순식간이었다. 그동안에는 별반 신경 쓰지 않았던 거였는데 하필이면 이때 오늘 그런 생각이 강력하게 드는지 모르겠다. 아내에게 허락을 얻고 병원을 추천받아 상담 예약까지 일사천리로 끝내버렸다. 전화 상으로는 가격도 생각보다 비싸지 않다는 느낌이었다.
며칠 뒤에 상담차 병원을 향한다. 별반 어색하지 않고 아주 자연스러웠다. 참 희한한 일이다. 예전 같으면 성형외과를 간다는 것이 내 인생에 없을 일이었을 것이고, 그러기에 병원 앞에서 서먹하기도 할 텐데, 전혀 그렇지 않았다. 나는 마치 내 집처럼 편안한 마음으로 병원의 문을 열고 들어갔다.
"이 정도면 수술을 추천합니다."
실장이라는 사람의 말에 속으로 오기를 정말 잘했다고 생각하면서도, 한편으로는 '어떤 병원이 굴러들어온 손님을 수술이 필요 없다고 돌려보낼 것인가!'라는 생각이 들자 피식 웃음이 돈다.

전화로 얘기하던 금액보다 두 배 정도 비싸다는 것이 좀 걸리지만 그래도 마음은 좋았다. 집에 오는 버스 안에서 차창 밖으로 보이는 을씨년스러운 겨울 풍경이 차갑게만 느껴지지 않았다. '다행'이라 생각하면서 좌석 깊이 몸을 웅크리고 눈을 감는다.

### 39일 잡념 줄이기 - 햇살, 약속, 주식

 베란다로 들어오는 햇살이 따스하다. 한겨울에 반 팔 차림으로 의자 하나 가져다가 그 햇살을 온몸으로 느끼는 버릇이 생겼다. 그 따스한 햇살이 너무 아깝다는 생각까지 들면서 이런 절호의 기회를 놓치지 않으리라는 심정으로 매일 나가 앉아 있다 보니 그런 버릇이 생겨났다.

 그러고 보니 그동안 매 주말이 되면 늦잠을 자고 아침으로 빵과 커피를 마실 때도 항상 베란다로 나가서 먹었는데, 이제는 매일 매일 그렇게 하고 있다. 아침만이 아니라 오전 시간에도 오후 시간에도 햇살이 나를 부르는 순간에는 언제든지 그곳에 나가 있기를 자주 한다.

 책도 읽고 핸드폰도 보고 음악도 듣고 기타를 치며 노래도 하고 아까운 햇살을 잡아먹기라도 하듯 웬만한 내 일상은 이렇게 베란다에서 햇살과 함께하고 있다.

이렇게 작은 습관들이 하루를 잘 보낼 수 있고 그런대로 마음도 평화롭고 신체도 건강해지는 느낌을 갖게 만드는 것 같다. 그렇다. 습관! 지금 나에게 하나둘씩 생겨나는 것은 습관이다. 아직 한 달 약간 넘는 시간이었지만 이 기간에 작은 습관들이 생겨났다. 그것도 건전한 습관이 생겨났다. 오늘과 같이 따뜻한 햇살과 함께하는 습관, 아침에 일찍 일어나서 혼자만의 시간을 갖는 것, 웬만하면 책을 손에서 놓지 않으려는 습관, 운동습관, 컴퓨터 게임하는 습관, 이것저것 많이 주워 먹는 습관, 설거지하는 습관(이건 습관 아님), 글 쓰는 습관 등등. 이런 습관들이 생겨나면서 나의 하루는 아주 짧게 지나간다.

아침이면 오늘도 평안히 쉬면서 하루를 차분하게 보내기를 다짐하는 명상의 시간을 갖는데, 하루를 마감할 때 돌이켜보면 어느 정도는 그런 상태로 하루하루를 보내는 것 같다. 그리고 졸리면 무조건 잔다, 오전 10시에도, 오후 3시에도 6시에도 하품이 한번 나올라치면 무조건 침대에 가서 눕는다. 한 시간 자고 나면 훨씬 상태가 좋아지는 것을 느끼면서부터 자연스럽게 몸에 밴 습관이다.

하루를 보낸다는 것, 이것이 얼마나 힘들었는지 모른다.

아침에 일찍 자동으로 눈이 떠져서 이런저런 고민을 시작하다가 어느덧 아침을 맞이하고 밥을 먹으면서도 '이것하고 또 무엇을 하지?' 하는 괜한 걱정 아닌 걱정으로부터 시작해서 시시각각으로 현실에 대한 압박과 함께 '서둘러' 이력서를 만들어야지 하는 강박에 나도 모르게 짓눌려 살고 있었던 지난 몇 주간, 그냥 받아들이기로 한다. 평안히 시간을 보내는 것을 감사로 여기기로 한다. 누구 하나 나에게 나무라는 사람 없이 내가 그렇게 여기면 그럴 수 있는 상황임을 자각한지 몇 주가 되었고, 나는 오늘도 그냥 잘 논다. 평안히 잘 논다. 계속 이렇게 놀고 싶다.

하루의 약속은 점심이나 저녁 하는 것으로 잡히게 마련이다. 다음 날 약속이라도 있을라치면 전날부터 몇 시에 나가야 하고, 어떻게 가야하고, 끝나면 몇 시에 돌아오는지 계산을 하게 된다.

약속이 좋아서 그런 거다. 그렇게 하루를 보내고 집에 돌아오면 정말로 기분이 좋아진다. 일부러라도 약속을 하고 나갔으면 하는데 좀처럼 그 약속이 잘 잡히질 않는다. 요즘처럼 코로나 땜에 더욱 그런 거 같다. 약속장소에 나가면서 다른 사람에게 잠깐 짬이 있는 시간에 잠깐 보자고 문자도 던져놓곤 한다.

그러면 대부분 약속이 안 된다. 그래서 한두 번 그러다가 요즈음은 그냥 딱 한 가지 약속만 하고 나갔다가 그것만 하고 다시 집으로 바로 돌아온다. 괜히 머리 쓰고 길바닥에서 시간을 낭비할 수도 있어서 그냥 바로 집으로 돌아온다. 좀 낯설긴 하지만 그냥 하루에 한가지 약속만 하고 거기에 집중하는 버릇이 생겼다.

예전에는 그렇지 않았다. 꼭 무얼 하면서 동시에 그 어떤 다른 것을 하고 있어야만 직성이 풀리는 성격이었는데, 이렇게 바뀌는가 보다. 예를 들면 회사에 다니면서 공부를 한다거나, 요가를 배운다거나 하는 것. 커피를 내리면서 동시에 물을 끓이는 것. 회사업무에서도 열 장 정도 되는 보고서를 만들라치면 다섯 명에게 한 페이지씩 나눠주어 각각 한 장씩 만들게 하여 동시에 완성본을 만들어 가도록 하는 스타일이었다. 매사에 어떤 한 가지만 하는 것에 익숙지 않았던 내가 이제는 한 가지만 하고자 노력한다. 아니 그 한 가지라도 잘하려고 마음을 고쳐먹고 있다.

이렇게 생각하면 주변 사람들과 농담을 하게 된다. 아내에게 아들에게 장난을 치게 된다. 그 어떤 한 가지를 마치고 편안히 식구들과 보내는 시간이야말로 그 어떤 것과 비교할 수 없을 만큼 유용한 시간이 아닐까 싶다. 그런 의미에서 오늘은 컴퓨터 게임을 4시간 반이나 집중해서 했다. 점점 실력이 늘어가고 심지어는 꿈속에서도 게임 유닛이 굴러다니곤 한다. '이러다가 게임 선수가 되겠는걸?' 계속 이렇게 놀고 싶다.

주식을 하기 시작했다. 현금을 한곳으로 몰아놓고는 관심종목을 3개 파트로 나누어서 각각 매수목표가격에 알림설정을 해놓은 뒤, 그 근처에 접근할라치면 전광석화와 같이 확 사버린다. 가격도 그냥 시장가격으로 매수주문을 하기 때문에, 단번에 체결이 이루어져서 시원한 게 재미가 쏠쏠하다. 처음에는 지정가로 매수하는 것으로 주문을 넣어놓고 계속 그것을 바라보다가 내가 주문한 가격에 간당간당하다가 살짝 올라가는 상황이 되면 나도 가격을 정정하여 올리고 이렇게 하다 보니, 결국은 원래 내가 정했던 가격보다 비싸게 사면서 종가는 내가 산 가격보다 낮은 가격이 되는 것을 여러 번 경험하다 보니 작전을 전면 수정한 것이다. 그냥 목표가격을 알림설정 해놓고 근처에 왔다 싶으면, 심장이 두근거리면, 뭔가 가능성의 벅차오름이 가득할라치면, 그냥 시장가로 매수한다. 이것이 요즘 나의 매수 전략이다. 그런데 문제는 목표가격이 터무니없이 낮다는 데 있다. 어떤 거는 한 주에 20만 원인데 내 목표가격은 17만 원이다. 어느 세상에 그게 3만 원이 빠져서 17만 원이 될까? 이렇게 기다리기를 몇날을 하다가, 간혹 가다가 매수 체결이 되기도 하는 짜릿함을 맛본다.

그렇다고 내가 산 게 그 이후로 올랐다는 얘기는 아니다. 그냥 내가 만족할만한 가격에 그걸 샀고, 내려가면 기다리고, 올라가면 매도목표가격에 근접하면 팔아 버리자는 스스로 정한 기준에 맞추어 놀이를 한다. 오늘도 초장에는 쑥쑥 올라가다가 종장에는 백 원 낮은 가격으로 마무리가 되었다.

그래도 하루에 수십 번 핸드폰을 쳐다보면서 이것저것 머리 굴리고 매수주문을 할 것인가 말 것인가 재는 상황이 짜릿하고 재미있다. 딱 그만큼의 현금만 투입해야 하는데 조금씩 오버하는 게 살 떨리긴 하지만, 요즘 나는 이렇게 놀고 있다. 재미있다.

## 40일 지방 제거 수술

드디어 그날이 오고야 말았다. 나는 오늘 비장한 각오를 하고는 버스에 몸을 싣는다. 두 번째 방문이라 조금은 익숙한 병원문을 활짝 열어젖히고 병원 안으로 들어선다. 이미 병원 측은 만반의 준비가 다 된듯 느껴진다. 내가 제 시간에 나타나는 것으로 보고는 내 이름을 바로 부르고, 수술 전에 약국에 가서 미리 약을 사도록 처방전을 내주고, 주의사항 전달하고, 이따가 수술이 끝나면 들고 갈 물건들 가방에 넣어 두라고 하고……. 나는 좋아서 눈 밑 지방 재배치 수술을 하기로 마음을 먹었는데 막상 수술날인 오늘 나는 완전 쫄고 있다.

걱정이 태산 같다. 아프면 어떤 하나? 괜히 해서 부작용이 생기면 어떡하나? 사실 이 문제는 여간 심각한 문제가 아니었다. 나는 거의 즉흥적으로 수술을 결심하고 병원도 지인 추천을 그냥 백프로 신뢰하여 결정했다. 이 수술이 어떤 부작용이 있는지도 어느 병원이 잘하는지도 전혀 알아보지도 않고 그냥 여기까지 와 버렸다.

상담 후 오늘 수술 날까지 이틀 동안 나는 오만 잡다한 내용을 인터넷에서 모조리 살펴봤다. 그렇게 하면 할수록 '괜히 계약금을 걸었네, 그냥 날리고 다른 곳에서 할까, 병신처럼 되면 어떡하지? 애꾸눈이 되면 어떡하지?' 이런 생각에 머리가 뻐개질 것처럼 복잡하고 아팠다. 아내에게 "할까 말까?" 묻기를 거의 백번을 한 것 같다. 그러면 아내의 대답은 한결같다. "돈 받아와. 그럼, 계약금."
내가 병원에 가서 계약금을 받아올 재간이 없다는 것을 알고 있기라도 한 것처럼 한결같이 그런 답만 하기를 또 수백 번. 그러다가 시간이 되고 나는 버스를 타고 여기 병원에 와 있다. 겁나서 죽을 것 같다. 얼굴에 표시라도 날듯하여 애써 편안한 표정을 지으려고 하지만 아마도 금방 표시가 난듯하다.

업무과 부장 선생님이 수술 설명을 하는데 거의 죽을 것만 같다. 부작용은 왜 이리 많은지. 회복 불가할 때도 있고, 필요하면 재수술도 해야 한다는 말을 들을 때는 내 눈이 완전히 돌아가 흰자만 가득할 정도로 세상이 하얗게 보였다. 사전 설명을 듣고 간호사를 따라 아래층 수술실로 향한다. 층계 한 계단 한 계단 내려갈 때마다 이미 내 다리는 휘청휘청하고 있었다. 잘못하다가는 계단에서 굴러서 수술하기도 전에 죽을지도 모른다는 생각까지 하게 된다. 그 계단 다음에 들어가야 할 그곳은 정말로 내 눈에 담고 싶지 않을 그런 곳이었다. 거기는 바로 수·술·실.

천정에는 해바라기 꽃처럼 피어있는 많은 수의 조명 꽃들이 널찍이 피어있고, 콘크리트 바닥의 색깔은 회색 먹구름과 같은 이미지를 주었으며, 가장 압권인 것은 그 넓은 수술방 한가운데 덩그러니 자리하고 있는 회식 커버의 수술 침대다.

머리 위쪽 편으로 즐비하게 비치되어있는 도구들, 온몸을 꼭꼭 감추고 눈만 빼꼼히 내보이고 있는 다섯 가량의 간호사들. 그리고 그들의 녹색 옷. 무섭다.

나는 사색이 되어 침대에 누웠고, 간호사가 "반대로 누우세요."란 말을 잘못 알아듣고 돌아누웠더니, "머리를 이쪽으로 하셔야 합니다."라고 하는 말에 그제야 베개가 내 다리에 있다는 걸 깨달았다. 그리고 정신을 잃었다. 조금 의식이 오는가 싶더니 내 왼손에 무언가 동그란 것이 쥐어져 있는데, 직감적으로 수술은 끝났고, 이 물건을 누르면 간호사가 올 것이라는 생각에 힘껏 눌렀다. 아니나 다를까 간호사가 들어오더니, 이것저것 검사를 한다.
"이제 가시면 됩니다."
간호사는 이렇게 말했다. 나는 아직 나갈 준비가 안 되었는데 말이다.
"간호사님, 지금 못가요. 너무 졸려요. 한 시간 정도 더 자고 갔으면 합니다."
나는 이렇게 말하고 싶었는데 하지 못했다. 말보다 행동이 앞섰기 때문이다. 침대의 양쪽 철재 봉을 있는 힘껏 잡고 미동도 하지 않았다. 더 자려는 의지를 행동으로 보여주며 여전히 침대 위에 누워있었다. 그리고 뭔가 한마디를 간호사에게 외쳤는데, 그녀는 알아듣지 못한 것 같다. 그래서 다시 외쳤다. "추·워·요. 이·불·요."

5일 만에 머리를 감았다. 아내의 헌신적인 도움으로 미용실에서 감는 것처럼 우리 집 욕실에서 겨우겨우 머리를 감았다. 5일 만에 머리 감는 기분이란, 뭐라 말로 표현할 수 없을 만큼 짜릿했다.

 갑자기 흔들리는 꽃들 속에서 너의 샴푸 향이 느껴지면서 마치 시골 오일장에 나물 파는 할머니의 간절한 마음처럼, 그 향기와 이 순간의 시원함을 온몸으로 느끼고 있다. 내친김에 샤워도 하고 하관 위주로 세수도 간단히 하고 로션을 발랐다. 이 모든 것이 5일만에 하는 것이다. 대변도 그렇다. 오늘에서야 비로소 5일 만에 밖으로 분출되어 나에게 시원함의 극치를 맛보게 해 주었다.

 아침의 머리 감기와 저녁의 거대한 분출이 나를 시원하게 만들어주었다. 내일이면 실밥을 풀러 다시 그 병원에 간다. 내가 지나갔던 길, 내가 누웠던 침대, 그리고 그 추운 계단을 다시 보면서 그날의 고난을 이렇게 통과했다고 뿌듯하게 돌아볼 것이다. 상담실 양 부장, 이불 덮어준 간호사를 보면서 호탕하게 웃음 한번 던질 생각이다. 하!하!하! "나, 수술 끝났어!!"

## 41일 여유 있게 잘 논다는 것

아침 시간이 되면 어제 했던 놀이들이 조금은 너무 세속적이라는 생각이 들곤 한다. 나 스스로 경건해야 하며, 많은 시간을 경건의 책과 기도의 시간으로 채워야 했다는 그런 생각 말이다. 아직도 내 속엔 '논다'는 것이 익숙하지 않은 모양이다. 시간을 '허비'하는 것이 죄스러운 그런 마음이 있는 것 같다.

어릴 적 고등학교 때, 그때도 지금 만큼이나 꽤 열심히 시간을 보내야 한다는 강박에 서 있지 않았나 싶다. 어쩌다 24시간 개방하는 학교도서관에서 공부하다가 깜빡 존다는 것이 어느새 새벽이 되어서 아무도 없는 텅 빈 도서관에서 스스로를 얼마나 원망했던가.

'이렇게 공부해서 어떻게 좋은 성적을 내고 좋은 학교에 간단 말이냐? 이 바보 녀석아!'

실제로는 더 험한 말을 내뱉으며 심지어는 주먹으로 얼굴을 가격하며 그 시간 허비에 대한 후회스러움을 극복하려 애썼던 그런 모습 말이다. 그 몇 시간, 아마도 도서관에서 공부하다가 나도 모르는 사이에 벌어지는 두세 시간의 잠은 굉장히 꿀 같은 잠이었을 텐데. 그것으로 인정하지 않고 자기를 학대하는 모습은 어디서 어떻게 생겨난 걸까?

그보다 더 어렸을 때는 매일 동네 아이들과 뛰어놀던 추억 밖에 생각이 안 나는데, 어떻게 나에게 시간의 강박에 잡아매려는 행동이 생겨났을까? 그때와 지금이 다를 것이 없다는 생각에 소스라치게 놀라며 머리를 한번 세차게 흔들어본다.

오늘 아침에 생각하는 어제의 하루가 시간을 허비하는 것만이 아니었음을 스스로에게 항변하면서 고등학생 때로부터 있어왔던 모범생의 강박에서 벗어나고자 한다. 조금은 나태해져서 누워있는 시간을 더 많이 가져보고, 하릴없이 책상에 앉아서 인터넷 서핑을 하고, 그러다가 정말로 마음이 동하면 책 몇 자 읽어보고, 밥 먹고 그렇게 보내고자 한다.
나에게 주어진 시간을 그냥 이렇게 보내고 싶다. 세상에는 이런 사람들이 너무나 많다는 것을 보게 된다. 아내는 매일 침대에 누워서 요리하는 유튜브를 보는 것을 즐겨 하고, 아들은 친구들과 떠들면서 게임을 하고, 끝나면 다음에 할 게임을 준비하고 잠깐 짬을 내서 수업에 참석하고 숙제하며 하루를 보내고 있다.

이제 나에게 그런 모습이 지적질의 대상이 아니라 인정함의 대상으로 변하고 있다. 그렇게 여기다 보니 내가 편해지고 마음이 너그러워지는 것을 느낀다. 인생이 그런 것 같다. 옆에 있는 사람들과 재밌게 살아가면서 그들을 존중하며 내 틀에 가두지 않고, 그들의 틀을 인정하는 시각. 이것이 바로 인생이다 싶다.

지금도 도마에 칼질하는 소리가 동영상을 통해 안방 침대로부터 들려온다. '쓱쓱 딱딱, 쓱쓱 딱딱, 쓱쓱 딱딱 이러다가 촤~~' 참 열심히도 연구하고 있다. 건넌방에서는 아들의 목소리가 생기있게 들려온다. 친구들과 게임을 하면서 떠드는 저 소리가 듣기가 참 좋다. 왜냐하면, 엄청 신난 목소리이기 때문이다. 나에게 사라져 버린 그런 신나는 목소리 말이다. 도마 소리처럼, 아이의 신나는 목소리처럼 나도 그렇게 큰소리로 떠들고 싶다.


사과가 배달되어왔다. 충주에서 보내주신 사과인데 대통령상 받은 사과라고 한다. 그 말에 얼른 집어다가 한입 베어 문다. 맛있다. 보기 드물게 맛있는 사과다. 내친김에 감사한 분들과 나누고 싶어서 박스에 있는 번호에 전화를 걸어서 거의 막바지 물량밖에 없다는데 겨우 세 박스 주문을 했다.

한 박스는 목사님, 한 박스는 사장님, 한 박스는 부사장님에게 배달을 해놓고, '언제 도착하려나?'하며 오늘까지도 도착하지 않은 사실이 조금은 불안하다. 내가 가지고 있는 주소가 잘 못 되어있나 싶어서다. 다음부터 이런 선물을 할 때는 미리 전화를 걸어서 주소를 확인하고 보내드리는 것이 맞을 것 같다.

 선물이 그런 것인데 혹시나 미리 전화해서 주소를 가르쳐 달라고 하면 그쪽에서 사양하지 않을까 하는 생각에서 알음알음으로 정확하지도 않을 주소를 받아다가 일방적으로 보낸다. 내가 경험해 보니 그렇지 않다. 나도 주소를 가르쳐주고 나면 '무엇을 보내려고 하지?'하면서 기대하는 마음까지 덤으로 갖게 되었었다. 내가 너무 모범생처럼 하고 있었다는 생각이 든다. 아마도 오늘 내내 '사과가 잘 들어갔을까?' 하는 생각이 머리를 떠나지 않을 것 같다. '이게 뭔 고생이람! 다음부턴 선물 보낼 때는 무조건 사전에 주소 확인하는 것이 필수다.


"고기가 먹고 싶어."
"보리밥 비빔밥이 먹고 싶어."
"봉골레 스파게티."
요즘은 내가 주문하는 것은 거의 90% 이상 아내가 만들어준다. 그동안 내가 회사 나가면 자기네들끼리 이렇게 맛있는 음식을, 그것도 먹고 싶은 것만 해서 먹었을 것이라는 생각에 약간의 배신감이 있지만, 지금은 내가 그런 혜택을 보고 있다. 그냥 나는 '고기'라고 외치기만 한다. 그러면 고기가 온다. 그냥 대충 고기 구워서 먹는 것이 아니라 아내는 뭔가 그럴싸한 요리를 뚝딱 만들어 온다. 주재료는 고기인데 그것을 활용해서 새로운 스타일의 십만 원짜리 요리를 만드는 것이다.

나는 그저 '고기'라고 하면, 숯불에 생고기 구워 먹는 것밖에는 상상이 안 되었는데, 요즘 집에서는 새로운 요리들이 만들어지고 있다. 나는 그저 맛있게 먹으면 되는 이런 삶을 상상이나 했던가. 저녁에는 떡갈비 해달라고 해야겠다. 내일은 묵은지 김치찜, 모레는 라따뚜이!!!
음식물 쓰레기 버리고 와야겠다. 밖에서 아이에게 음식물 쓰레기 버리고 오라는 아내의 목소리가 내 귀에 쨍쨍하게 들린다. 나한테 하는 얘기다.

### 42일  버스 예찬

강남에 나갔다가 집으로 돌아오는 버스 안에서 차장밖에 떨어지는 굵은 눈송이를 멍하니 바라본다. '불멍' 때리듯 한참을 '눈멍' 때리다가 잠깐 잔듯한데 벌써 집에 다 와간다. 나는 지하철보다 버스가 좋다. 버스를 타면 세상이 어떻게 돌아가고 있는지 차창을 통해 볼 수 있기 때문이다. 지나가는 사람들의 표정과 모습 속에서 인생을 볼 수 있고 내리는 비와 눈을 보면서 하늘로부터 땅까지 그것들로 하나가 되는 모습을 볼 수 있기 때문이다. 눈이 와도 눈이 오는지 모르고 살아온 회사생활 30년, 겨우 30일 만에 그 긴 시간들이 까마득하게 옛날 일처럼 느껴지는 오후다.

지금이 좋다. 버스 안에서 떨어지는 눈을 바라보는 지금이 좋다. 만약에 다른 일을 시작한다 해도 조금은 여유 있는 삶을 살아야겠다는 생각이 있다. 바쁘게 휘몰아치는 일자리는 돈과 명예가 따라올 것이고, 개인적인 시간을 가질 수 있는 일자리는 돈은 적을지라도 이런 글을 쓰거나, 음식을 하거나, 버스를 타거나 하는 여유 있는 삶이 따라오겠지.
어느 순간 '내려놓아야겠다.'라는 생각이 들어오면, 아니 자의가 아니라 외부로부터 그런 생각을 하게 하는 상황이 만들어지면 바로 그때 '내려놓는 게 맞지.' 싶다. 그러고 나면 버스가 좋아지고 대낮에 사람들의 움직임에서 시가 나오고, 노래가 나오고, 웃음이 나오고, 여유가 나온다. 그 다음엔 평안함이 찾아온다.

버스를 타고 광화문에 친구를 만나러 간다. 집 근처에서 광화문 가는 버스가 있어 얼마나 다행인지 모르겠다. 회사가 강남에 있어서 강북에 갈 일이 잘 없었다. 정말이지 갈 일이 없었다. 광화문이라는 말에서 풍겨 나오는 레트로 감성의 향기가 코끝을 스친다.

 내가 처음 회사에 들어갔을 때는 회사가 광화문 근처에 있었다. 거기로 10년 정도 출퇴근하다가 그 이후 강남으로 사옥이 이전하면서 자연스럽게 갈 일이 별로 없게 되었다. 그런데 오늘 광화문 나가는 버스 안에서 그 시절이 새록새록 생각나면서 마음으로는 광화문에서 훨씬 더 많은 시간을 보낸 느낌이 들 정도다. 고향 가는 길에 가질 수 있는 그런 포근함이 있다. 씽씽 달리는 버스가 잠깐만에 을지로에 접어들고 있다. 광교를 지나 종로에서 좌회전하면 광화문이다.
'이거 참 약속 시간보다 20분이나 일찍 도착했네.'
이런 생각도 잠시, 예전에 자주 다니던 서점이 보이는 것이 아닌가! 얼마나 반갑던지.

 광화문 네거리에 있는 그 서점은 늘 그 자리에 같은 모습으로 있었다. 나의 30대, 독서를 좋아하고 글쓰기를 좋아했던 그때의 감성을 고스란히 품고 말이다. 버스에 내려서 잠깐의 시간을 서점에서 보내고 발걸음 가볍게 약속장소로 향한다.


 버스는 지하철과는 달리 약속시간을 정확히 맞출 수가 없다. 늦으면 늦은 대로, 빠르면 빠른 대로 그렇게 굴러가는 게 버스인 듯하다. 눈이 오거나 사고가 나거나 하는 날에는 천천히 굴러가고, 또 오늘같이 한적한 시간에는 빠르게 굴러가고 말이다.
정확하지 않아서 좋다. 누구는 지하철이 약속시간을 지켜주어서 항상 지하철만 탄다고 하고, 집값도 지하철 주변이면 두 배로 뛰곤 하지만, 나는 인생을 이야기해주는 버스가 훨씬 좋다. 지금 현재 어떻게 돌아가느냐에 따라서 맞추어 굴러가는 버스 말이다. 심지어는 버스에서 잠이 훨씬 더 잘 오고 더 개운하다. 가끔가다 너무 깊이 잠들어 내릴 곳을 지나치기도 하지만 말이다. 그러나 그것이 무슨 대수란 말인가. 다시 돌아오는 버스가 있는 걸. 내친김에 정신을 놓고 차 안에서 한숨 푹 잔다.

 오늘도 손꼽아 기다리고 있는 전화가 오지 않았다. 그곳에 뽑는 인원이 매우 적어서 어렵다는 말, 생산과 관련된 일을 한 사람 위주로 선발한다는 말, 이런 말들을 들어가면서 마음조이며 기다리고 있는 그 전화가 오늘도 오지 않고 그냥 지나가려나 보다.
어렵지만 해보자는 격려도 들었고, 최선을 다해보자는 힘을 보태는 말도 들었고, 같이 기도하자는 말도 들었다. 이렇게 많은 사람들의 도움이 결실을 맺어야 할 텐데. 오늘도 간절함과 함께 얼어붙은 내 전화만 물끄러미 바라본다.

## 43일 입사 통보

"따르릉!" 어제 늦은 시간 내 전화벨이 울렸다. 화면에는 낯선 번호가 떠 있다. 직감적으로 알 수 있었다. 내가 그동안 기다리고 기다리던 전화라는 것을. 그런데, '너무 늦은 시간 아닌가?' 거의 밤 8시가 넘었으니 말이다. 혹시 잘못 걸려온 전화일까? 이런 맘으로 전화를 열었다.
"안녕하세요. 구매본부에 이 상무입니다. 너무 늦은 시간에 전화를 드렸습니다."
"아닙니다. 상무님."
속으로는 너무 오랫동안 기다리던 전화였습니다. 라고 하듯이 잠시 뜸을 드리고는,
"괜찮습니다. 말씀하시죠."
"이번에 C개단 자문위원 선발이 방금 최종적으로 확정이 되어 인사부로부터 명단을 받아, 그분들에게 제가 일괄적으로 전화 드리고 있습니다."
나는 속으로 '그래서 나는 어떻게 되었는지 얼른 말 좀 해주라.'고 외치고 있었다.
"상무님 최종 합격하셨습니다. 3월부터 출근하시면 되고요.

자세한 입사 안내는 별도로 이메일이 나갈 예정입니다."
"아! 네! 정말 감사합니다. 지금 전화가 공식적인 통보인가요?."
내가 물었다. 아직 얼떨떨한 상황에서도 그 말이 먼저 튀어나와 버렸다. 다시 한 번 합격을 확인하고 싶어서였던 것 같다.
"네, 공식적으로 통보하는 것입니다."

 어떻게 전화를 끊었는지도 모를 일이다. 그동안 한 달여가 주마등처럼 스쳐 간다. 도움의 손길들이 스쳐 간다. 마음조이고 전화기를 들었다 놨다를 수십 번, 아니 수백 번 하고······.
"여보! 전화 받았어요."
누구보다도 좋아라 할 아내에게 힘주어 말하고, 가까이 사는 딸 부부에게 전화해서 소식을 전했다. 소식을 듣고 사라졌던 아내는 방문을 닫고 친가, 본가 어르신들에게 전화 중인듯하다. 간간이 웃음소리가 밖에까지 들린다.
 생각하면 할수록 잘 되었고 감사한 일이다. 어려운 시도임을 알면서도 시작하게 만들어 준 S사장님, 그 시도가 사라지지 않도록 주변에서 도움을 주었던 사람들, 무엇보다 새벽부터 밤까지 하루 종일 기도하며 간절히 요청했던 그 기도의 시간들. 그 기도의 시간들이 섭리로 오늘 나에게 왔다. 주체할 수 없는 눈물을 흘린다. 한 달 전 사무실에서 흘렸던 그 눈물과는 차원이 다른 뜨거운 눈물을 흘린다. 솔직히 합격에 대한 감사보다는 이 과정에서 만들어졌던 나의 인격적인 수양과 마음 심지의 견고해짐까지.
'다행이다. 참 다행이야. 이런 결과가 나와서 나를 더욱 견고하게 만들어주어서 말이야.'

만약에 이렇게 되지 않았더라도 감사하고 다른 준비된 길로 걸어간다고 수백 번 고백하고, 깊이 그 상황을 받아들이고자 다짐을 하였건만, 막상 그런 상황이 닥쳐오면 그 슬픔이 다시 하늘을 향할 것이 분명한데, 이렇게 좋은 결과로 마무리가 되었다. 내가 다짐하고 다짐했던 모든 간절함의 끝자락을 감사하게 받아 들여질 수 있게 되었다.
'참 다행이다. 의연할 자신이 없었는데 다행이다.'

이력서를 내고 긍정적으로 검토 중인 회사 L사장님에게 전화를 걸어 C재단에 재취업하게 되었고 자문위원으로 일한다고 전하며, 그동안 감사했다고 말했다. 그 사장님은 일면식은 없지만, 오히려 자문위원으로 활동하는 기간 동안 어떻게 하는 것이 좋은지 많은 조언을 해주셨다. 오히려 죄송한 맘으로 전화를 걸었는데 훈훈한 마무리가 되었다. 하늘이 파랗고 햇살은 따뜻하다.

다음은 L부사장에게 전화를 걸었다. 그는 현직에 있을 때 내가 C재단 자문위원으로 선발될 수 있도록 힘을 보태 주셨던 분임과 동시에 나를 회사에서 해임 시킨 그 사람이다. 그도 지난주에 회사 옷을 벗었다. 영원할 것만 같았던 직장생활이 나보다 딱 한 달 더하고 나오게 된 것이다. 그 한 달 사이에 내 자문위원 심사가 이루어졌고, 나는 억하 심정이 있었음에도 불구하고, 퇴임한 지 며칠 안 되어 그에게 전화를 걸고 도와달라는 전화를 했었다. 그는 그로부터 일주일 후에 회사를 나오게 되었지만, 그 짧은 기간 동안에 내 부탁에 대해 도움을 주었다는 사실을 알고 있었다.

"어! 안 상무."
"네! 잘 지내세요? 부사장님."
"집에서 쉬니까 좋네. 하하! 안 상무는 어때?"
"저도 좋습니다. 집에 주로 있습니다."
이런 대화가 이루어지는 끝에 그는 자문위원 위촉되는 건은 어떻게 되었는지 물어왔고 도움 덕에 어제 통보를 받았다는 말을 전했다.
"잘됐다. 잘됐어."
전화를 끊고 한참을 멍하니 있었다. 어제는 나를 회사에서 내 보내는 막강권력을 가진 자가 그도 그 상황을 한 달 만에 겪게 되었다니. 참 알 수 없는 일이 너무 많이 벌어지고 있다.

 새벽에 일어나서 맡아보는 새벽공기의 향기가 달라졌다. 뇌 속에 흐르는 뇌하수체의 흐름도 다르게 느껴졌다. 자판을 두드리는 내 손이 빨라지고 뇌하수체를 치고 돌아 나오는 문장들도 그 어느 때보다 날렵하고 화려하다.


### 44일  쉰다는 것이 뭘까

 간절히 바라는 것을 만들어 가는 일, 한 달 반 정도 이렇게도 절실함에 모든 시간과 정력을 쏟아 부은 적이 또 언제였나 싶다.
나뿐만 아니라 아내와 온 집안 전체가 한마음으로 그렇게 간절히 원한 적은 더더군다나 없었다. 돌이켜보면 나에게 올 수 없었던 그것을 향해 마음을 두었던 것을 시작으로 하여 주변에서 먼저 격려하고 추천하기를 주저하지 않았던 것. 내가 아는 사람들이 여전히 회사 내에서 나의 재취업을 결정하는 중요한 위치에 있는 것. 그리고 아침마다 깊은 묵상을 통해 불안한 마음을 추스르는 것. 이러한 과정들이 한 덩어리가 되어 오늘 이렇게 마음에 가득한 감사의 순간을 가질 수 있었다.

감사일 수밖에 없는 것은 아무리 생각해도 내가 노력해서 이룬 것이 아니기 때문이다. 삶에 있어서 많은 것들이 내가 이루고 만들어 갈 수 있는 것이 얼마나 될까 싶다.

 그동안에는 '나를 따르라. 내 생각은 이러니까 이렇게 해라. 내가 결정 권한이 있는 사람이야! 책임도 내가 질 것이야!' 이런 자세와 마음가짐이 회사에서의 '나'였다라면, 지금은 그 무엇도 내 손에 없다. 그저 잘 봐 달라고 이메일을 보내고 전화를 할 뿐, 내가 이런 간절한 것을 이루어가는 주체가 되지 못하였다.

생각하고 고민한 후에 결정을 하고, 그 일이 성사될 수 있도록 매우 적극적으로 밀어붙이던 그런 삶에서 생각, 고민, 결정 이 모든 과정이 사라지고 오로지 간절함과 그 마음을 아침마다 묵상하면서 다스리기를, 그리고 도무지 내가 할 수 있는 것이 아무것도 없다는 사실을 인정하기까지. 갑자기 바뀐 삶에 대한 태도가 힘들고 의연히 기다리지 못하는 때도 있었지만 결국은 내힘으로는 도무지 아무것도 한 것 없이 오늘 이 순간을 경험하게 되었다. 그리고 마지막으로 남은 한 가지, 그것은 '감사'다. 감사의 자리에 서서 지금 나에게 일어난 이것을 해석하면 모든 것이 풀어지고 이해가 된다.

"저는 우선 좀 쉬려고 해요."
며칠 전에 처가에 가서 어르신들께 이렇게 툭 말씀을 드리고 서울로 향했다. 연세도 많으시고 단순하신 분들이셔서 "무슨 일이라도 해야지?"라는 말을 거침없이 하신다.
"요한이가 지금 몇 학년이야?"
"정년까지는 할 수 있는 일을 찾아야지."
회사를 나오고 지금까지 만난 사람들의 반응은 주로 위로하는 말과 쉬라는 말, 그리고 천천히 인생 2막을 준비하라는 말이 대부분이었다. 그런 말들이 결코 나에게 위로를 주지 못했지만 지금 내 상황에서는 그런 말들을 은근히 바라기도 하고, 소화할만하기도 한 것들이었다. 그런데 장인 어른의 말씀은 사뭇 달랐다. 그 말씀을 다 듣고 나서 내 마음이 조금은 상했는가 보다.
내 속에서 불쑥 튀어나온 말이, "우선 좀 쉬려고 해요"였으니 말이다.

그동안 내 형편을 이해하며, 위로해준다는 의도에서 주로 남들이 나에게 해주던 말을 이제는 내가 이렇게 툭 내놓고야 말았다. 좀 쉬라는 말마저도 별로 위로가 되거나,

내 상황에 맞지 않은 말들이어서 한 귀로 듣고 한 귀로 흘려보내던 그 말인데 말이다.

때론 내가 안심시켜 드려야 하는 분들이 있다. 내가 비련의 주인공이 되어 위로를 구하는데 익숙해지려는 찰나에 정신이 번쩍 든다. 실직은 현실이다. 감상적일 수 없는 현실이다. 과거의 범주 안에서 머물 수만은 없는 그런 것이다. 그래서 어르신들의 그 말은 내 속에 들어왔고, 서울 올라오는 차 안에서 또다시 간절함에 온몸과 마음을 쏟는다. 내가 한 말을 다시 생각해 보니 피식 웃음이 난다. '쉬는 게 뭐람? 그냥 먹고 자는 게 쉬는 건가?'
나는 쉰다는 정의도 없으면서 그렇게 얘기하고 있었고 듣고 있었다.


주변에서 전화가 온다. 어떻게 알았는지 축하한다는 말과 함께 말이다. 듣는 사람이나 말하는 사람이나 어제와 오늘이 확연히 다르다. 어제는 "푹 쉬고, 차분히 생각해 보자."고 하던 말들이, 오늘은 "축하해, 그럼 언제부터 출근하는 거야?"로 바뀌었다. 옷을 벗는 순간도 그렇게 갑자기 오더니만 재취업으로 상황이 반전되는 것도 한순간에 온다. 하늘과 땅을 오르락 내리락을 한꺼번에 겪고 있다.

언제라도 사무실로 놀러 오라는 친구의 말끝에 재취업했

다는 말을 하지 않았다. 은근히 실직에 대한 위로의 말을 들을 수 있는 유효기간이 아직도 남았다고 생각이 들어서였다. 회사를 떠난 지 두 달 정도 되었는데 아직도 만나서 회포를 풀지 못한 사람들이 너무 많다. 코로나 때문에도 그렇지만 내 쪽에서도 그렇게 적극적으로 전화를 하거나 만나자고 얘기하지 않았기 때문이다. 이러는 틈에 나는 재취업을 했으니 아직 위로주 한 잔 하지 못한 그 많은 사람들에게 기회를 주어야겠다는 생각이 든다. 내 쪽에서도 만나게 되면 예전과 다르게 한결 편하게 의연한 모습을 보여줄 수 있을 것 같기 때문이다.

'그래, 좀 쉬다 보면 좋은 일이 오겠지.'
'그동안 직장생활하면서 너무 많은 것을 배웠고 좋았어.'
'나를 이렇게 만든 사람들을 더 이상 미워하지 않아.'
'나는 인생 2막을 잘 준비할 거야.'
이런 말들 말이다. 이 찌질한 생각에, '우웩!' 토가 나오려고 한다.

## 45일 그러면 어떻게 살 것인가

웃음이 내 입에서 떠나지 않는다. 다시 전 직장 일원으로 들어간다는 게 이렇게 웃을 수 있는 일이라고는 상상하지

못했다. 이전에는 실무를 진두지휘하였다면, 지금은 자문위원으로 주로 안 풀리는 문제들을 컨설팅하는 일을 하게 된다. 사내로부터 사외의 협력업체들까지 자문이 필요한 곳에는 어디든지 달려가서 그들과 이야기 나누고 좀 더 발전적인 방법들을 끌어 낼 수 있도록 도움을 주는 일이 내가 해야 할 일이다.

웃음이 떠나지 않는 이유가 여러 가지인데 첫 번째가 다시 일을 할 수 있다는 기쁨에서였고, 두 번째는 이전 직장의 울타리 안에서 일을 하게 되어 모든 것이 익숙하다는 것. 세 번째는 그 일에 책임과 성과가 현역시절 대비해서 강하지 않다는 것이다.

오늘 아침 추운 날씨만큼이나 짜릿하다. 아주 상큼한 내음이 코끝을 자극한다. 인생에서 이렇게도 간절히 바라던 것이 있었을까 싶다. 수많은 바라던 것이 실상이 된 사건이 있었을 텐데, 이처럼 머리에 강하게 남지 않은 듯 예전의 좋은 일들이 하나도 생각나지 않는다. 앞으로 얼마간의 인생이 나에게 주어질지 모르겠지만 잊지 못할 좋은 추억이 될 것 같다. 웃자! 크게 웃자!

"안 상무! 이제는 마음을 푹 놓고 편안하게 보내."
나보다 일년 전에 퇴임한 L상무가 전화를 걸어왔다. 어떻게 알았는지 그 말에 축하의 메시지가 가득 풍긴다. 늘 도움을 주려고 애쓰는 마음이 따뜻한 사람이다. 간단히 할 말만 하고 전화를 마쳤지만 마지막 말에 그 여운이 진하게 남는다.

바로 '출근 전까지 편하게 보내'라는 말 때문이라는 것을 깨달은 건 전화를 끊고 한참이 지나서였다. 그동안 한 달 넘게 나의 '쉼'은 편안한 시간이 아니었다. 갑자기 가지게 된 시간에서 몸은 편할지 모르겠으나, 마음 저편에는 늘 아리는 아픔이 자리하고 있었다. 그러나 지금은 어떤가! '쉼' 글자 그대로 쉼을 만끽할 수 있을 것 같다.

 이제 새로운 건물로 출근하기까지 한달 정도 시간이 남았는데 어제의 나와 오늘의 내가 쉼을 대하는 태도는 확연히 달라 있었다. 나는 그저 기쁜 마음에 웃고 자랑하고 즐거워하고 있었는데, 정작 그 기쁨을 누리는 방법에 대해서는 생각이 없었던 것 같다. 동료의 저 말에 비로소 갖게 된 마음, 편안하게 쉰다는 말이 나에게 들어왔다. 어제의 쉼은 '앞이 잘 보이지 않아도 간절히 바라고 그것을 이루기 위해 최선을 다하면 이루어질 거야.'였다면, 오늘의 쉼은 그야말로 편안하게 쉬는 것이다. 주어진 것에 감사하며 그 편안함을 누리는 것, 그것이 쉼의 의미로 다가온다. 생각 같아서는 해외여행이라도 좀 길게 다녀오고 싶은 마음이 굴뚝같지만 코로나 때문에 할 수 없어 안타깝기 그지없다. 눈이 온다. 따뜻한 눈이 온다.

'그러면 어떻게 살 것인가?'
이 질문이 계속 마음속에 자리하고 있다. 실은 취업 확정 통보를 받은 날로부터 내 속에서 작게 몽글몽글 올라오고 있었던 생각이다. 나는 어떤 값을 치르지도 않았는데 주어진 재취업이라는 선물이 그 선물로만 끝나지 않을 중요한 의미가 있어야 할 텐데 말이다.

자연스러운 인식의 이동인가 싶다. 나는 그런 철학적 질문에 대한 해답을 찾아가는 과정을 살펴본다.
첫 번째는 왜 나에게 이런 선물이 주어졌을까? 두 번째는 새로운 직장에서 마음 자세는 어떻게 가져야 할 것인가? 세 번째는 재취업에 성공하지 못했어도 동일한 질문을 하고 있었을까? 이다.

첫 번째 질문은 그 질문에 답이 있는듯하다. 이것은 선물이다. 선물은 주는 사람에 의해 결정되는 것이기 때문에 받는 사람은 그저 감사하며 받기만 하면 되는 것이다. 그래서 의외로 첫 번째 답은 쉽게 풀린다. '선물로 그저 감사하게 받는다.'일 것이다.

두 번째 질문, 이 질문에는 너무나도 많은 내용이 들어있다. 일과 사람을 대하는 태도가 과거와는 달라야겠다는 다짐을 한다. 일에 대해서는 생소하고 잘 모르는 분야에 대해서 많이 배울 수 있는 기회라 여기는 것이며, 사람에 대해서는 같이 일하는 사람들을 더 존중해야 할 것이다. 여기에 더하여 새로운 인간관계를 맺고 업무적으로 만나는 사람들과 인맥을 넓혀갈 수 있는 아주 좋은 기회를 갖게 된 것이다.

퇴사하자마자 회사 사내망이 끊어지고 메일이 폐쇄되면서 회사 내 쉽게 연락하던 사람들의 전화번호와 이메일 등 연락처 정보에 접근이 불가능해졌다. 팔다리가 떨어져 가는 느낌이라고 해도 과언이 아닐 네트워크 차단은 상실감을 더욱 크게 만들어버렸다.

'핸드폰에 연락처를 다 저장해 둘걸.' 이런 후회가 오면서 네트워크의 중요성을 깨닫게 되는 2개월이었다. 이제 다시는 이런 실수를 범하지 말아야겠다. 네트워크를 소중히 여기는 마음을 갖는 것 말이다.

세번째 질문, 재취업에 성공하지 못했어도 동일한 질문을 하고 있었을까? 스스로의 답은 이것이다. '그래도 나는 어떻게 살 것인지를 끊임없이 고민하고 질문을 하고 있을 것이다.' 그렇다면 여기서 이상한 논리적 깨달음을 가질 수 있다. 재취업이 중요한가, 아니면 어떻게 살 것인가

가 중요한가? 답은 명확하지 않은가! 지금 이곳도 2년이 지나면 계약이 만료되어 떠나야 할 것이고 나는 또 그 이후를 또 다른 무엇인가를 도모해야 할 것이기 때문에 이런 불확실한 것에 인생을 걸 수는 없지 않은가? 나에게 주어진 2년이라는 시간, 그 시간 동안에 첫 번째, 두 번째 질문의 답처럼 살면서 세 번째 질문을 끊임없이 스스로에게 던지며 살아내야 할 것 같다.

### 46일  딸의 결혼식 단상

2020년 5월, 2020년 10월, 2021년 3월, 2021년 6월…. 이게 무슨 숫자냐고요?

판교에는 결혼을 앞둔 신랑 신부 부모님 상견례 장소로 선호도 1위인 식당이 있다. 전화로 예약을 하고 상견례 당일이 되어 식당에 가니 입구에 크게 써놓은 게 아닌가!

〈상견례 1위 식당〉

세상에 상견례 장소 선호도 조사를 하기도 하는가 보다. 더더군다나 그냥 우연히 잡은 식당이 그 식당이라니 이것도 참 재미있는 일이 아닐 수 없다. 그런 명성에 맞게 내가 예약한 룸에는 약간의 장식이 되어있었다. 재밌다는 생각을 하면서 그 시간을 보낸 것 같다.

얼마나 어려운 자리이겠는가. 혹시 실수라도 하면 어떡하나, 부모님은 어떤 분들이실까? 어색하게 침묵이 흐르면 무슨 말로 분위기를 살려 나가야 하나? 이것저것 생각에 머리가 복잡했다.

편안한 의자와 과하지 않은 장식이 좋았고, 간간이 들어오는 음식, 서브를 해주시는 약간 중년의 종업원, 적당한 거리감 있는 식탁과 외부소음이 크게도 아니고 작게도 아니게 들려오는 그런 분위기에서 첫째 딸 아이의 상견례를 마쳤다.

그게 2019년 10월경쯤이었다. 거기서 아이들 결혼식 날짜를 잡게 되었는데 그게 2020년 5월이었다. 한 7개월 정도 남았으니 이것저것 준비하면 되겠다 싶었다. 5월이면 날씨도 좋은 시기라 큰 이견 없이 기쁜 마음으로 날을 정하게 되었다.

그렇게 준비가 한창이던 중 전염병 얘기가 중국으로부터 조금씩 들리기 시작하더니 걷잡을 수 없을 정도로 무섭게 퍼져갔다. 중국을 넘어서 한국으로, 유럽으로 미국으로 전 세계로 퍼져가는 게 아닌가!

그러니깐 본격적으로 그 바이러스에 대해 경계심을 갖게 된 시점이 2020년 2월경이었다. 결혼식은 3개월 남았으니 그동안에 잠잠해질 거라는 기대는 여지없이 무너지고, 오히려 그 바이러스가 전 세계로 기하급수적으로 창궐해지는 게 아닌가?

'그냥 식을 올려?' 생각하다가도,

'손님들도 오는 게 부담스러울 텐데 연기해?'

고민의 고민을 거듭하다가 연기를 결정한 게 2020년 10월이다. 그러니까 결혼식 날짜를 당초 보다 5개월을 연기하기로 결정한 것이다. 그 뒤에 결혼식장을 잡는다고 동분서주하다 보니 이미 맘에 드는 예식장을 잡기가 쉽지 않아졌다.

마냥 그 날짜만 붙들고 있을 수 없어 다시 조정한 날짜가 세 번째 숫자 2021년 3월이다.

그러는 동안에 나는 2020년 말에 회사를 퇴임하게 되었고, 동료들의 축하를 받으며 딸의 결혼식을 치르고 싶었던 꿈은 사라지고 말았다. 아무래도 퇴임을 하게 되면 직원들의 관심이 떨어지게 마련이다.

아쉬운 마음 뒤로하고 애써 웃음 지으며 3월을 기다리던 중, 또 한 번의 2차 팬데믹이 오고야 말았다. 어쩔 수 없이 3월에서 다시 6월로 날짜를 변경해야 하는 상황이 오게 되었고 결국은 마지막 숫자 2021년 6월이 현재로서는 확정된 결혼식 날짜이다.

그 이유는 굳이 언급할 이유도 없이 코로나로 인해 정상적인 결혼식을 진행할 수 없는 상황이기는 하지만, 그보다도 결혼 후 둘이 같이 만들어갈 인생 계획이 미뤄져 하나 둘 어긋나고 있었으니 당사자들이 받은 스트레스가 얼마나 많았겠나 싶다.

이제는 결혼식에 대한 로망도 사라진 지 오래인 듯하여 옆에서 보기에 얼마나 안타까운지 모르겠다. 어느새 이 결혼식이 우리에게는 마음대로 사람들을 초대도 못 하는 것이려니 하는 의미로 자리를 잡고 있다.

결혼이 '인륜지대사'라고 했던가? 이는 결혼식 보다는 누구를 만나서 어떻게 살아가느냐에 대한 중요성을 표현하고 있는 말일 진데, 비록 '결혼식'은 힘들게 한다손 치더라도 결혼생활이 더 중요하지 않을까? 한다. 우리는 아마도 결혼생활이라는 측면보다는 결혼식 자체에 대해 더 많이 의미를 부여해 왔던 것 같다는 생각과 함께. 이제 결혼식은 그냥 웃고 즐기는 날로 밖에 인식되지 않는다. 생전 처음 겪는 바이러스의 세상에서 생전 처음 맞이하는 딸의 결혼식에 대한 나의 단상이다.

일단, 사위는 공부를 더 하기 위해 상급학교에 진학을 하고, 딸은 그 학교 근처로 회사를 옮기고, 그렇게 2~3년 지나고 남편의 다음 스텝에 따라서 정착할 곳을 정한다. 이것이 딸 부부가 결혼 전 하려고 했던 계획이었다. 미국의 어느 동네에 정착하면 좋을지, 좋은 상상을 하면서 그렇게 미래를 꿈꾸고 있었다. 코로나로 인해 많은 것들이 수정되어야 했고 지금도 그 한 가운데 있다.

그래도 다행인 것은 이제 인생을 혼자가 아닌 둘이 서로 만들어가는 것이다. 혼자 이 상황을 견디고 있었다면 더 많이 지치고 힘들었을 텐데 말이다. 이 어려운 과정을 둘이 극복하고 미래를 꿈꾸는 아이들에게 격려를 보낸다. 그 푯대를 향해 걸어가고자 노력하는 모습에 박수를 보낸다. 그리고 안심이다. 소고기 안심, 등심이 아니라 Relief!

## 47일 제주 부부 여행 계획

코로나 때문에 여행도 갈 수 없는 상황이어서 매일매일 집에서 보내고 있다. 이 생활도 어느 정도 규칙을 따라 하다 보니 그런대로 심신을 건강하게 만들 수 있게 된 것 같다.

이러는 와중에 제주도 여행을 준비하게 되었다. 그것도 아내와 둘이서만 말이다. 돌이켜보면 아내와 둘이서만 여행을 다녀본 적이 거의 없었던 것 같다. 아니 한 번도 하지 못한 것 같다. 처음에는 2박 3일 가려고 시작했다가 내친 김에 5박 6일로 하고, 이것저것 예약을 마치니 마음이 한결 좋다.

가서 무엇을 할 것인지 정하지는 않았지만 공기 좋고 분위기 좋은 호텔에 머물면서 마음을 다독이고 맛있는 것 찾아 먹으며 보낼 생각이다. 바다가 보이는 호텔 방안에서의 풍경도 기대 만발이다. 3월 둘째 주는 날씨도 환상일 테다.

이런 좋은 상상들이 모두 다 완벽하게 이루어지지는 않을지라도 거의 손에 잡힐 듯한 꿈만 같은 일주일을 기대하며 오늘도 그날을 손꼽아 기다린다.

나는 호텔 냄새가 좋다. 어느 호텔이든 로비 라운지에 들어서면 그 호텔 나름의 향기가 코끝을 자극한다. 그 냄새는 모든 호텔에서 다르게 느껴진다. 이것은 사실 호텔 측에서 일부러 마케팅 차원에서 향기를 활용하고 있는 것이다. 그것을 알면서도 그 호텔 향기는 더욱 나를 안정감 있게 만들어 준다.

직장생활 초기 몇 년은 호텔에 갈 기회가 많았다. 내가 맡은 마케팅 업무는 호텔에서 행사를 많이 해서, 그 전까지는 문턱에도 가보지 못하던 내가 어느덧 호텔 전문가가 되어버린 느낌이었다. 한창 그런 일을 하고 있을 때 직원한 명이 나에게 이렇게 말을 건넸다.

"과장님, 호텔에 가면 로비 라운지에서 나는 그 향기가 저는 정말 좋아요."

그동안 내 삶의 주변에서는 알 수도 없었고, 들어보지도 못한 그 말이 나를 자극한다. 그 후, 국내 유수의 호텔을 갈 때마다 특유의 냄새가 있었던 것을 깨닫게 되면서, 나에게도 '호텔 냄새'가 좋은 게 되었다.

나는 한창 해외로 출장 갈 기회가 많았는데 지금도 '그 나라에 그 호텔' 하면 떠오르는 향기, 정확히 말하면 어떤 향이었는지는 기억할 수 없지만, 추억에서 묻어나오는 느낌적인 느낌으로 그때가 소환된다.

유럽은 싸고 좋지 않은 호텔이라도 그 향기는 고급스럽다. 미국은 중간 이상의 호텔에서만 그 특유의 냄새를 가지고 있다. 비즈니스호텔이나 아래 급의 호텔은 향기의 기억이 없다. 그럼에도 미국의 호텔들은 보편적으로 평균 이상의 편한 잠자리를 제공해 준다.

중국의 호텔, 중국의 모든 호텔에는-샹그릴라호텔은 제외하고- 거의 똑같은 냄새가 난다. 보통 호텔 로비와 룸과는 향이 다르거나 룸에는 특별한 향기가 없거나 하는데, 중국은 로비, 룸, 식당 그 어디를 가더라도 똑같은 냄새가 난다. 지금 그 냄새가 나를 중국으로 소환한다. 많은 국가를 다니며 묵었던 호텔과 그곳에서 풍겨왔던 향기가 오늘 나에게로 한꺼번에 다가온다. 제주여행을 준비하면서 말이다.

"아이들이 무슨 생각을 하고 있는지 알 수가 없어요, 왜 그렇게 좋은 직장을 관두고 공부하겠다고 하는 건지 말이에요"
오랫만에 만난 사돈과의 첫마디가 여기서 시작되었다. 열심히 가르치고 아이들도 열심히 공부해서 좋은 직장에 들어가게 되었고, 거기서도 인정받아 가며 사회생활을 잘 하고 있었는데 그 직장을 관두고 공부를 하겠다고 선언을 하드만 바로 직장에 사표를 내고 말았다. 나는 직장생활 계속 못해서 힘든데 이들은 그것을 자기발로 차버렸다. 아 이러니한 상황이다.
"공부? 무슨 공부?"
이제부터 대학원 입학시험 준비를 하려고 한다는 말에 내 말문이 막혀 버렸다. 대학원 입학을 해놓고 직장을 정리한 것도 아니고, 입학시험준비를 위해 관뒀다고 하니 기가 막힐 노릇이다.
결혼 전이라면 어떤 우격다짐을 써서라도 그냥 직장생활 계속하라고 설득할 텐데, 지금은 둘이서 떡하니 그렇게 한다고 결정을 했으니 두 명을 어떻게 설득시키겠는가 말이다.
그저 그 계획을 듣고만 있을 수밖에 없다. 지금부터 학업을 마칠 때까지 한 4년여 시간을 보내야 할 텐데, 그런 판단을 한 것이 영 내 속에 차지 않는다. 차라리 내가 그 결정에 영향을 지대하게 끼친다면 모르겠지만 이제는 그러지 못한다는 것을 직감하게 된다.

오늘 나는 내 생각과 다름이 없어 말이 통하는 사돈과 함께 이런 결정을 한 아이들을 성토하고 있다. 물론 아이들이 없는 상황이기는 하지만 말이다. 소용없는 성토이지만 이렇게 쏟아내고 나니 속이 좀 풀리는 것 같다. 그래도 마무리는 훈훈하게 말했다.

"다른 것도 아니고 점프 업을 위해 준비하는 것이니 격려해주고 지켜봅시다."

이렇게 마음을 나누고 다시 진천에서 서울로 올라온다. 오늘 하루 회사경영에 여념이 없으실 텐데, 실직으로 아파했을 나를 위해 온전히 시간을 내주시고 점심부터 저녁때까지 같이 해주신 사돈께 감사한 마음 가득하다.


날이 좀 풀리니 몸이 근질근질하다. 여느 때 같으면 지금쯤 한창 주말에 어디서 골프를 칠까? 멤버는 어떻게 할까? 하면서 필드로 달려갈 생각이 가득했을 것인데, 지금은 그렇지 못하다. 아니 그런 생각을 할 수도 없었고 생각도 나지 않았었다. 그런데 오늘이 돼서야 몸이 근질근질하다. 어딘가에서 파란 잔디를 밟고 있는 상상을 하게 된다. 웃음이 묻어난다. 이제야 정상이 되었나 싶어서 말이다. 하고 싶은 게 막 올라오니 말이다. 오늘은 어디로든 가야겠다. 파란 잔디를 보러 말이다.

 사실은 두 달 전에 멀쩡한 골프클럽을 놔두고 새것으로 한 세트를 구매했다. 그때까지만 해도 퇴임전이라 해외에 파견근무가 거의 확실시되었기 때문에 가게 되면 운동할 일이 빈번할 것이기에 새 클럽을 먼저 사놓으려는 생각에서였다. 그런 꿈을 꾸며 새 클럽을 거금을 주고 사면서 내가 쓰던 클럽을 사위에게 넘겨주었다. 번쩍거리는 새 클럽의 색만큼이나 설레는 해외 생활을 꿈꾸며 말이다. 그런데 이렇게 되었다. 이렇게 허망하게 회사를 나오게 될 것이라고는 도무지 생각도 못했다. 모든 준비를 마치고 항공 티켓만 끊으면 되었는데 말이다. 그동안 베란다 한쪽 구석에 덩그러니 놓여있는 새 클럽을 보면 울화통이 치밀어 올라서 내다 버리려고 골프백을 들었다 놨다 하기를 수십번 하다가 오늘을 맞이한다. 파란 잔디의 속삭임에 귀를 기울여본다.
'잘 샀다! 그때니깐 살 수 있었겠지!'

## 48일 선행학습

K 상무를 만났다. 도곡에 있는 중식당에서 오랜만에 시간을 갖고, 이야기를 나누고 한참 지나서야 자리에서 일어났다. 그는 나보다 1년 선배이다. 대학도 그렇고 회사도 그렇다. 심지어는 퇴사도 1년 먼저 했고, 게다가 다음 달부터 출근하는 회사도 1년 전부터 다니고 있다. 알고 지낸 지는 5~6년 정도 되었지만 이렇다 할 친분이 많은 것도 아니고 또한 없는 것도 아니지만 만나면 좋은 사람이다. 워낙에 숫자에 강하고 사람들과 어울리기를 좋아하는 성격이라서 늘 만나면 재미있고 뭔가는 새로운 사실을 알게 된다. 때론 그런 성향 때문에 장소와 시간을 불문하고 끝없이 이어지는 '말' 때문에 처음은 좋아하다가도 피곤하다고 말하는 사람들도 종종 있다. 나도 그렇다.

오늘은 세 시간 정도 만났으니 요즘 같은 코로나 시국에서는 아주 긴 만남이 아닌가 싶다. 그럼에도 시간이 어떻게 흘렀는지 모를 정도로 지루하지 않았던 저녁 시간이었다. 그는 새로운 회사의 이모저모를 속속들이 설명해준다. 출근하는 첫날 총괄담당자와 만나면 어떤 말을 할 것인지부터 급여 수준, 하는 일, 어떻게 하면 잘할 수 있는지, 업무를 위해 사전에 준비해야 할 것, 그리고 분위기 등등 한

번 말을 시작하더니 세 시간을 조목조목 세세하게 쏟아내는 엄청난 기술을 보게 되었다.

나에게는 피와 살이 되는 정보이다. 남들보다 먼저 마음다짐 같은 것을 할 수 있는, 그리고 마치 이미 출근을 하는 것처럼 새로운 회사가 익숙하게 다가오는 놀랄만한 시간이었다. 한마디로 말로 하는 메타버스를 경험한 것 같다. 신나게 이야기해주고 신중하게 경청을 하면서 오늘 저녁을 보냈다.

그러나 여전히 숙제로 남은 것은 '그리고 그 다음은 어떤 길이 있는가?'이다. 이곳도 정해진 기간만 근무하게 되고 그 이후에는 또 다른 길을 도모해야 한다. K 상무는 이제 1년 안에 바로 다가올 현실적인 문제이고 나 또한 그로부터 1년 뒤에 또 겪게 될 일이다.

여전히 '그러면 어떻게 살 것인가?'에 대한 질문이 계속된다. 나는 그것에 대한 숙제를 안고 돌아오는 전철에 몸을 싣는다.


"3월 15일에 출근하면 됩니다만, 안 상무님은 입사해서 해야 할 업무를 사전에 조금 협의를 하고 시작하는 게 좋을 것 같아 이렇게 전화를 드립니다."

출근할 회사에서 총괄관리를 맡은 분이 전화로 이렇게 이야기한다. 정식 출근 전에 한 번 와서 사전 면담을 했으면 한다는 그의 말에, 선뜻 이렇게 대답했다.
"그러면, 다음 주 수요일에 오전에 가도록 하겠습니다."
약간의 긴장감이 몰려왔다. 어딘가에 소속되었다는 기쁨과 함께 아직 입사 전인데 미리 불러서 무슨 얘기를 하려는지 불평 아닌 불평이 올라오는 게 아닌가?
'얼마나 잘하고 싶으면 입사 전에 사람을 부르기까지 하나?'라는 생각과 함께 그분의 성격이 머릿속에 어느 정도 잡히는듯하여 옅은 미소가 번진다. 꼭 그렇게 하지 않아도 될 텐데 말이다.
점점 출근 날짜가 가까워지고 있다. 그나마 그렇게 긴장되지는 않은데, 아마도 지난 직장에서 연결된 곳이기도 하고, 많은 구성원이 내가 알 수도 있는 사람들이기에 그렇지 싶다. 그렇다 하더라도 '출퇴근'이라는 정해진 일과에 대한 스트레스와 성과를 내야 한다는 약간의 압박이 가슴 저편으로부터 스멀스멀 올라오는 중이다.
 새로운 명함이 제공될 것이고, 사무실 한쪽에 내 책상과 의자 그리고 컴퓨터가 있을 터이다. 사무실이 서울에 있기에 거기서 지인들을 불러서 만날 수도 있고 퇴근 시간에 맞추어 주변에서 저녁 약속을 할 수 있을 것이다.
그동안 30년 직장생활을 하던 그 패턴이 다시 시작된다는 것에서 떨림이 있다. 물론 좋은 떨림이다.


 어제는 다섯 번째로 짜장밥을 만들어 식구들과 함께 먹었다. 이젠 내가 만드는 짜장밥은 실패확률이 거의 없다. 네 식구가 둘러앉아 밥 위에 짜장을 듬뿍 올려서 입술에 묻혀가면서 맛나게 먹는다.
지난번 작품보다 약간 맛이 떨어지는 느낌인데, 어떤 이유로 그런지 금방 알 수 있었다. 재료의 문제가 아니라 불의 세기와 조리시간이 달라져 생긴 맛의 차이다.
모름지기 중식은 센 불로 만들어야 하는 음식이다. 그리고 조리시간도 가급적 빠르게 진행을 해야 한다. 그러기 위해서는 모든 재료를 곧바로 투하할 수 있도록 사전에 완벽하게 손질이 돼 있어야 한다.
 오늘은 일단 가스레인지를 켜고 기름을 두른 뒤에 프라이팬이 달아오를 때를 기다리면서 재료를 썰기 시작했다. 헐! 칼질 몇 번 만에 벌써 프라이팬은 빨갛게 달아오르고 있는 게 아닌가! 내가 아무리 네 번씩이나 짜장밥을 만들어본 쉐프라 하더라도 달아오름을 능가할만한 빠르기로 칼질을 하지는 못한다. 상황이 이렇다 보니 썰다 말고 일부 재료를 집어넣고 볶다가, 다시 썰고 넣기를 반복하다 보니 괜히 분주하기만 하고, 재료를 골고루 볶거나 타지 않도록 조절하는 게 영 잘 나오지 않았다. 달아오른 프라이팬만큼이나 분주함에 얼굴까지 달아올라서 재료가 컨백션 오븐에서 요리되듯 위아래로 가열되어 곤죽이 될 지경이다.

다음 주말 여섯 번째 짜장밥은 모든 것을 완벽하게 만들어볼 생각이다. 그리고 지금까지는 4인분이 최대량이었는데 6인분까지 도전해볼 생각이다. 근처에 사는 딸 내외도 불러서 같이 먹도록.

### 49일  예쁜 내 아내

제주도 여행을 다시 예약했다. 원래는 벌써 다녀와야 하는데 내가 눈 수술을 하고 회복이 영 시원찮아서 한 달을 뒤로 미루었다.
출근 날짜가 오기 전에 아내와 같이 떠나는 여행이다. 항공 예약과 호텔을 마무리하고 돌아서니 속이 후련하다. 모든 여행은 계획할 때는 이래저래 걸리는 게 많아 포기하기 일쑤지만 항공과 호텔을 예약하는 순간 모든 고민은 끝난다. 이제부터는 어떻게 놀 것인가에만 관심을 가지면 되는 행복의 시간이다. 마음 같아서는 딸네도 같이 가면 더 재밌을 것 같았는데 그게 좀 아쉽다. 그래도 결혼기념일 여행 같은 것을 한 번도 못했는데, 한꺼번에 만회할 수 있어서 얼마나 좋은지 모르겠다.

비즈니스클래스 좌석에 바다전망 스위트룸, 그리고 조식과 석식까지 풀 패키지로 예약을 했다. 그동안 이런 것도 누려보지 못하고 여기까지 왔다. 마음의 여유 없이 달려왔던 지난 30년이 자랑거리만은 아닌 이유가 그것이다.
조금은 천천히 달려와도 되었을 것을 왜 그렇게 스스로를 동여매고 살아왔는지 모를 일이다. 어쩌다가 큰맘 먹고 여행 가자고 말을 던지기도 했었다. 시간 단위로 계획을 세우고, 비용도 가장 저렴한 것으로 만들기 위해서 쥐어짜기도 했다. 그러다가 뭐 하나라도 뒤틀리면(일테면 할인행사가 어제 끝나서 오늘은 제값을 다 지불해야 하는) 포기했다. 또 어떨 때는 회사에서 내가 이 일을 위해 꼭 있어야 하며, 그일 또한 매우 중요한 일이라고 부풀려 생각하다가 여행 계획을 취소하기 일쑤였다.
그냥 이리 저리 재지 말고 바로 예약을 했으면 될 일을, 그 몇 푼 때문에, 승진 때문에 접어두기를 수십번을 반복했다. 그렇게 30년을 살아왔다. 나는 '오늘 정말 잘 했다!' 전화 한 통화로 모든 것을 일거에 예약 확정해 버리고 이제는 속이 후련하게 앉아서 짜장밥을 먹는다.

예쁜 아내를 처음 만난 것은 내 나이 스물일곱 때다. 세상에 저렇게 예쁘고 재밌는 사람이 그동안 어디에 있었나 싶을 스물다섯의 꽃다운 그녀였다.

강원도 어느 바닷가 어촌에서 진행된 교회 수련회에서 아내는 내 주변을 떠나지 않았다. 내가 한마디 말만 하면 어찌나 밝게 웃어주었다. 나는 아내가 나의 모든 것에 관심이 있었다고 생각한다. 그러나 아내는 아직도 그 생각에 동의하지 않는다. 그냥 사람이 재밌고 특수신발을 신고 나타나는 바람에 특이하다는 생각이 들긴 했지만, 좋아서 먼저 근처에 있었거나 먼저 관심을 주거나, 대시하거나 하지는 않았다는 것.

그때 한여름 내 특수신발은 '하얀 고무신'이었다. 농사하던 집이라 언제나 고무신이 있었다. 나는 딱히 신발이 없어서 그런 것이 아니라 그냥 왠지 그 신발이 눈에 띄어 그것을 신고 강원도 수련회에 갔고 거기서 아내를 만나게 되었다.

나는 레크레이션 자격증을 가진 전문 레크레이션 강사이다. 고등학교 때부터 학생무리를 모아놓고 앞에 나가 진행하면 모든 사람들이 웃고 즐기며 재밌는 시간을 만끽했다. 그로부터 최근까지 수없이 많은 무대를 올랐었고 그때마다 매우 유쾌한 행사를 만들어 내곤 했다.

아내를 만났던 대학교 3학년 여름 수련회에서도 교회 지도자들을 뒤로하고 내가 레크레이션과 캠프파이어를 진행하게 되었다. 그야말로 열광의 도가니로 가져갔던 기억이 생생하다.

35년 정도 지난 옛날 기억이지만 아직도 생생한 것은 그 가운데 아내가 있었기 때문이리라. 그때 아내는 나의 순발력과 재치에 완전히 반해 버리지 않았나 싶다. 지금까지도 완강히 부인하고 있지만 말이다.

그렇게 만나 사랑을 하고 다음 달이면 결혼 29년이다. 정말 순식간에 지나간 29년이다. 우리에게는 처음 만났을 때의 풋풋함이 아직도 남아있지 싶다. 그런 느낌 때문인지 모르겠지만 마치 29년이 어제 같다.

서울 변두리 반지하에서 시작한 신혼살림이 무럭무럭 자라 식구도 5명이 되었다. 사위까지 하면 여섯 명인데, 앞으로 늘면 늘었지 당분간은 줄어들지 않을 '가정'을 꾸리며 있다. 큰딸이 벌써 내가 처음 아내를 만난 나이보다 서너 살 많아진 지금, 딸에게서 젊었을 때 아내의 모습이 보인다. 이렇게 닮아가고 닮아가면서 나이가 먹어간다.

"여보, 당신이 나한테 접근한 거 웬만하면 이제 인정합시다!"
여전히 아내는 대답은 같다. "결단코 그런 일은 없었소!"

오늘 충북 진천에 있는 초평저수지를 처음 가보았다. 물 위로 산책할 수 있게 데크를 설치해 놓고 이쪽 편에서 저쪽 편까지 갈 수 있도록 웅장한 출렁다리까지 만들어 놓았다. 한 바퀴 도는데 7km 정도여서 조금 속보로 걸으니 1시간여 만에 주파가 가능하다. 날씨가 추운 이유도 있겠지만 속보로 저수지 시작 지점으로부터 반환점을 돌아 처음 시작한 곳까지 한 번도 쉬지 않고 걸었다.
보통 저수지처럼 한눈에 들어오게 넓게 펼쳐진 형태가 아니고, 굽이굽이 산자락을 돌아 만들어진 저수지라서 걷는 내내 새로운 풍광이 눈앞에 펼쳐진다.
데크가 없었을 예전 같으면 이렇게 저수지 저편을 걷는다는 게 불가능한 일이겠지만 지금은 내가 그 위, 바로 그 물 위를 속보로 걷는다. 알싸하게 추운 날 훈훈한 기운 전혀 없는 물 위를 걸으면서도 추운 줄도 모르고 시시각각 펼쳐지는 풍광에 감탄한다. 나는 이 시간을 이렇게 즐기고 있다. 나를 사로잡고 있었던 불편한 생각들이 떼어져 나가는 순간이다.

 짜장밥을 먹을 때나, 여행을 갈 때나, 저수지를 걸을 때나 나는 그것을 즐기고 있다.

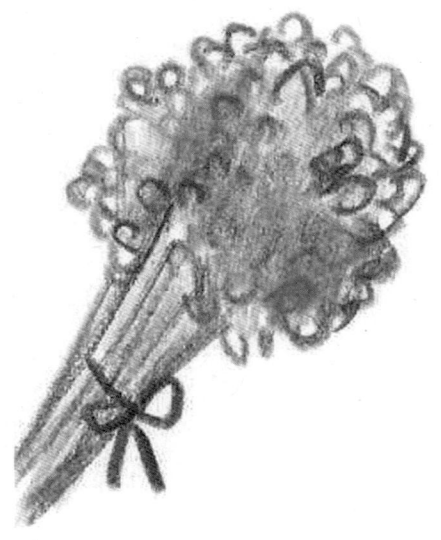

## 50일 기업에는 이미 다음 세대가 왔다

머리가 돌이 되는 느낌이다. 어떤 사업에 대해 전략을 세우고 그것을 실행하는 일을 해오던 사람이 이제는 그 일이 아득히 옛일처럼 느껴진다. 무엇을 할 것인가, 어떻게 살 것인가를 구상해 보려고 전략적으로 접근해본다.

그러나 갑자기 무거운 머리가 맑아지지 않는다. 텐션을 올려보기 위해 운동을 좀 심하게 해도 길어야 한두 시간 상쾌해질 뿐, 곧 멍청해지는 느낌이다. 애써 어떤 유의미한 것을 구상해 보려 하지만 마땅히 떠오르지 않는다. 머리가 돌이 되는 느낌이 지워지지 않는다.

좀 더 시간이 필요하다는 결론에 이르러 스트레스 프리를 선언한다. 생각의 깊이가 고민과 맞닿을 즈음, 그 고민을 돌파하고 생각의 줄을 잡아야 할 텐데, 그 돌파력이 없다. 그러면 자연스럽게 그 정도에서 생각의 줄을 놓는다.

이 모든 과정은 나의 힘을 알아가는 시간이다. 나의 능력을 깨닫는 시간이다. 다만 그 생각의 심연에 다시 도전하기를 잠시 미루어 놓는다.

출근하게 되면 아무래도 보고 듣는 것이 많을 것이고, 아무래도 나보다 먼저 회사를 떠나온 사람들이 어떤 과정을 겪고 있는지 살펴보면 무언가 나의 길을 고민하는 데 도움이 될 듯하다.

일부러 연락하여 여러 사람들을 만났다. 만나면서 나눈 이야기를 정리해 본다.


K 상무

상당 기간 해외에서 근무하고 퇴사한 지 3년 정도 된 젊은 영혼을 소유한 그는 60세로서 한두 번의 재취업을 거쳐 지금은 놀고 있다.

"사회에 기여하고 싶으나, 이제는 그럴 수 없다는 것을 받아들였다. 정서적으로 그런 부담감을 내려놓고 열심히 골프치며 놀고 있다."

늘 젊은 영혼의 소유자로 생각했던 그가 이런 상황에 있다는 게 약간은 슬프다. 그러나 남을 배려하고 따뜻한 마음은 여전히 그에게 가득하다. 아무래도 부인이 공직에 있어서 갖게 되는 여유라고 생각되기도 하지만.


J 상무

퇴사 이후 여러 번 만났는데 그는 여전히 무엇인가 열심히 찾고 있다. 이제 59세인 그는 만날 때마다 본인의 정신연령은 50대 초반이라고 우긴다.

그래서 생년월일보다 훨씬 일을 스마트하게 할 수 있다고 주장한다. 주변 사람들을 만날 때마다(심지어는 나를 만날때도) 일자리를 찾을 수 있도록 도움을 달라고 어필하는 매력이 귀여운 분이다. 이분도 부인이 전문직종 공무원으로서 겉으로 보기에는 그렇게 서둘러 일을 찾을 필요가 없을 것 같지만 사람 마음이 다 그런 것은 아닌가 보다.

U 상무
현역 때 여러 중소기업과의 협력을 담당한 탓에 나름대로 많은 곳에서 재취업 의사를 묻곤 하지만 정작 본인은 "나 정도면 적어도 어느 수준 이상의 포지션과 연봉을 주어야 일을 할 수 있다."고 말한다.

그는 벌써 일 년째 놀고 있으며 열심히 운동에 집중하고 있다. 자전거, 등산, 걷기 같은 것을 하면서도 옛 동료와 후배들과는 자주 만나면서 네트워크 관리를 잘하고 있다. 아마도 조만간 본인이 만족할만한 곳으로 재취업을 하게 될 것으로 보인다. 부러운 사람이다. 까칠하지만 심성이 여린 상반된 성격을 가지고 있어서 마냥 편하게 다가가기 어렵지만, 그 분도 나를 늘 좋은 마음으로 대한다는 믿음이 있다.

B 상무

퇴사한 지 1년 정도 된 그는 나와 비슷한 처지다. 나름 젊은 나이에 회사를 나왔으나, 전 직장에서 협력업체 관리 업무를 한 탓에 여러 곳에서 스카우트 제의가 있었다고 한다. 그는 퇴사 3개월 만에 재취업의 위업을 달성한 부럽기 그지없는 친구다. 그는 술과 커피를 좋아하는 사람이다. 그는 전혀 다른 물성의 식품들인데 그를 떠올리면 생각나는 것이 술과 커피라니 웃지 않을 수가 없다.

 자기애가 많아 늘 자신감이 넘쳐있었는데 갑자기 퇴직 명령을 받고 그 충격에 빠졌다. 병원 신세까지 졌으나 짧은 기간 안에 재취업을 하였다. 그러나 요즘 고민은 그 회사 사장과 업무 스타일이 너무 달라 퇴사를 고민하는 중이란다. 당초 서울근무라고 했는데 들어가 보니 일주일에 반 이상은 지방에 있어야 한다. 입사한 시점으로부터 업무가 너무 많아 감당하기 어려운 지경까지 내몰리는 상황이다. 재취업에 관한 그의 단호한 조언이 귀에 꽂힌다.
"절대로 서두르지 말고 재취업할 때 어떤 회사인지 잘 파악하고 수락하는 게 중요하다. 이전에 다니던 그런 직장과 같이 대우하는 곳은 없다. 일단 나왔으면 돈 많이 버는 것은 잊어버려야 한다."

S 상무

퇴사한 지 4년이 지난 지금도 자기를 퇴사시킨 상사에 대한 억하심정을 누르지 못하고 있다는 얘기를 전해 들었다. 자기 스스로를 평하기를 일을 잘하고, 스마트하고, 상하관계도 잘하는 완벽한 임원이라고 여기는 사람이었다. 그런데 그 사람 혼자만 그렇게 생각하고 있지 다른 사람들은 그를 결코 좋게 평가하지 않는다. 다른 사람들은 그를 볼 때마다 불편해 한다.
지금도 무엇을 하는지 알 수가 없다. 나도 그와 상하관계로 같이 일한 적이 있었는데 그때처럼 힘들고 어려웠던 때가 없었다. 어쩌면 다시 만나게 될 텐데, 그때는 내가 그를 어떤 마음으로 대할지 아직 미지수이다.


386세대
내 세대, 소위 386세대는 그야말로 격동의 시간을 거쳐오면서 그 속에서 많은 기회를 가졌다. 국가와 기업을 위해 헌신하며 달려온 세대가 아닌가 싶다.
경쟁도 있었지만, 팽창기를 살면서 어디서든 일할 자리가 있었고, 이후에도 각자의 자리에서 리더로서 오래도록 있을 수 있었던 복 받은 세대 말이다.

 지금 이 세대가 뒷방으로 밀려나고 있다. 내가 지금의 상황에 직면해보니 그동안 깨닫지 못했던 '세대의 개념'이 새롭게 다가온다. 적어도 내 세대는 이제 주력에서 밀려났다는 것이다.

아직도 무수한 386세대의 임원들이 현역으로 자리하고 있지만, 이제는 다음 세대, 그러니까 70년대생들이 그들의 자리를 차지하기 시작했다. 70년생들이 내 세대를 뛰어넘자면 약 5년을 앞당겨 임원이 되어야하고, 그들 중 선두 그룹은 이미 고위임원의 자리에 올라섰다.
그러고 보면 거의 7~8년을 뛰어넘는 현상이 벌어진 것이다. 현직으로 있는 60년대생 임원들은 이제 앞으로 5년 정도를 더 할 수 있을 것이라는 기대는 불가능한 상황이 되었으며, 아직 임원이 되지 못한 부장급 60년대생은 그들이 그렇게도 애타게 원했던 임원승진의 기회가 손만 뻗으면 잡을 수 있는 지점에서 이제 신기루가 되고 있다.
한참 후배들이 386세대 위로 올라가 상급자가 되어, 소위 '혁신적인 리더십'을 발휘하기 시작했다. '이제 곧 임원이 될꺼야, 일년만 참고 성과를 내봐!'이런 허상에 매몰되어 몸 바쳐 헌신하던 60년대생의 '경험의 리더십'이 '혁신적 리더십'으로 대치된 것이 지금의 현실이다. 이 둘이 부딪치면 60년대 생들은 어쩔 수 없이 물러나야 한다는 것을 받아들이게 될 것이다.

매일매일 경험해야 할 낮아짐의 순간들이 자존심을 긁어내리고, 열정의 의지도 갉아먹기 때문이다. 끝자락에 서서 부여잡고 있던 옷깃의 마지막 자락까지 뜯기면서 한없이 나락으로 떨어져야 했던 것이 바로 '나'이다. 오늘 나는 시대가 가져다준 자연스러운 현상에 순응하고 있다.

현직에 남아 있는 60년대생들에게 고함.
어떻게든 출구전략을 잘 짜야 한다. 어떻게 퇴임할 것인가에 마음을 두어야 한다. 더 열심히 해서 성과를 내고 자리를 유지하거나 고위임원에 대한 미련을 버리지 않으려는 분들은 더욱 파이팅하시길 바란다.
그러나 이 회사에서는 여기까지임을 자각하고 어떻게 퇴임할 것인가 고심하는 분들은 정말로 잘 생각하셨다고 격려한다.
열심히 일하면서 보람을 찾을 수 있는 데까지 활기차게 일해야 한다. 그리고 마음의 여유를 가져라. 일과 생활을 분리시켜 양쪽을 균형 있게 밀고 나가라. 조금은 더 여유 있는 삶을 찾아가기 위해 은퇴를 준비하라는 말이다.

아이러니한 것이 있다. 누구나 처음에는 회사에서 더 높은 자리를 차지하기 위해 최선을 다해본다. 그러다가 자연스럽게 그 길이 포기되고, 시간의 흐름에 따라 일보다는 자

기 자신의 모습을 찾는 마지막 단계로 가게 된다는 것이다. 그러기에 내가 지금 어느 단계에 있든지 출구전략은 잘 짜야 한다. 마음의 준비 없이 갑자기 닥치면 당황하여 자칫 건강까지 해치는 경우가 많기 때문이다. 특히 코로나 시국에는 더욱 그렇다.

우리 세대는 적어도 회사에서는 정리되었다. 이제는 그 다음을 위한 행보가 남아있다. 같이 걸어가 보자!


### 51일 강아지 한 마리 키워 볼까? 꿈은 자유다.

강아지 한 마리 분양받아 키우자고 아내에게 얘기했다가 한소리 들었다. 아내는 내게 포기하란다. 강아지 뒷바라지는 주로 아내가 할 것이기에 내 생각이 그렇게 중요하지 않다.

이튿날, 강아지에 대한 거절이 아직도 귀에 생생한데 심기일전하여 심호흡 크게 하고 아내에게 또 다른 제안을 한다.
"지방에 가서 살까?"
말을 던져놓고 아내의 얼굴을 살핀다.
"어디?"
"고향 근처 청주."

나는 아내의 질문에 재빠르게 대답을 하고 다음 말을 기다린다.

"좋지! 청주, 친구들도 있고."

오호! 아내의 빠른 대답에 내 속에서 쾌재를 불렀다. 강아지는 일거에 거절당했지만, 지방에 내려가는 것은 반승낙이 된듯하다. 이왕이면 아파트 말고 집을 짓고 살자고 했고, 대체로 그러자는데 동의하는 분위기다. 그 기회를 놓칠까 싶어 바로 지방의 땅을 알아보려고 부동산에 연락을 해 놓았다.

집을 지을 땅을 결정하고 매입한다는 것이 정말로 쉽지 않다. 딱 집 한 채 지을만한 그런 넓이의 대지를 찾을 수가 없다. 산 아래 동네에 대지는 천 평이 넘어가는 거대한 규모로만 매매가 가능하고 조금 시내와 가까운 곳은 물건자체가 없어 더욱 어렵다. 이미 살고 있는 집을 사는 방법이 있는데, 이도 매물이 많지 않고 어쩌다 적당해서 가보면 새로 지을 엄두가 나지 않을 정도로 옆집과 다닥다닥 붙어 있다. 쉬운게 하나도 없네~

어찌어찌하여 땅을 샀다. 그 과정이 너무 힘들고 비용도 많이 지출되어 집을 짓는 것은 한참 뒤로 미뤄놓을 참이다. 그래도 기회가 되는 대로 집을 지어 조만간 그곳에서 살려고 한다.

비닐하우스도 마당 빈터에 작게 만들어 놓고 겨울이든 사시사철 작은 식물들을 키우며 작은 쉼터로 만들고 싶다. 집 한쪽 편에는 취미 방을 만들어 음악을 하고 싶다. 같은 공간에서 글도 쓰고 영상도 만들 수 있는 작은 스튜디오도 배치해볼 생각이다.

요리를 할 수 있는 작은 주방과 손님들과 같이 모여서 먹을 수 있도록 넓은 다이닝 테이블을 놓고 말이다. 정원의 한구석에는 아궁이를 만들어 놓고 간헐적으로 두부를 만들어 이웃과 나누어 먹는 것도 해보고 싶다. 이런 생각을 하다 보면 그 생활이 아주 가까이 온 느낌이다.

어느 정도 익숙해질 즈음에는 산 아래 밭을 일구려고 한다. 주말농장보다는 좀 더 큰 규모의 밭농사를 하고 싶다. 어린 시절 엄마와 인력거를 끌고 물 건너 밭에 다니던 기억이 아른거린다. 마늘, 감자, 배추, 무를 심었던 그 밭에는 많은 추억이 자리하고 있다. 한여름 뜨거운 태양이 이글거리는 그곳에서 엄마와 나는 열심히도 밭을 일구고 가꾸고 했었다. 생각해보면 나는 초등학생이어서 주말에나 가끔가다 엄마의 일손을 도왔던 것이었지만, 엄마는 매일 그곳에 나와 억척스럽게 농사일을 하고 있었을 것이다.

지금 나는 엄마가 하늘나라로 가신 그 나이쯤이 되었다.

이 나이가 되어서 그때의 기억이 생생하게 머리를 감싸며, 나도 엄마를 따라 그렇게 농사를 하고 싶다는 생각이 드는 이유는 무엇일까? 이런 상상으로 오늘 나는 엄마를 추억하고 있다. 그리고 몇 년 뒤에 있을 집짓는 것과 작은 농사를 짓는 것에서 그 추억을 이어갈 것만 같다.

이런 감상에서 현실로 돌아오는 사이에 '일'이라는 게 존재한다. 2~3년 뒤에 지방으로 간다면 아직도 50대에 보람과 활력을 심어줄 '일'을 해야 제격이지 않을까 싶다. 아니, 이런 약간의 가식적인 이유라기보다 '일'은 가장 중요한 것일 수도 있겠다는 생각이 든다.

이제부터는 그것을 더욱 고민하고 준비해야 할 것 같다. 나의 '어떻게 살 것인가'에 대한 답이 될 수 있는 그것, '그 일'이 어떻게 나에게 올지 기대가 많다.

나는 대형버스 운전면허를 가지고 있다. 회사 일을 위해 필요하다며 반강제로 면허를 땄다. 거금을 들여 교육도 받고 운전 실습도 해서 딴 면허증이다. 그때는 이것을 따야지만 회사생활을 계속할 수 있을 것처럼 압박을 해오는 바람에 없는 시간을 쪼개 합격을 했는데, 그것과 상관없이 이렇게 퇴사를 하고야 말았다.

지금 와서 생각이지만 너무 뜬금없는 압박이지 않았나 싶다. 지금도 이런 억지가 계속되고 있을 것이다. 하여간 지금 그 면허가 나의 지방 생활 프로젝트에 활력을 주고 있다. 참, 아이러니하다. 다름 아닌 노선버스 운전사가 되는 것이다. 청주 오송의 KTX역에서 우리 동네까지 운행하는 버스를 운전하는 것이다. 내가 집을 지을 동네는 도심과는 약간 떨어져 있어서 어떤 교통수단이 필요하기 때문이다.
시골 버스 기사. 그 버스 공간에서 할 수 있는 많은 삶의 이야기 속으로 들어가 본다. 매일 같은 시간에 버스에 오르는 사람들과는 그만큼 친하게 인사를 나눌 것이다. 처음 오는 신사에게는 동네를 자랑하는 홍보대사가 되어주고, 촌부의 느릿느릿한 승차에도 여유 있게 기다려 줄줄 아는 그런 버스 기사이다. 돈도 노력한 만큼 벌 수 있으면 좋겠다. 버스에서 만난 사람들에 대해 글도 쓰고 영상도 만들어 세상에 알리면서 말이다. 새벽 시간 버스를 운전하고 싶다. 그 이른 시간에 바쁘게 움직이는 사람들을 보고 싶어서 이다. 그들의 에너지와 활력이 나에게 오고, 나는 그 맛에 흠뻑 빠져 살고 싶어서다.

 노래를 하고 싶다. 집을 지을 때 작은 공간을 만들어 동네 나이 지긋한 분들 모아 노래를 가르치고 싶다. 같이 부르며 춤도 추면서 흥에 넘치는 시간을 갖고 싶다. 주민센

터나 주변에 관공서의 홀을 무상으로 빌려서 한다면 최고일 테고, 그렇지 못하다면 교회나 성당 같은 곳에 협조를 구해 공간을 빌려도 무방하다. 거기서 약간의 음향시스템과 스피커를 설치해놓고 나는 통기타와 튜너로 음악을 믹스하여 그들과 즐기는 음악 여행 그런 것 말이다. 가능하다면 약간의 사회적 기여에 따른 봉사비용도 받으려고 한다. 그것이 '일'이 되어야 꾸준하기 때문이다.

꾸며놓은 다이닝룸에 프라이빗 식당을 운영하고 싶다. 예약제로 운영하는 식당은 두 명부터 10명까지 한 그룹만 예약하는 방식이다. 거기서는 전식, 메인 메뉴, 후식으로 짜인 코스요리를 제공한다. 물론 음식은 예약자의 요청대로 하면서 메인 쉐프는 아내가 맡는다.

기념할만한 좋은 날을 위해 저렴하고 유쾌한 추억을 만들어 주고, 아내는 평소에 요리하는 것을 좋아하니 '일'로써도 기쁘게 할 수 있을 것이다. 그것 또한 나에게는 새로운 만남 속에서 신선함을 경험할 수 있기에 좋은 계획이지 싶다. 이것도 돈을 벌면서 하고자 하는 것이니 '일'과 함께하는 삶이 성립될 수 있는 것이다.

기타를 들고 한참을 노래하고 있다. 창밖에는 비가 내리고, 약간 쌀쌀한 게 노래하기 좋은 날이다. 이게 '일'이 될 수 있다고 생각하니, 핏대를 세우며 노래를 한다. 드럼 리듬 박스를 스피커에 연결하고, 통기타에 맞추어 노래하는 것이 오늘 같은 날에는 꽤 잘 어울린다. 이렇게 한 시간을 훌쩍 넘기며 노래를 하고 있다.

### 52일 구내염과 패셔니스타

 입술에 포진이 생기는 거는 아마도 수십 년에 걸쳐 반복되는 고통의 시간이었다. 입안에 구내염이 생기는 것과 이 입술의 포진은 늘 나와 함께 했다. 구강 주변에 흐르는 저주의 강이 끊임없이 나를 괴롭힌다. 지금도 아랫입술에 조선 반만 한 포진이 생겨 흉하게 자리하고 있다. 도저히 좋아지지 않아 약을 사기 위해 약국에 가 마스크를 내리고 아랫입술을 보여주니 약사가 화들짝 놀라며 "오! 엄청 크게 물집이 잡혔네요."라고 말한다.
뒤로 돌아서며 혼잣말처럼 한 그 말이 내 마음을 더 후벼 파고 있다.
'이렇게 큰 물집은 지금까지 못 본 거 같네.'
하얀 연고를 받고 바르기를 일주일이 지나도 상황은 여전히 같아 보인다.

이러다가 어느 날 갑자기 딱지가 떨어져 나가고 약간의 피가 나오고 다시 굳어 딱지가 생기고 없어지기를 몇 번 반복하면 입술 포진은 없어진다. 한 번 생기면 여지없이 한 달 정도는 달고 살아야 하는 병이다. 그래도 요즘은 웬만하면 마스크를 쓰기 때문에 흉한 모습은 가릴 수 있어서 다행이다.

 두 번째 고통은 구내염이다. 이번 구내염은 혀끝에 자리하고 있다. 벌써 3개월째 계속되고 있다. 아랫입술 안쪽에 난 것 한 달, 혀 오른쪽 안쪽에 난 구내염 한 달, 그리고 지금 혀끝에서 그놈이 진행 중이다. 한 일주일은 된 것 같다. 이렇게 입 주변이 문제가 많아서 나름대로 터득한 처방이 있다면 무조건 많이 자는 것이다. 이럴 때면 운동도 중단한다. 가벼운 산책 정도는 하지만 등산을 한다거나 땀 흘리는 운동은 피해야만 한다.
원인을 보면 과거에는 육체적으로 힘듦에서 왔다면, 나이 들어서는 정신적인 스트레스가 그 원인이 된다. 스트레스를 관리하는 방법이 도무지 신통치 않다. 조금이라도 아프지 않으려고 부단히 노력해야 할 일이다. 몸이 아프면 마음의 병도 생기고 매사에 자신이 없어지니 말이다.
이제 일주일이 다 지나고 새로운 일주일을 구내염과 함께 맞이한다. 이번 주는 반드시 떼어내고야 말겠다. 비타민과 영양제를 장착하고 다시 침대 속으로 기어들어 간다. 이 잠이 깰 때는 입안에 새살이 돋아나길 간절히 바라면서 말이다.

출근하는 날이 가까워지고 있는 까닭일 수도 있겠다. 이제 2주 정도 지나면 새로운 직장에 출근을 한다. 어느새 편안하게 지내오는 게 익숙해져서인지 아침 일찍 일어나야 하는 것, 사람들과 부대껴야 하는 것, 스스로 일을 만들어가야 하는 것에 긴장감이 생긴다.
사람 만나는데 자신감이 있었는데 지금 몸 상태가 좋지 않아서인지 불편하고 자신감이 없다. 낮은 자세로 임해야겠다. 새로운 일, 새로운 사람들을 만나면 첫인상을 좋게 만들어가는 재주가 나에게는 있었다. 이것이 오히려 독이 된다는 것을 깨달은 지는 얼마 되지 않았다. 좋은 인상에 스마트한 언변과 지식을 가지고 있는 사람을 누가 좋아하지 않을까마는, 자칫 내가 가진 능력에 비해 과대하게 포장되었다면 오히려 독이 된다는 사실 말이다.
그래서 나는 사람들을 볼 때 첫인상에 말 잘하고, 많은 것에 경험이 있어서 모든 것을 잘 할 수 있다고 이야기하는 사람들을 경계한다. 내가 그렇게 해왔고 지금도 여전히 그런 모습이 남아 있기 때문이다. 오히려 처음에는 말도 잘 못하고 인상도 피곤해 보이고 하던 사람들이 서서히 능력을 발휘하고 나중에는 역전해 나가는 것을 많이 봐 왔다.
그런 사람들이 무서웠고 이를 대항하기 위해 얼마나 많은 불편한 진실에 나를 노출 시켰는지 모르겠다. 잘 알지도 못하면서 다 아는 것처럼, 잘할 수 있는 것처럼 나를 포장하는 것 말이다.
있는 그대로, 부족하기 그지없는 그 모습 그대로 이야기하고 싶다. 억지로 겸손하게 만들어 갈 수는 없을 것 같지만 적어도 과잉포장하는 것은 지양해야겠다. 다시 과거로 돌아가 '모든 것을 잘 할줄 아는 사람'에 갇혀서 내적 스트레스에 힘들어하지 않아야겠다.


 '패션'이라고 하면 거창한 말이지만 나는 옷과 신발, 헤어스타일에 관심이 많다. 원래 잠재돼있던 모습은 아니고 마케팅 일을 하다 보니 자연스럽게 그런 무리에 들어가 있었다. 다행히도 부모님께서 좋은 유전자를 물려주셔서 옷맵시를 잘 표현할 수 있는 날씬한 몸매를 가지고 있다. 약간만 신경 써서 입고 신으면 그런대로 보기 좋은 직장인 스타일이 연출된다.
 내가 하얀 스니커즈를 신고 회사에 출근한지 일주일 정도 지났을 때 보다 못한 본부장이 점심때 구내식당에서 돌아오는 길에 이렇게 말했다.
"안 상무! 내가 검은색 구두 하나 사줄까?"
한마디로 내 하얀색 스니커즈가 꼴 보기 싫다는 얘기다.
"네! 사주세요, 260입니다."
나는 순간 이렇게 답변을 하고 그 순간을 모면했지만 그 뒤로부터 한참을 그 하얀 스니커즈 신발을 신고 출근할 수 없었다. 물론 그 본부장은 검정 구두를 사주지 않았다.

"임원들 중에 패션은 단연코 최고이십니다."
주변에 여러분들로부터 이런 이야기를 들을 때면 기분이 좋아지면서 이렇게 답변한다.
"그래? 이거 그냥 집에 있는 거 걸치고 온 건데. 하하하."
약간은 어깨를 으쓱대면서 말이다.
"아니! 이런 색의 구두를 너무 잘 소화를 시키시네요."
밝은 갈색 구두와 옥색 구두가 있다. 밝은 갈색 구두는 이태리산인데 마트에 장보러 갔다가 매대 바닥에 전시되어있는 것을 내 눈에 번쩍 띄어서 두말하지 않고 장만했다. 옥색 구두는 거라지 세일 하는 곳에서 그야말로 주었다. 그 색이 오묘하고 회색빛도 가미되어 튀지 않지만 자세히 보면 녹색이 은은하게 보이는데 그 색의 조화가 기가 막혔다. 아침에 출근을 위해 입은 바지의 색깔에 맞추어 구두를

고르고 나면 기분이 너무 좋다. 출근길에 유일하게 내 기분을 좋게 만들어 주는 나만의 패션, 나는 그것을 놓고 싶지는 않다.

## 53일 아직도 생각이 많다.

현실에 서서 미래를 생각하다. TV를 보거나 유튜브의 강의를 듣다 보면, 대부분의 철학자들은 현실의 중요함에 대해 설파하는 것을 본다.
지난 얼마간의 시간 동안 나를 돌이켜보면 현실보다는 몇 년 뒤의 모습에 집중해왔던 것 같다. 그 세계를 꿈꾸고 그 속에서 의미를 찾고, 마치 손에 잡힌듯한 그 미래의 일들에 마음과 생각이 온통 사로잡혀 있는 것 말이다.
미래를 이야기하면 기분이 좋아진다. 몸은 하나라도 여러 가지 일을 할 수 있는 초능력자가 된다. 모든 주변 여건과 내 경제적인 상황이 무시되기 일쑤다. 오늘 나에게 들어오는 의미 있는 깨달음은 이것이다.
'내가 지금 오늘을 살아가고 있고, 여전히 아내와 아이들과 더불어 있으며, 새로운 직장은 이전보다 급여가 형편없으며, 스마트한 사람들과 같이 일하던 것을 나 혼자 해야 한다.'

이런 현실에 대한 자각이 오늘 나에게 왔다. 아직도 내가 대기업 임원인 듯한 그 힘이 나를 끌어가고 있다는 생각에 소스라치게 놀란다.

그렇지 않다고 부인하지 못할 마음 저편에 자리 잡은 허영이 불쑥 튀어나온다. '나 정도면 훌륭하게 인생을 살아온 거야, 그러니까 자신 있게!' 그러다가 이내 생각이 바뀌어 '지금 나의 현실은 과거와는 달라졌다. 낮은 자세로 사람을 대하고 마음가짐도 겸손하게!' 라는 정반의 마음이 든다. 그런데 이 두 가지 마음이 서로 상충 되거나 반대의 개념으로 느껴지지 않는 것은 어떤 이유에서일까? 이 두 가지 생각이 엎치락뒤치락하면서 이럴 때는 이것을, 저럴 때는 저것을 좋게 여기며 살기를 원한다.

그러니까 나에 대해서는 자신감 있게, 남에 대해서는 현실을 자각하고 겸손하게, 이렇게 하면 최상의 조합일 것이라고 여겨본다.


　일전에 딸이 아내에게는 명품가방을, 나에게는 좋은 펜을 선물로 주었다. 아내는 오늘 친구와의 약속에 그 가방을 수줍게 들고 나갔다. 내가 가져가라고 던진 한마디에 용기를 얻어 그렇게 한 것 같다.

한 달 넘게 장롱에 숨어 있다가 드디어 오늘 빛을 보게 되는 가방이다. 나는 얼마 남지 않은 출근 첫날 그 볼펜을 들고 갈 예정이다. '고용계약서'에 서명을 할 텐데, 그때 이 볼펜으로 하려고 한다.
"이 펜이 사용될 좋은 일이 많이 일어났으면 좋겠어."
딸은 나에게 이렇게 말하면서 선물을 주었다. 딸아이의 마음이 그대로 이 펜에 묻어나서 코끝이 찡했다. 그 이후, 새로운 회사가 정해졌으니 말이 씨가 되었고, 고이 간직해 놓은 펜을 폼 나게 들고 가서 서명할 생각이다.

지방에 사시는 장모님으로부터 전화가 왔다. 전화 받는 아내의 표정이 매우 밝다. 기도하셨던 게 모두 다 응답받고 있다는 말씀이다. 지금 얼른 또 다른 기도 제목을 달라고 하시는 장모님의 신앙심에 한번 놀라고, 거기에 대답하는 아내의 모습에 두 번 놀란다. 어쨌든 지금 최고의 기도 제목은 딸 내외의 대학원 시험준비를 잘할 수 있도록 기도하는 것이다.
좋은 직장을 뒤로하고 다시 점프업을 위해 도전하는 그들의 앞길에 새로운 대로가 펼쳐지기를 기도한다. 그 길의 첫 번째 관문이 한 달 뒤에 있을 자격시험이다. 지금 한창 준비 중에 있는데 좋은 결과가 있도록 기도 부탁을 드렸다. 두 번째 기도는 막내의 앞길에 대한 기도이다. 미국에서의 학업에 어려움이 없도록, 그리고 악한 생각과 그런 무리에 속하지 않고 선한 영향력을 발휘하는 청년이기를 기도한다.

장모님의 전화에서 묻어나오는 진한 사랑의 언어가 온 집안을 휘감고 돌아간다.

'그래! 내가 이런 집안에 속해 있지!'

나의 취업도 그분의 기도 응답에 예외가 아니었음을 알기에 오늘도 겸손하게 하늘로부터 주어진 이런 축복에 감사하며 살아가리라.

## 54일 봄 향기에 담은 이야기들

겨울이 가긴 가는가 보다. 아름다운 향기가 코끝을 스치고 눈알을 돌아서 머리카락으로 넘어간다. 얇게 부는 바람에 아직은 봄이라 하지 못할 겨울을 끝자락을 온몸으로 느낀다.

마음을 녹이는 따뜻한 말이 내 추운 겨울의 그 쌀쌀함을 녹여주었다면, 지금은 이 바람과 공기와 햇살과 가벼운 옷차림이 더불어 나를 넉넉하게 만든다. 지난겨울 얼마나 추웠나! 그 바람 맞으며 강변의 산책로를 그렇게도 열심히 걷고 달리기를 두 달이 지나고 있다. 진저리치게도 추웠을 어느 날, 한겨울에도 머리에 털모자를 쓰고 단단히 방한복을 입고, 강가로 나아간다.

맨살이 드러나는 몸 어딘가의 빈틈을 비집고 들어오는 살을 에는 듯한 찬바람은 몸을 소스라치게 만들었다. 움츠린 어깨를 한바탕 부르르 떨면서 걷는다. 뛴다. 머리에 남아 있는 어떤 끈적끈적한 것을 떼어내고자 그렇게 한다. 찬바람이 머리를 휘감는다. 그만큼 끈적거림이 바람과 함께 사라진다. 한두 시간 추위와 사투를 벌이고 승리하여 돌아오는 장수와 같이 집으로 돌아와 베란다 창문을 활짝 열어젖히고 후끈한 집안 공기를 리프레쉬한다.

아직 침대에 있는 가족들의 탄성 소리가 하나둘씩 터져 나올 때쯤 다시 창문을 닫고 아침을 시작한다. 아직도 불쑥 끈적거림이 치솟곤 하지만 추운 새벽바람 속으로 달려가지 않아도 될 것을 알기에 한시름 놓는다. 따뜻한 이불 속처럼 오늘은 사방에서 그 기운이 내 몸을 감싼다. 봄이다.

가벼운 차림에 운동화를 신고 전철로 향한다. 그렇게 다양하지 않은 나의 인적 네트워크에 한 축을 자리하고 있는 사람이 있었으니 그 사람이 바로 허 교수다. 우리는 한 20년 전에 나는 마케팅담당자로서, 그는 한 시민단체 운영자로서 처음 만났다.

"왜 돈도 안 되는 이런 시민운동을 하시나요?"
나의 무례한 질문에 그의 대답은 무척이나 진지했다. 나는 귀담아듣기 위해 자세를 고쳐 앉는다.
"조카의 교통사고가 계기가 되었고요, 그로부터 10년 정도 지난 지금까지 계속하고 있습니다."
교통사고, 특히 어린이 교통사고를 줄이려는 그의 다짐이 무척이나 진지했다. 교수가 된 지금까지 그 길에서 한눈팔지 않고 달려온 사람이다. 다양한 사람들과의 관계를 매우 소중하게 생각하는 그였다. 그러나 나는 그런 관계의 유지에는 소질이 없고, 심지어 까칠하기까지 한 나도 이렇게 긴 세월 동안 그를 만나고 있다.
처음 만났을 그때는 업무적으로 연결되어 만났지만, 그 이후 어떤 시기 동안에는 만나면 술 먹고 노래하는 데 시간을 보내기도 했지만, 몇 년이 지난 후부터는 늘 진지한 모임에 초대되어 공익을 위한 토론을 하면서 이십 년을 알고 지내왔다.

지금으로부터 한 3년 전, 그러니까 내가 한창 회사에서 잘나가고 있을 때 오랜만에 만난 저녁 자리에서 그가 나에게 새로운 제안을 던졌다.
"안 상무님, 안전분야에 박사과정 공부해볼 생각 없으신가요?"
그 말에 내 혼이 쏙 빨려 들어가는 것을 느끼면서 마치 내가 기다리고 있던 말처럼 격하게 반응을 하게 되었다.
"정말 좋은 제안입니다. 하고 싶습니다."
내가 이렇게 답하고 나서 박사과정에 등록하고 말았다. 주말에 시간을 쪼개어 공부와 직장생활을 병행하면서, 그동안은 내가 '갑'이고 그가 '을'이었는데, 이제는 완전히 역전되어 그는 지도교수로서 완벽한 '갑'이 되었고, 나는 학생으로서 '을'이 되어버렸다.
'내가 내 돈 내고 사서 고생하는 길에 들어가고 게다가 갑과 을의 관계도 역전되는 이런 망측한 일을 저질렀을까?'
  그런 생각도 잠시 그게 이유가 있었다.
나는 어려서부터 가르치는 일을 동경하고 있었던 것이다. 그래서 회사에서도 사내강사로서 있기도 하였고, 교회에서도 학생들을 가르치며 그 욕구를 채워가고 있었다. 그러던 중에 허 교수로부터 박사 코스 제안을 받게 되었으니 마치 원래 계획된 일처럼 자연스럽게 받아들이게 되었다.
나는 지금도 계속 공부를 하고 있다. 이제는 나도 교수가 되어 가르치는 일을 해야겠다는 생각보다 다른 이유가 생기게 되어 그것에 마음을 쏟고 있다. 그것은 바로 '보람'이다. 이제 다시 시작할 중장년의 삶에서 사회에 기여하는 다른 방편으로서 보람을 찾게 되었고, 이것은 지금까지의 '경제활동'과는 전혀 다른 삶의 형태라는 사실을 깨닫게 되었다. 돈을 버는 것으로서가 아니라 '보람'과 '명예'를 얻는 것으로써의 삶이다. 네트워킹을 매개로한 공공의 이익을 위한 활동, 그것이 앞으로 나를 이끌어가는 원동력이 될 것 같은 느낌이 서서히 든다. 코로나로 비대면 수업을 한다. 출·석·체·크.

"안 위원님! 이번 주에 회사에 한 번 오실 수 있을까요?"
새로 들어가게 된 회사에서 입사 전 사전조율을 위해 한번 오라는 전화를 받고 조금은 어리둥절하였었다.
"안 위원님 경력과 우리 회사에서 하는 일과 연결시키기가 어려워서 그렇습니다."
내 경력 사항을 보고 어떤 분야에서 일을 하는 것이 좋은지 잘 알 수 없다는 말이다. 그도 그럴 것이 그동안 이 회사에서는 주로 기술 분야의 인원들로 채워졌었는데 뜬금없이 그쪽 경험이 없는 내가 들어가게 되었으니 이런 요청을 하는 게 일면 이해가 간다.

회사에 가는 교통편을 미리 알아보고 여유 있게 버스를 탔다. 고속도로를 신나게 달리는 버스를 보면서, '아이고, 엄청 일찍 도착하겠구나! 좀 늦게 나와도 될 것을.' 속으로 그렇게 생각하면서 느긋하게 이어폰 음악을 듣는다.
운전기사가 내 마음을 알아들었는지 속도를 천천히 늦추

며 달리고 있다. 막혀서 그러는가 싶어 앞을 보니, 그런것은 아니었는데도 천천히 가고 있다. 속으로 웃으면서 이렇게 생각한다. '그 아저씨 마음도 참 느긋하시네.'

 대체로 버스 기사들은 마음이 급하다. 어디서 정체될지 모르는 서울 교통상황에다 내리고 타는 과정에서 조금만 늦장을 부릴라치면 여지없이 호통이 뒤따라오기 일쑤다. 그런데 오늘 이 기사분은 영 딴판이다. 그래서 좋다. 이 길 끝에는 한남대교가 있고, 거기를 지나 한참을 더 가야지만 환승 정류장이 나오니 이쯤에서 눈을 감고 이것저것 생각하기로 작정할 찰나, 갑자기 버스가 전용차선을 벗어나 바깥차선으로 움직이는 것이 아닌가!
'무슨 일이지? 뭐지?'
알 수 없는 초조함이 밀려들어 왔다. 이러다가 다시 전용차선으로 돌아오기를 간절히 바랄 즈음에 이미 버스는 고속도로 출구로 나가고 있는 것 아닌가! '버스를 잘못 탄 게 틀림없다.'
이 생각이 훅 밀려 들어왔다. 핸드폰을 들고 1151 노선표를 살펴보았다.
'아뿔싸! 이차는 서초ic에서 강남으로 들어가 다시 분당으로 회차하는 노선이 아닌가! 맞아 이 노선은 예전 회사 다닐 때 양재에서 자주 타던 버스다.'

큰일 났다. '나이 탓일까?'라는 생각도 스쳐가고, '바보가 되었나?'라는 생각도 스친다. 이내 바로, '그러면 여기서 어떻게 움직여야 최대한 빠르게 회사로 갈수 있을지?' 생각하면서 순간적으로 '버스는 안 된다, 무조건 전철을 타야 한다. 그러면 버스에서 어디서 내려야 하지? 그래 다음 정류장이 신논현역이야! 거기가 바로 내가 내릴 곳이야!' 신속한 행동으로 벨을 누르고 전철역으로 달려간다. 그렇게 행동하는 내 속에 복잡한 무언가 자리하고 있음을 느낀다. 어떤 거는 잘했고 어떤 거는 왜 그랬나 싶은 그런 복잡한 생각 말이다.

 두 달 만에 회사 건물로 들어간다. 나를 호출 했던 분과 대화를 마치고 회사식당에서 점심까지 하고 나서 친구와의 약속으로 여의도로 향했다.
방금 전까지 회사에서 나누던 새로운 일에 대한 대화를 생각해본다. 놀랍기 그지없다. 왜 놀라운지 설명을 하자면, 이틀 전에 허 교수를 만난 것부터 이야기해야 할 것 같다.
어제 나는 허교수를 저녁에 만났다.
"내일 회사에 면담차 갑니다. 회사측에서 내 경력을 보고 팸플릿에 어떻게 적어야 할지 모르겠다며 면담을 하자고 합니다."

내 말이 채 끝나기도 전에 허 교수가 이렇게 외친다

"'안전' 한다고 하세요! 지금 공부도 하고 있고, 앞으로 안전에 대한 이슈가 많아질 것이고 법도 새로 공포되고 있습니다."

그 말을 듣는 순간 나는 어디에서 한 대 맞은 느낌이었다. 전혀 생각지 못한 분야인데, 새로운 전문 분야가 생긴 것이다. 그것도 아주 절묘한 타이밍에 말이다. 역시 교수들의 인 사이트는 놀랍다는 생각을 다시 하게 된다. 그의 그런 제안이 그동안 안전분야를 공부하던 나에게 현실과 연결되는 아름다운 '섭리'의 순간이 되었다.

오늘 회사관계자 면담에서 나는 슬쩍 '안전'에 대해 공부하고 있다고 운을 떼었다. 그 말을 들은 회사관계자는 눈이 동그라지면서 크게 놀라며 이렇게 말을 한다.

"우리도 올해 안전에 대해 전문가를 채용할 예정이었고 어떻게 해야 하나 걱정이 많았었습니다."

그러면서 그는 이렇게 말했다.

"그냥 안 상무님이 안전 쪽도 맡아서 일해 주시면 좋겠습니다."

온몸에 전율을 느꼈다. 어제 허 교수를 만난 것과 오늘 회사면담을 하는 것 사이에는 그 어떤 의도된 바가 없었는데 이것들이 서로 얽혀져서 하나로 연결되는 순간을 경험하

였으니 말이다.

뭐라고 말해야 할지 모를 깊은 감사와 인도하심을 느낀다. 하나도 내가 의도해서 된 것이 없음에도 그렇게 된 것은 무슨 조화일까? 이것이 바로 은혜요, 인도하심이 아닐까?

## 55일 나를 세워주는 것

잔치

어디선가 잔치를 벌이고 있는가 봅니다
아까부터, 세수할 때부터
내 코를 적잖이 자극하는 이 냄새
어디선가 잔치를 벌이고 있는가 봅니다
튀김 소리가 나는가 하면
왁자지껄한 동네 아줌마의 소리
어디선가 잔치를 크게 벌이고 있는가 봅니다
망원경으로 보니까
우리 동네뿐만 아니라 저멀리, 그 멀리에서도 잔치를 하고 있네요
참으로 큰 잔치입니다
나도 부침개 한 소당 얻어먹으러 대문을 열고 뛰어나갔습니다

참으로 봄 잔치는 대단했습니다
(1999.3)


일반적으로 대기업에 입사를 하면 꽤나 여러 번 부서를 옮기게 된다. 같은 본부 내에서 움직이기도 하지만, 전혀 다른 곳으로 전보되어 일하게 되기도 한다. 나는 직장생활 30년 동안에 4개의 본부를 옮기는 비교적 다양한 경험을 한 경우다.

오늘 만난 세 사람은 그중에 두 번째로 본부를 이동한 곳에서 만난 직원들이다. 10여 년 전이었는데 그때부터 나는 고참 대열에 서 있었다. 젊은 시절부터 나이든 사람대접을 받아가며 직장생활을 하면 쉽게 늙어갈 수 있는 환경에 노출된다. 컴퓨터에 문제가 있거나 회사에서 새롭게 도입한 프로그램이 있으면 스스로 하려는 생각보다 여지없이 젊은 직원(?)을 불러서 컴퓨터에 깔아놓으라고 한다. 나는 좀 나이 있는 사람들과 로비에 가서 커피 한 잔 마시고 오는 전형적인 모습이 그때부터 있었다. 아마도 은퇴 연습이 이렇게 시작되었지 싶다.

내가 미국에서 회사 주재원으로 근무를 마치고 막 돌아오면서 배치된 부서여서 그런 것도 있지만, 그 옛날 본사 분위기와 매우 다르게 좀 닭살스러운 이벤트를 하기도 하고,

젊은 직원들 각자가 주도적으로 일 처리를 해나가는 모습에 한편으로는 신기하고 한편으로는 서운하기도 했다.
선임이라고 와 있는데 일하는데 있어서 어떻게 하면 되는지 좀 물어보고 지시도 받아가주면 좋으련만 그런 분위기가 잘 만들어지지 않았다.
특히 오늘 만난 젊은 두 친구는 더욱 그러했다. 해외에서 생활한 탓도 있겠지만 나랑 영 잘 맞지 않는 그런 캐릭터의 직원이었다. 그런데 잘 맞는다고 여겼던 그 많던 직원들은 온데간데없고 오히려 잘 맞지 않았던 이들이 연락도 오고 저녁 자리도 마련하는 것이다. 얼굴을 보는 순간 반가움에 소스라친다. 환하게 웃어주는 저편에 힘이 되어주고 싶은 마음을 읽을 수가 있다. 시간이 이렇게 흘렀음에도 불구하고 아직 그들은 나에게 신입사원 같은 그런 느낌이다. 간만에 나도 예전으로 돌아가 즐거운 시간을 갖는다. 신나게 웃는다. 그들도 지금의 나이를 잊은 채 신입사원이 되어 준다. 기꺼이 그래 준다. 고·맙·다. 신·입·사·원. 아니, 좋은 친구들.

만난 지 오래되어도 같이 늙어감을 인정하며 꾸준히 친구로 만나는 사람들이 있다. 이들과 벗이 되어 앞으로 무엇을 같이할까 이야기하는 순간도 있고, 한참 만에 만나서 그 처음 만났던 그 시절로 돌아가 십수 년을 되돌려주는 친구들도 있다. 마치 두 개의 수레바퀴처럼 우리네 세대를 지탱해주고, 굴러가게 해주는 원동력이라는 생각이 든다. 내게는 허 교수와 같은 여러명의 선배들이 한 축이고, 오늘 만난 젊은 친구들이 또 한 축이다. 이렇게 지금의 나를 건설해 나아간다.

## 56일 둘만의 첫 여행

아내와 제주행 비행기에 올랐다. 둘이 여행을 간 적이 있었나 되짚어본다. 없다. 신혼 후 바로 큰 아이를 낳았으니, 그 이후 28년간 가족 여행의 테두리에서 벗어나지 못하고 있었다. 게다가 둘째 중민이가 태어나면서부터는 더더욱 둘만의 여행을 꿈꿀 수 없는 상황이었다. 드디어 28년 만에 둘만의 여행길에 오른다. 둘만 가기에는 무언가 좀 미안함에 약간은 주저하였으나 말 나온 김에 둘만의 여행을 하기로 했는데 그게 바로 오늘이다.

아침에 일어나 지난 밤 준비해놓은 캐리어 두 개를 끌고 공항 가는 버스에 오른다. 마음이 가볍다. 늘 딸려왔던 아이들 챙기랴, 계획 세우랴 하면서 여행은 짜증도 동반했었는데, 이번 여행은 그럴 일이 없을듯하다. 완전히 떼어놓고 새털처럼 가벼움이 머리부터 발끝까지 가득하다. 특히 이번 여행은 관광, 음식, 등산 모든 것이 완벽하게 준비가 되었으니 우리는 그저 즐기기만 하면 되는 일정이다.

좌석도 비즈니스 클래스다. 나는 출장을 가면서 여러 차례 비즈니스 클래스를 경험했지만, 아내는 아마도 처음일 것이다. 예전에 미국에 살 때 딱 한 번 무료 업그레이드 기회가 왔는데 아이들을 이코노미에 떼어놓고 혼자만 그리 갈 수가 없다며 포기한 적이 있다. 그래서 실제로 비즈니스 클래스를 타는 것은 이번이 처음이다.

널찍한 좌석에 앉아서 온몸을 그 큰 의자에 맡긴다. 기내 사무장은 특별히 나한테 와서 편히 모시겠다고 웃는 얼굴로 인사를 하고 돌아간다. 아내가 옆에서 웃길래,

"내가 원래 이 항공사 VIP 고객이어서 인사하는 거야."

이렇게 으스대다 보니 벌써 항공기는 이륙하였고, 저 아래 파란 바다가 펼쳐져 있다. 아내는 옆에서 벌써 눈을 감고 있다. '이럴 줄 알았으면 내가 창가에 앉을걸.' 나는 눈이 말똥말똥 고개를 있는 대로 빼서 창 아래를 감상하고 있다. 음, 좋다.

공연기획사에 다니는 한 사람을 알고 있다. 공연과 연계

한 마케팅활동을 위해 만나곤 했던 사람이다. 그는 붙임성도 좋고, 기를 쓰고 영업하려고도 하지 않는 모습이 있어서 간간이 연락 오면 만나곤 했던 사람이다. 한때는 그가 우리 식구의 문화생활도 책임지기도 했다. 구하기 힘든 공연 티켓을 구해 준다거나 하면서 말이다.

많은 사람들이 연락이 오고, 또 많은 사람들의 연락이 오지 않는다. 이 사람은 연락이 오는 쪽에 있는 사람이다. 만나기로 했다가 취소하기를 한두 번 하다가 오늘은 꼭 봐야겠다고 하여 잠깐 보게 되었다.

"회사를 나오게 되었어."

"그런 줄 알았어요."

여기까지는 괜찮았다. 그가 헤아려 아는 척해주고 만나자고 애쓰는 모습에 '내가 사람 농사는 잘 지었네.'라고 생각하는 찰나에 그가 던진 한마디는 나를 잠에서 확 깨게 했다.

"그럼 이제 보람된 일을 해야겠네요. 저희 단체에 후원을 해주시고 이사진으로 들어오시죠."

그래도 약간은 위로를 받고자 했는데, 이만큼 나를 생각해주고 여기까지 와서 만나준 그가 참 고맙다는 생각이 '훅' 날아가는 순간이었다.

그는 그저 자기 일을 위해 한걸음에 달려온 것이었다. 퇴직 후 무엇을 해야 할지 모르는 나약해진 내 마음에 '후원'

을 해주면 '이사진'의 자리를 제공한다고 하면서 가방에서 한 묶음의 자료를 꺼내 한참을 설명해준다.
"이사진으로 들어오시는데 먼저 후원을 하든지, 후원할 수 있는 회사를 연결 하시면 됩니다."
내 눈을 어디에 두어야 할지 몰라 서류만 물끄러미 바라보고 있었다. 그는 거기에 더해서 말한다. 자기가 하는 일은 상무님이 잘 알듯이 사회공헌의 길이었다. 이 길을 걸어가는 십 수 년의 시간 동안 돈 안 되는 이 일에 헌신하고 있다. 은행장 출신의 사장님을 만나고 오는 길인데 그도 뭔가 보람된 일을 하고 싶다고 이사장으로 하기로 했다. 이제는 베풀며 살아가는 게 중요하다는 등. 이 말을 하는 동안 나는 계속 테이블에 올려있는 그 서류만 바라보고 있었다. 빨리 이 자리를 벗어나고 싶었다.

여행 가방을 쌌다. 편한 옷 두 벌, 멋진 옷 한 벌, 신발 두 켤레, 모자, 속옷 이렇게 가방에 지퍼를 잠그는 순간 내 마음은 날아갈 듯 좋았다. 벌써 제주도에 가 있는 상상을 하면서 잠을 청한다. 잠자고, 여행 계획을 하고, 맛있는 밥을 먹고. 세상에 좋은 것이 그리 크지 않음을, 누리기에 그리 어렵지 않음을 발견한다. 후원이 없어도 무조건 내 편이 되어줄 사람이 아직도 많이 있음에 감사한다.

주식은 하지 말자! 시간이 많아서인지 거들떠보지 않던 주식시장에 시선이 자주 가다가 덜컥 질렸는데 역시나 손해가 막심이다.

퇴직금, 다니던 회사에서 퇴직 이후 주는 지원이 좋다. 뭉텅이 돈이 들어오다 보니 갑자기 부자가 된 느낌이다. 돈이 넘쳐나는 듯한 착각에 사로잡혀 자연스럽게 투자할 곳을 바라보게 되고, 그 가장 가까운데 주식이 있다. 요즘은 퇴직금이 IRP로 자동입금 되다 보니 자연스럽게 증권회사 계좌를 만들어야 한다. 특히 그곳에 퇴직금이 들어오고 그 돈을 어떻게 굴려야 하는지 상담도 받게 된다. 그러면서 자연스럽게 주식에 접근하게 된다. '10% 정도는 투자해도 되겠지.'하면서 시작한 것이 그 이상 넘어가더니, 자기 논리에 빠져 거침없이 매수하게 된다.

조금 올라간다 치면 매수 속도는 더욱 빨리 진행이 된다. 그러다가 어느 순간 악재가 터지면서 여지없이 고꾸라지더니 회복하기가 영 어려운 가격까지 내려간다. 그런 다음에 오는 현상은 가격을 보지 않는 것이다. 핸드폰도 쳐다보지 않고 내가 가진 주식이 얼마인지도 꼴도 보기 싫은 지경에 다다르게 된다. 정신을 차리고 도대체 얼마가 손해인지 계산해보면 후회막심이다.

'이 주식은 왜 이렇게 많이 산 거지? 반만 샀어도 그나마 손해가 적을 텐데.'

이런 생각을 하며 화면을 덮는다. '이 정도만 손해 보고 그냥 나와야겠다.' 하며, 매도가격을 정해놓고 무작정 기다리게 된다. '내 주제에 무슨 주식이야!' 하면서 말이다. 오늘도 또 떨어진다. '젠장!' 주식은 하지 말자.

### 57일 여행은 말똥을 밟아도 행복하다

하늘과 바다가 맞닿아 있는 듯한 멋진 광경을 보고 있다. 제주에 온 지 이틀 째다. 마음의 안식을 얻기 위해서는 여행이 정말로 좋은 것이라는 사실이 새삼 다가온다. 정갈한 침대와 이불이 그러하고, 따뜻한 물이 가득 넘치는 욕조도 그렇다. 침대에 누워서 보이는 야자수와 그 바람도 그렇고, 창밖으로 펼쳐지는 아름다운 바다 빛은 사람 마음을 더욱 요동치게 만든다. 수십 가지 음식이 진설되어 있는 조식 뷔페와 그곳에서 만나는 잘 차려입은 여행객들의 모습에서도 아름다움을 본다. 배불리 먹고 나서 커피 한 잔 테이블에 올려놓고 통창으로 바라보이는 파란 잔디와 옥색 바다가 잔잔한 첼로 연주곡을 듣는듯한 평안함을 준다. 이제는 곧 올 가이드와 오늘 하루 다닐 여행지에 대한 기대감에 심장이 요동치고 있다. 그 어느 곳에서 이런 찬란함을 경험하겠는가! 언제 이런 평안함에 마음을 두어보았는가! 여행지에서 맞이하는 아침은 바로 이런 것인가 보다. 치유와 평안과 찬란함과 기대감 그리고 사랑.

 지난여름에 오르다가 만 한라산에 와있다. 등산을 싫어하는 아내를 두고 혼자서 김밥 한 줄 사서 한라산 정상 백록담을 목표로 오르고 있다. 울창한 숲에 압도되어 걸어 오르고 있는 나는 한없이 작다. 그래도 한 걸음 한 걸음 걸어 오르다 보면 어느새 그 위에 내가 서 있다. 작던 내가 이제 큰 산 위에 올라 서 있다. 그래서 나는 큰사람이 되고 높은 산은 작은 것이 된다. 겸손하게 시작하는 걸음이 옳다. 작음을 알고 인정하며 걷다 보면 어느새 내가 커지는 순간을 경험하게 되는가 보다.
지난 30년간 입었던 옷에서 빠져나와 내가 다시 입은 옷은 작은 옷이다. 산에서도 작고, 집에서도 작고, 친구를 만나도 작고, 온통 작음의 옷을 다시 입고 있을 뿐이다. 그 작은 옷에 몸과 마음을 맞춘다. 그렇게 다시 시작하다 보면 언젠가 내가 모르는 사이에 그 큰 것 위에 내가 서 있을 테지. 마치 지금 한라산 정상을 향해 가는 나의 작은 걸음처럼 말이다.

 아름다운 섬 우도에 갔다. 바람과 바다가 깎아놓은 기암절벽에 서서 한참을 그 기이함에 놀라 바라보고 있다. 우리도 모르는 사이에 가이드가 사진 몇 컷을 찍어주었는데 어찌나 멋지게 찍었는지 그 사진에서 나의 놀라움이 물씬 풍겨 나온다.
오름의 정상에 서서 무한대로 펼쳐진 고원지대를 바라본다. 바람에 맞서 서있기 조차도 힘든 그곳에서 머리카락을 휘날리며 넓은 산정평원의 찬연한 언덕을 바라본다. 바다 건너 멀리 보이는 성산 일출봉을 배경으로 사진을 한 컷 찍고, 그 넓은 들판을 걷다가 뛰다가 해본다. 말똥을 밟았다. 똥 밟아서 오늘은 재수가 좋을듯하다. 여행은 똥을 밟아도 즐겁게 해주는 좋은 것이다.

 하얀 침대, 향기로운 비누, 맛있는 음식, 즐거운 사람들, 바람과 바다, 한라산, 우도, 들판, 말똥 그리고 행복. 그런 여행이다.

## 58일 추억의 앨범

　미세먼지가 극성인 날, 아침에 옛 동료로부터 전화가 온다. 아차 싶은 게 일전에도 전화를 받았는데, 고향에 잠시 머물고 있다고 둘러대고 서울에 올라오면 연락 주겠다고 했었다.
"야! 올라오면 전화 주라고 했더니 왜 안 해! 올라온 거야?"
약간의 볼멘소리를 들으면서 변명을 늘어놓고는 한번 보자고 약속을 했는데 그게 오늘이었다.
대충 차려입고 약속장소에 나가서 그가 오기를 기다린다. 식당 주인은 나를 기억하는지 요즘은 왜 뜸한지 안부를 묻는다.
"아, 예. 자주 올게요."
이렇게 둘러대고 안내해주는 방으로 들어간다. 잠시 앉아 있다 보니 그가 들어온다.
오랜만에 봐서 그런지 만나서 반가운 마음이 먼저 든다. 식사가 차려지고 이것저것 회사 돌아가는 이야기부터 내 근황에 대해 한참을 나눈 뒤에 가져왔던 가방 보따리를 내놓는 것이 아닌가.
"꺼내 봐."
뭔가 묵직한 것이 가방에 들어있었다. 하나 둘 꺼내 놓기 시작한다. 감사패1, 감사패2, 앨범 등이다.

"감사패 1은 우리 본부에서 만든 건데 그 안에 들어있는 것이 금이야 순금, 보증서도 안에 있어."

그가 웃으며 말한다. 그리고 앨범이다. 누가 어떻게 찾아냈을지 모를 지난 3년간 내가 머물면서 찍게 된 사진이 멋지게 정리되어 있다.

지나간 일에 잠시 침묵이 흐른다. 이런 사진들을 찾느라고 힘들었을 직원들에게 감사하다. 무거운 것 전해주려고 몇 번이나 전화하고 이렇게 들고나온 동료에게도 감사하다. 집에 와서 아내와 앨범을 넘겨 가며 이런저런 얘기를 한참 나누면서 이제는 지나버린 그 시절의 추억에 잠시 머물러 있다.

## 59일 고마운 마음이 들어야 행복이 온다

배신감
아쉬움
고마움
새로운 삶
미래와 건강

배신감에 치를 떨었던 그 날, 나는 적막한 공기와 감당할 수 없는 두려움에 온몸이 가득했다. 몸이 반응을 먼저 해서 가슴 저편에서 무언가가 치밀어 오르고, 그 지경에서 주체할 수 없어 길가에 주저앉아 있다가 병원으로 향했던 그 날. 아직도 눈에 선하다. 그때로부터 한동안 내 속에 자리하던 그것은 '배신감' 이었다. 내가 이 글을 쓰기 시작하던 그때, 배신감은 나를 끌고 가던 유일한 감정의 원동력이었다.

 아쉬움, 그 뒤로 밀려왔던 감정의 소용돌이는 아쉬움이었다. '좀 더 노력했더라면 지금 이런 신세가 되지 않았을 텐데.' 중국으로 좀 더 빨리 움직였으면…. 새로운 사업에 참여할 수 있는 기회가 왔을 때 확실히 움켜 잡았어야 하는데…. 이랬어야 했는데, 저랬어야 했는데… 이런 아쉬움이 그 다음 나를 이끌던 감정의 원동력이었다.

 고마움이 자리하기까지는 시간이 좀 더 흐른 뒤였다. 아마도 더 이상 회사와 나와 다시 만날 수 없음을 인정하고 나면서부터이지 않았나 싶다.
고마움은 전면적으로 오지는 않았다. 배신감과 아쉬움이

잠시 뒤로 갔을 때 내 맘에 훅 들어오고는 다시 밀려나기를 반복했나 싶다.

오롯이 고마움을 내 마음에 가득 채우기는 아직도 아닌 것 같다. 그래도 서서히 지난 긴 세월 동안 나를 있게 해준 근원적인 부분의 생각에 이르렀을 때에야 '회사가 있었음'에 대한 고마움이 들어왔다. 그동안 내가 살아온 시간들에서 좋은 결실이 있었고, 열심히 살아왔기에 가능했다는 스스로에 대한 위로가 생겨났다. 점점 더 이 고마움에 대한 마음이 커지는 것을 부인할 수 없다.

새로운 삶, 처음엔 절실함에서 그렇게도 아등바등 새로운 일거리를 찾아야겠다는 압박이 많았다. 고마움의 단계를 지나고 난 뒤에 찾아온 새로운 삶에 대한 부담감은 훨씬 더 행복을 찾는 쪽에 가까운 것이었다. 행복한 삶을 위해 지금 내가 시작하려는 것이 무엇인가? 언제 어떻게 시작해야 할 것인가? 이러던 중에 새로운 직장을 찾게 되었고 그 뒤로 나의 감정의 원동력은 다시 새로운 곳으로 향하기 시작했다.

미래와 건강, 이제 오십대 중반인 내가 칠십대까지 해야 할 그 무엇에 관심을 갖게 되고, 지금 내게 주어진 시간이 그것

을 준비하기 위한 아주 좋은 기회라는 생각을 하게 된다. 그 미래를 위해 준비하는 시간 말이다. 많은 사람을 만나고자 한다. 다양한 분야에 관심을 가져보고자 한다. 다른 한편으로는 어디에 정착할 집을 마련할 것인가, 어떤 집을 언제 준비할 것인가에 대해서도 준비해야 할 것이다. 그리고 더욱 중요한 건강을 위해 지금부터 움직여야 할 것이다. 걷기운동을 하고 등산을 하고 말이다. 거기에 스트레스를 최대한 뒤로 하려고 애쓸 것이다.

### 60일 참 고맙다.

2월은 29일까지 밖에 없다. 60일간의 퇴직 일기는 이렇게 마친다.

나는 다음 달이면 새로운 회사에 출근한다. 고맙다. 참.

## 에필로그

눈이 아주 많이 내린 날 밤, 문득 컴퓨터를 열고 지금으로부터 2년전에 써놓은 글을 다시 펼쳐 보기를 몇 번 하다가 책으로 출간하기로 마음을 먹었다. 그때의 감정들이 이제는 조금은 아득해 지는 것을 느꼈지만 용기를 내본다.

이글이 컴퓨터 속에서 잠자고 있는 동안 나에게도 많은 변화가 있었다. 지난달부터 또 다른 곳에 재취업을 하여 일을 하고 있다. 그러니까 대기업 임원에서 퇴임을 하고 2개월의 기록이 이 책의 내용이고, 글의 후반부에 적혀있는 산하 재단에 재취업을 하게 되었고, 거기서 2년 남짓 일을 하다가 한달 전부터는 중소기업의 기술 경쟁력을 높이도록 지원을 하는 공공기관의 단장으로 일하고 있다.

준비에 준비를 더하다

지난 2년, 재단에서 근무하던 기간은 나에게 없어서는 안될 아주 소중한 시간이었다. 재단, 그러니까 내가 오래도록 몸담고 있던 H회사에서 출자하여 만들어진 그 재단의 자문위원으로 있으면서 그 이후의 새로운 도전을 준비하는 알짜배기와 같은 시간을 보낼 수 있었다. 글에도 있지만 재단의 자문위원 선임은 퇴직한 몇몇 임원들에게 인생 2막을 준비할 수 있도록 배려하는 차원이기도 하였기에 더더욱 좋은 시간이었다. 이기간동안에 나는 우선적으로 새롭게 하는 컨설팅 업무에 매진을 하면서 자연스럽게 이쪽 분야의 흐름을 몸으로 익힐 수 있었다. 2년을 거의 하루도 빠지지 않고 중소기업을 방문하고 맞춤형 경영 컨설팅을 하기 위해 돌아다녔다. 그 많은 대표님들을 만나면서 그들의 노력과 열정으로 이루어 논 과업에 대해 듣기도 하고 애환도 같이하면서 보내온 시간들, 개인적인 시간을 내서 공부를 시작한 일. 박사과정에 등록하여 공부하며 애쓰던, 자격증을 취득하기 위해 시험을 응시하며 보냈던 많은 시간들, 새롭게 쌓게 된 인적 네트워크를 통해 취업의 길을 도모하던 날들….돌이켜보면 이 기간 동안 나는 무언가 기회를 잡기 위해 많은 노력을 다했으리라. 그러던 중 재단에 근무한지 거의 2년만에 또다시 새로운 곳에서 일을 하게 되었다. 감사하고 또 감사한 일인데 재단 계약기간을 딱 3개월 남기고 다시 시작하게 된 부분이 더욱 그러하다. 2년의 계약기간을 충분히 보내면서 다양한 경험을 할 수 있었고 그것을 바탕으로 지금의 회사로 올 수 있었으니 말이다. '이때를 위함이 아닌가!!' 성경 에스더에 나오는 구절이 생각난다. 나에게 닥쳐왔던 2년여간의 변화들이, 그 변화 속에서 다가왔던 준비하고자 하던 마음들이 이제는 모두다 '이때를 위함이 아닌가!' 생각해본다.

미래에 대한 기대!

실패와 아픔의 언어로 시작된 글이 오늘 에필로그를 쓰고있는 지금 '미래에 대한 기대'로 바뀌고 있다. 고통의 시간이 결코 헛되지 않았음을, 다시 돌아와 마음을 추스르고 준비에 준비를 더하는 시간들이 또다른 나의 챕터를 만들어 주었음을, 그리고 앞으로 동일한 과정으로 반복되어 다가올 미래에 대한 기대가 온 사방에 흩어 날리고 있는 하얀 눈송이만큼 상큼하고 짜릿하다.

2023.1월 세종에서

**내 마음 어디에 둘까요**

| | |
|---|---|
| 초판인쇄 | 2022. 02. 25 |
| 초판발행 | 2022. 03. 02 |
| 지 은 이 | 안 광 현 |
| 펴 낸 이 | 배 병 호 |

| | |
|---|---|
| 펴 낸 곳 | 도서출판 신원 |
| 등록번호 | 제 22-999호 |
| 주　　소 | 서울시 중구 동호로8길 13 유현빌딩 4F |
| 전화번호 | 02-2231-2882  F. 02-2231-2883 |
| E-mail | sinwon21@korea.com |
| I S B N | 978-89-87884-75-2 |
| 정 　 가 | 13,800원 |

ⓒ 이책에 담긴 모든 내용은 무단으로 복사, 전재하거나 변형할 수 없습니다.
이를 필요로 할 때에는 반드시 발행인과 저작권자의 동의를 구해야 합니다.
ⓒ No part of this book may be reproduced or utilized in any form or by any means, electronic or mechanical, including photocopying, recording, or by any information storage and retrieval system, without permission in writing from the publisher.